森林植被构建的有关理论与技术研究

李良厚　编著

黄河水利出版社

内容提要

本书从植被构建的概念和内涵、理论基础、依据的基本原理和遵循的主要原则等方面，对植被构建理论进行了系统的阐述。从植被类型的确定、土地利用结构优化、林种规划、立地分类、植被构建途径、植物种类选择和配置、抗旱造林、效益评价等方面，集成了植被构建的技术体系，并且以地处太行山南段石灰岩低山区的鹤壁郊区为例证，研究了其立地类型的划分和土壤肥力的综合评价，按照从宏观到微观的层次开展了土地利用结构优化、植被类型布局优化和造林树种选择研究。可供林业工作者阅读参考。

图书在版编目(CIP)数据

森林植被构建的有关理论与技术研究/李良厚编著.
郑州:黄河水利出版社,2007.9
ISBN 978-7-80734-310-3

Ⅰ.森… Ⅱ.李… Ⅲ.森林植被-研究 Ⅳ.S718.54

中国版本图书馆 CIP 数据核字(2007)第182961号

组稿编辑:韩美琴 电话:0371-66024331 E-mail:hmq@yrcp.com

出 版 社:黄河水利出版社
地址:河南省郑州市金水路11号 邮政编码:450003
发行单位:黄河水利出版社
发行部电话:0371-66026940 传真:0371-66022620
E-mail:hhslcbs@126.com
承印单位:河南第二新华印刷厂
开本:890 mm×1 240 mm 1/32
印张:8
字数:230千字 印数:1—2 000
版次:2007年9月第1版 印次:2007年9月第1次印刷

书号:ISBN 978-7-80734-310-3/S·99 定价:20.00元

ABSTRACT

In this book, it is constructed that integrated system of theory, and technology and practice of vegetation restoration and rehabilitation (VRR).

Theory frame of VRR is composed by concept and connotation, theoretical foundation, rationales and principles. VRR is defined as engineering and technical measurements of establishing vegetation which can self – maintain its structure and function by nature recovery or manpower cultivation in certain area.

VRR is a special term with plenty of meanings and five basic characteristics, such as natural characteristic, economic characteristic, social characteristic, technical characteristic and sustainable characteristic.

There are Seven aspects in the theory of VRR, they are restorative ecology, ecological engineering, eco – economy, sustainable development, landscape ecology, silviculture, and land use planning.

VRR also has eight rationales which including ecological succession, ecological adaptation, species co – existence, ecological niche, population density circumscription, limit factor, biodiversity, and systems cooperation.

VRR has nine basic principles. In details, it should agree with the local eco – district, matching tree species with site and suitable vegetation type should be carried out with suitable trees species, it is essential to construct stable vegetation communities, densities of woods should be kept at a reasonable level, integrated maxim benefits with minimal risk, scientific designs should be finished before constructing vegetation, costs should can be afforded, techniques of VRR can be operated, and VRR should has a sustainable development.

Technology system of VRR has some main technique components such as choosing vegetation types by ecological zoning, optimizing structure of land use, designing layout of forest types. It also contains site classification, path to establish vegetation, as well as selecting and collocating plant species as well as anti - drought afforestation technique and evaluation of its effect.

In this book, taking Hebi suburb in the Limestone Hilly Region of South Taihang Mountain for example, several aspects of technique application research of VRR were carried out as follows.

Multivariate linear programming was applied and 28 variables were selected, land use configuration in Hebi suburb was optimized. There should be more forest land than agriculture land, timber forest should not be planted. Contrarily, appropriate area economic forest should be cultivated, and fuelwood forest should get the largest area ratio in all of forest categories.

Based on yearly vegetative yield, output value, input value and soil erosion modulus of every sort of vegetation type at different site types, using gray situation decision on multiple aims, we quantitatively make out the plan of optimizing vegetation type at every site types in Hebi suburb.

Water parameters of several main native tree species and one tree species from abroad were measured. Using water parameters, turgor maintaining capacity in tree species examined were comprehensively appraised. By hierachical clustering, *Pistacia chinensis* belong to the tree species category with the largest turgor maintaining capacity. The tree species category with the second largest turgor maintaining capacity were *Vitex chinensis*, *Zanthoxylum bumgeanum*, *Prunus serotina*, *Flos loniceras* and *Quercus variabilis*. The third tree species category was *Ailanthus altissima*, while maintaining turgor capacity of *Forsythia suspensea* was the lowest.

We also measured the effects of water and fertilizer coupling on net photosynthesis rate, stomatal conductance and transpiration rate in tree species examined. Based on these effects and by hierachical clustering, these tree species were divided into four categories: The tree species of category with the largest capacity of integrated drought – resistance and barren – resistant was *Forsythia suspensea*. Both *Zanthoxylum bumgeanum* and *Ailanthus altissima* were belong to the tree species of category with the second largest capacity. The third category tree species included *Vitex chinensis* and *Flos loniceras*. While the tree species of category with the lowest capacity of integrated drought – resistance and barren – resistant were *Quercus variabilis*, *Prunus serotina* and *Pistacia chinensis*.

Eight tree species – *Ailanthus altissima*, *Quercus variabilis*, *Pistacia chinensis*, *Prunus serotina*, *Zanthoxylum bumgeanum*, *Flos loniceras*, *Forsythia suspensea* and *Vitex chinensis*—were sampled and their $\delta^{13}C$ values were measured. The results showed that there were significant differences in the foliar $\delta^{13}C$ values of these tree species. We categorized these tree species into four categories based on their foliage $\delta^{13}C$ values. Those tree species of the category with the largest foliage $\delta^{13}C$ values were *Pistacia chinensis*, *Prunus serotina* and *Quercus variabilis*. The tree species of the category with the second largest foliage $\delta^{13}C$ values was *Zanthoxylum bumgeanum*. Both *Ailanthus altissima* and *Vitex chinensis* were the tree species of the category with second lowest foliage $\delta^{13}C$ values. Those tree species of the category with lowest values were *Forsythia suspensea* and *Flos loniceras*.

The same tree species has different degrees in three eco – physiological indices including turgor maintaining capacity, integrated drought – resistance and barren – resistant capacity and foliage $\delta^{13}C$ values. Combining these eco – physiological Indices and soil fertilizer levels of every sorts of site types, using gray situation decision on multiple aims, we quantitatively matched tree species to site types in Hebi suburb.

前 言

从全球范围看,自工业革命以来,人类在物质生产取得巨大发展的同时,忽视了环境保护,对地球资源的索取超出了合理的范围,对地球生态环境造成了破坏。特别是对森林的乱砍滥伐使这一宝贵的资源受到了“伤筋动骨”的损害,造成了全球气候变暖、水土流失、土地沙漠化、生物多样性减少、水质恶化、湖泊面积减小、自然灾害加剧等生态问题。生态环境是经济发展的自然基础,当它被破坏到一定程度后,经济发展就会受到遏制,这时,要实现可持续发展必须维护和改善人类赖以生存和发展的自然环境。

森林是陆地生态系统的主体,其结构复杂,既包括有生命的成分,也包含无生命的成分。森林中动物、植物及微生物种类繁多,光、热、水、土壤的作用和功能复杂,结构层次多样。森林在为社会提供木材和竹材、木本粮油、林化产品、药用动植物等大量产品的同时,还具有多种多样的环境服务功能。森林是控制全球变暖的缓冲器,是全球生物地球化学循环的杠杆,是自然界功能最完善的资源库、生物库、蓄水库、贮碳库、能源库,具有调节气候、涵养水源、保持水土、防风固沙、改良土壤、减少污染、美化环境、保护生物多样性、抵御自然灾害、保障农牧业稳定发展等多种功能,对改善生态环境、维持生态平衡起着决定性作用。

世界对改善生态环境的迫切需求和森林在生态环境建设中的首要地位使森林植被构建行动在全球广泛兴起，也使森林植被构建的理论和技术研究得到了快速发展。自1935年Alpo Leppold研究美国威斯康星州草原的恢复重建起，国外对生态恢复的理论和技术进行了大量研究，生态系统的恢复和重建已经成为现代生态学领域最引人注目的趋势之一，退化生态系统的恢复措施及恢复途径是恢复生态学的主要研究内容之一。我国对退化森林生态系统恢复的研究起步也较早，从1956年国家将"造林地区立地条件及造林技术的研究"列为国家最重要科学技术任务至今，对森林植被构建的相关研究一直没有停止过，并且得到不断加强。

"九五"期间，国家设立了"太行山石灰岩低山区生态林业工程综合配套技术研究与示范"科技攻关项目，作者本人主持完成了这一项目中防护林体系建设调控技术研究工作，研究形成了利用多目标局势灰色决策方法，确定不同立地类型适宜植被类型，应用线性规划方法，综合考虑林地生产力水平和水土流失量，确定区域防护林体系不同林种适宜面积的定量化防护林体系调控技术。2004～2007年，作者在北京林业大学攻读森林培育学科博士学位期间，又对植被构建的理论进行了探索，还研究了不同水肥耦合条件下苗木生态生理特性变化，形成了将不同立地类型土壤肥力与树种生态生理指标相结合，定量化地确定适地适树的方法，使基础性的苗木生态生理特性与应用上的适地适树实现了有机结合。本书就是对这些研究工作所做的系统总结。

本书中的研究工作得到了导师——北京林业大学李吉跃教授的精心指导，在本书出版之际，谨向导师致以衷心的感谢。此外，还要感谢我的同事——河南省林业科学研究院王晶、李高阳和晏增工程师，鹤壁郊区林业局陈国旺和王小占副局长，没有他们在试验测定和野外调查中的热情帮助，也不会有本书的问世。

限于作者的水平，本书不可避免会有缺点甚至错误，真诚欢迎读者和同行批评、指正。

李良厚

2007 年 9 月

目 录

第1章　绪　论

1.1　森林植被遭到严重破坏

森林是人类的摇篮,是陆地生态系统的主体。森林资源是人类的宝贵财富,也是地球上最宝贵的自然遗产,在人类历史上,森林对人类生存和发展贡献巨大。在人类社会的发展过程中,森林既养育了人类又促进了人类社会的经济发展。森林的保护和发展直接关系到全球生态环境,关系到人类的生存、发展和地球的前途。从生态、经济、社会的意义上讲,面积足够大的、健康的和谨慎经营的森林生态系统对于人类的生存是必不可少的。在人与森林这一系统中,随着人口数量的增加和人类对森林资源的不合理利用,使森林遭到严重破坏。

1.1.1　世界森林资源不断减少

在古代农业文明时期,由于生产力水平低下,人类为了自身的生存和发展,大量地毁林开垦、伐林放牧,从此,便拉开了破坏森林资源的序幕。据世界自然基金会的资料,地球在8 006年前的森林面积为80.8亿 hm^2。自从人类发明了斧头,森林就不断遭受到砍伐。长期以来,世界上的许多国家由于人口压力的迅速增加,对森林的掠夺和破坏从来也没有停止过。从古至今,人类总以为"树砍掉可以再长","林伐光可以再生"。现代人对森林的破坏比古人有过之而无不及,近一个世纪以来,由于乱砍滥伐,世界林地面积锐减。到20世纪初,地球上的森林大约只剩下48.9亿 hm^2。然而,人类并未停止对森林的掠夺,自20世纪50年代以来,破坏森林现象已成为世界性的公害,且出现令人担忧的局面。非洲的森林覆盖率从20世纪初的60%减少到目前的10%;南美洲的热带雨林2/3已经消失,目前一半以上的亚马孙河流域原有的世界上最大的原始森林已被砍伐;东南亚的热带雨林也正在迅速消失。全世界森林面积现在已经下降到38.9亿 hm^2,占地球陆地面积的30%,其中,亚洲森林的消失率为88%,欧洲为62%,非洲为45%,拉丁美洲为41%，北美洲为39%，俄罗斯为35%。目前，全球森林正以每年1 300万hm^2的速度减少，这相当于一个希腊的面积(黄松龄，1997)。

1.1.2 我国森林面积大幅度下降

我国地域辽阔，自然条件复杂，森林类型包括由南海诸岛的热带珊瑚岛森林，经热带雨林、季雨林、亚热带常绿阔叶林、暖温带落叶阔叶林、温带针阔混交林，直到大兴安岭寒温带针叶林。中国历史上曾是一个森林资源丰富的国家，据史料推测，西周时期全国森林覆盖率达49%，至清初降至26%。曾是中华民族发祥地的黄河中上游流域的黄土高原，西周时期森林覆盖率高达53%，到南北朝时期降至40%，至今仅剩下6.1%。新中国成立后，由于长期以木材生产为中心，重采轻育、重取轻予，以及毁林开垦、陡坡种植、围湖造田等人为活动，森林资源遭到了严重的破坏。

经历代的砍伐破坏，中国现在已经是一个典型的少林国家，森林覆盖率和人均占有量居世界后列。据第六次全国森林资源清查结果，全国森林面积1.75亿hm^2，占世界的4.5%，列世界第5位；森林覆盖率18.21%，活立木总蓄积量136.18亿m^3，森林蓄积量124.56亿m^3，占世界的3.2%；列世界第6位；人工林面积居世界首位。人均林地面积0.134 hm^2，只有世界平均水平的22.3%；人均占有森林蓄积量9.581 m^3，只有世界平均水平的13.3%，目前，我国森林覆盖率虽已上升为18.21%，但仍低于世界30%的平均水平。

1.2 生态环境日益恶化

对森林的乱砍滥伐和过分垦殖，已经造成了严重的后果。恩格斯在《自然辩证法》一书中就严肃地指出："美索不达米亚、希腊、小亚细亚以及其他各地的居民，为了想得到耕地，把森林都砍光了，但是他们梦想不到，这些地方今天竟因此成为荒芜不毛之地，因为他们使这些地方失去了森林，也失去了积聚和贮存水的中心。阿尔卑斯山脉的意大利人，砍光了在北坡被十分细心地保护的松林，他们没有预料到，这样一来，他们把他们区域里的高山畜牧业的基础给摧毁了；他们更没有预料到，他们这样做，竟使山泉在一年中的大部分时间内枯竭了，而在雨季又使更加凶猛的洪水倾泻到平原上。”由于人类对森林的乱砍滥伐使这一宝贵的资源受到“伤筋动骨”的损害，造成了全球气候变暖、水土流失、土地沙漠化、生物多样性减少、水质恶化、湖泊面积减少、自然灾害加剧等生态灾难。

破坏森林对环境的影响是巨大的。失去森林保护的土壤流失速度极快，在热带地区，表层土被冲刷掉后，红壤在太阳灼射下，发生板结，此后植物再也无法生存。同时，破坏森林使水源得不到涵养，空气中水蒸气的含量锐减，进而造成雨量下降，加速了气候干燥化进程。世界上的沙漠几乎都在热带、亚热带地区，这并非偶然，可以说，在这块地域，破坏森林就等于制造沙漠。

1.2.1　滥伐森林导致全球生态危机

严重过量采伐森林造成了土壤流失。森林被破坏后，土壤在风力和水力作用下大量流失。美国农业部推测，世界上表土流失的比例为每年0.7%，总流失量达230亿t。

严重过量采伐森林造成了土地荒漠化。目前全球的荒漠化面积有3 592万km^2，达地球陆地面积的28%左右。过度砍伐森林，是土地荒漠化的重要原因。

严重过量采伐森林导致了生物多样性的减少。森林的毁灭直接或间接地摧毁了许多物种赖以生存的环境，对生物多样性也是一个致命的打击。世界自然保护联盟发布的《2004年濒危物种红色名单》指出，1/3的两栖类动物、1/2以上的龟类、1/8的鸟类和1/4的哺乳动物正在面临生存威胁，目前全球1.5万多个物种，包括脊椎、无脊椎动物以及植物和真菌，正在消失。物种消失的速度现在已达到每小时一种，这比物种自然消失的速度快了将近1 000倍。

严重过量采伐森林导致气候变暖。由于严重过量采伐森林，不但减弱了森林的固碳作用，而且增加了地面的辐射吸收，使地面和土壤的温度升高，促进土壤中碳的分解释放，进而加剧“温室效应”，引起全球气候变暖。过多的温室气体使地球表面温度不断上升，从1860年到2000年的140年间，全球地面平均温度上升了大约0.6 ℃。

严重过量采伐森林导致全球的自然灾害加剧,人类生存面临严峻的环境挑战。由于全球变暖,冰川融化,导致海平面升高,使许多沿海地区和岛屿有可能被淹没;气候变暖还将使冻土融化,导致封存在土壤中的温室气体释放出来,增加大气中的温室气体含量;气候变暖加快了可燃物的失水和燃烧性,导致森林火灾增加,森林火灾次数和损失都呈上升的趋势。一个由高层政治家、商界领袖和学术专家组成的工作小组公布的《应对气候挑战》的全球气候调查报告中指出,在10年或更短时间内,持续升高的全球气温就会到达临界点,这将引起大范围的旱灾、农作物歉收和水资源短缺等问题。报告惊呼:全球生态灾难的降临已经进入倒计时!

1.2.2 对森林的破坏造成我国生态环境严重恶化

水土流失严重。我国是世界上水土流失最为严重的国家之一,全国约有1/3的耕地受到水土流失的危害,每年流失的土壤约50亿t,相当于在全国的耕地上刮去1 cm厚的表土,所流失的养分相当于全国一年生产的化肥的氮、磷、钾含量。根据目前统计的结果,全国水土流失面积达355.56万km^2(不包括冻融侵蚀面积),占国土面积的37.42%(李运学等,2002)。

土地荒漠化严重,风沙危害加剧。土地荒漠化是我国当前最为严重的环境问题之一,荒漠化土地面积较大,危害严重。我国荒漠化分为风蚀、水蚀、冻融、盐渍化四大类,共跨越了干旱、半干旱和亚湿润干旱区三个气候带。2004年完成的第三次全国荒漠化和沙化监测结果表明,全国荒漠化土地面积达263.621万km^2,占国土总面积的27.9%,涉及全国18个省、市、自治区的471个县、旗、市。

气候恶化。近百年我国气候持续变暖,气温上升了0.5 ℃,以冬季和西北、华北、东北最为明显,华北地区自20世纪50年代以后出现了明显的暖干化趋势。20世纪80年代的年均气温值比前30年的平均气温值高0.21℃。

旱涝灾害频繁。由于森林植被的破坏,土层变薄,涵养水源的能力降低,植被拦蓄和水利工程蓄泄洪能力受损,加剧了旱涝灾害的发生。暴雨一来,瞬间汇集成流,洪水泛滥;雨水一过,旱象连续,田地干裂。

我国自然灾害发生率上升,重大气象灾害平均每年达25次之多,尤以洪涝、干旱为甚,且分布区域很广。我国有45%的国土属于干旱或半干旱地区,深受旱灾之苦。黄河中游以南和华北平原干旱增加,北方地区旱灾仍继续波动和扩大,干旱发生频率和强度增加。我国每年因旱涝等各类自然灾害造成的直接经济损失达2 000亿元,超过两个三峡水库的静态投资。

水资源严重短缺。虽然我国水资源总量占世界水资源总量的7%,居世界第六位,但人均占有量仅有2 400 m^3,为世界人均水量的25%,是全球13个贫水国之一。而且我国水资源的时空分布与人口、耕地分布状况不协调。在时间上,全年降水的70% ~90%集中在6 ~9月,冬季很少。在空间上,水资源分布是东南多西北少。长江流域以南地区耕地仅占全国耕地的38%,水资源却占全国的80%以上;而占全国耕地62%的淮河流域及以北地区,水资源量不足全国的20%。森林植被的破坏,更加剧了水资源的时空分布严重不均和年际变化,使本已紧缺的水资源利用受到很大的限制,水旱灾害加重。

空气和噪声污染严重。我国目前的空气污染相当于发达国家20世纪五六十年代污染最严重时的水平。大气污染以煤烟污染为主,主要污染物为烟尘和二氧化硫,其中工业二氧化硫排放量约占70%;全国600多个城市中,大气环境质量符合国家一级标准的城市不到1%。我国噪声污染较严重,2/3的城市人口暴露在较高的噪声环境中;90%的城市道路交通噪声超过了国家规定的70 dB。

草原严重退化。我国草地面积占国土面积的40%,然而,由于植被破坏、超载放牧、风蚀沙化、不合理开垦以及对草原养护的低投入、轻管理等,致使草原严重退化。草原退化面积达9 000多万 hm^2,占可利用草场面积的1/3以上,平均产草量下降了30% ~50%。草原植物种类结构趋向简单,豆科、禾本科等优良牧草数量锐减,适口性差,营养成分低,甚至有害有毒的草类大量滋生,劣质杂草替代了优质牧草,草场质量下降。

生物多样性大量损失。由于森林植被的破坏,大量动植物的生境逐渐缩小或消失,野生动物的栖息地大量损失、片段化或被隔离,一些生物群落结构被破坏,繁殖率和存活率降低,野生动植物物种丰富区的面积不断减少,珍稀野生动植物栖息地环境恶化,野生动植物种类减少,种群数量减少甚至物种消失,珍贵药用野生植物数量锐减,生物资源总量下降,生物多样性受到严重威胁。

1.3 可持续发展要求改善生态环境

人类经济社会发展史是一部人与自然关系的发展史。在一定的条件下,经济发展与生态资源和环境之间,具有一定的替代关系。要取得较快的经济发展速度,就必须以生态环境质量的牺牲为代价;若要使生态环境得到较高程度的保护和改善,则必须以经济发展速度的适当降低为代价。但是这种替代又是有一定限度的,尤其是当生态环境质量下降到一定程度后,生态环境的恶化不仅不能继续换取经济的发展,而且会使经济发展受到严重阻碍。生态环境是经济发展的自然基础,当它被破坏到一定程度后,经济发展就会受到遏制,这时,要实现可持续发展必须维护和改善人类赖以生存与发展的自然环境。

可持续发展的物质基础是资源的持续培育与利用,缺乏或失去资源,人类将难以生存,更不可能持续发展。因此,可持续发展的关键,就是要合理开发和利用自然资源,使再生性资源能保持其再生能力,非再生性资源不致过度消耗并能得到替代资源的补充,环境自净能力能得以维持。森林作为可再生自然资源是经济发展的基本要素之一,在合理开发利用的情况下,森林可以恢复、更新、再生产以至不断增长,在不合理的开发利用条件下,其可更新性就会受阻,使资源量不断减少,以至枯竭。随着人口的不断增长和工业化、城市化进程的加快,人类对森林资源的大规模采伐和巨大消耗,已导致森林资源基础的削弱、退化、枯竭。我国人均森林占有量低,资源量明显不足,构成了人口与资源的巨大压力。为实施可持续发展,必须重视森林资源的增殖补充,为可持续发展奠定良好的物质资源基础。

1.4 森林植被对改善环境具有不可替代的作用

森林是陆地生态系统的主体,其结构复杂,既包括有生命的成分,也包含无生命的成分，森林中动物、植物及微生物种类繁多，光、热、水、土壤的作用和功能复杂，结构层次多样。森林在为社会提供木材和竹材、木本粮油、林化产品、药用动植物等大量产品的同时，还具有多种多样的环境服务功能。许多学者对森林的环境服务功能都做过阐述（М. В. РУВЦОВ，1986；吴钢等，2001；薛建辉，1992；徐孝庆，1986；欧阳志云等，1999）。森林是控制全球变暖的缓冲器，是全球生物地球化学循环的杠杆，是自然界功能最完善的资源库、生物库、蓄水库、贮碳库、能源库，具有调节气候、涵养水源、保持水土、防风固沙、改良土壤、减少污染、美化环境、保护生物多样性、抵御自然灾害、保障农牧业稳定发展等多种功能，对改善生态环境、维持生态平衡起着决定性作用。

1.5 森林植被构建行动在全球广泛兴起

1.5.1 世界对森林问题高度重视

在人类发展的历史过程中，森林问题从来没有像今天这样得到如此高度的重视。联合国人类环境与发展大会秘书长莫里斯斯特朗在1991 年指出，“在推动环境与经济领域一体化问题上，为了协调国家经济利益与全球范围的环境保护方面取得一致的意见，没有任何别的利益比森林更重要了”。1992 年6 月3 ~14 日，联合国在巴西召开了《联合国环境与发展会议》（United Nations Conference on Environment and Development），会议通过了《关于所有类型森林的管理养护和可持续开发的无法律约束力的全球协商一致意见的原则声明》（Non - legally Binding Authoritative Statement of Principles for a Global Consensus on the Management, Conservation and Sustainable Development of All Types of Forests）。联合国于2000 年成立了联合国森林论坛（UNFF），以推动和促进关于森林问题的原则声明确定的全球森林可持续经营，充分发挥林业在实现全球可持续发展中的重要作用。当前，解决日趋加重的林地退化问题已成为一个全球性的焦点，从局部到全球，把森林景观恢复纳入政府的议事日程，把生态恢复纳入土地利用规划和行动计划中等，已成为时代的要求。破坏森林导致的生态环境恶化使世界上许多国家积极开展了森林植被的恢复与重建。根据联合国粮农组织的资料，

2005 年全球人工林面积达 1.09 亿 hm^2，占全球森林面积的 2.8%（丁洪美，2006）。

1.5.2 我国的人工造林举世瞩目

新中国成立后，我国各地普遍开展了植树造林活动。1978 年，国家决定在生态环境十分脆弱的“三北”地区规划建设防护林体系，由此拉开了中国林业生态工程建设的序幕。随后，国家相继实施了沿海防护林体系工程、平原绿化工程、长江中上游防护林体系工程、太行山绿化工程、防治荒漠化工程、淮河太湖流域综合治理防护林体系工程、珠江流域综合治理防护林体系工程、辽河流域综合治理防护林体系工程和黄河中游防护林体系工程。这十大林业生态工程规划区总面积为 705.6 万 km^2，覆盖了 73% 的国土。

进入新世纪，国家把根据不同情况和需要、按照不同程序启动的林业工程，整合归并为六大重点林业工程，包括天然林资源保护工程、退耕还林还草工程、“三北”和长江中下游地区等重点防护林体系建设工程、环北京地区防沙治沙工程、野生动植物保护及自然保护区建设工程、重点地区以速生丰产用材林为主的林业产业基地建设工程。5 年来，在六大工程的带动下，全国共完成造林 0.32 亿 hm^2，使人工林总面积增加到 0.53 亿 hm^2，居世界各国首位。

1.6 相关研究逐步深入

1.6.1 国外研究进展

植被构建研究可以追溯到恢复生态学（Restoration ecology）诞生的时候。由于人口的增长和经济的发展，对自然资源的掠夺性开发频频发生，生态退化和环境恶化不断加剧。为了保护好自然生态系统，综合整治与恢复已退化的生态系统，以及重建可持续的人工生态系统，恢复生态学应运而生。1935 年，Alpo Leppold 对美国威斯康星州草原的恢复重建进行了研究（张光富、郭传友，2000）。20 世纪 50 年代，国外开始了对采矿业和地下水开采所造成的各种塌陷环境及其生态恢复方面的研究（纪万斌，1996）。1975 年 3 月，在美国弗吉尼亚工业研究所和州立大学（Virginia Polytechnic Institute and State University）召开了题为

“受损生态系统的恢复”的国际会议，这次会议第一次专门讨论了受损生态系统恢复重建的许多重要的生态学问题和生态恢复过程中的原理、概念与特征，提出了对加速生态系统恢复重建的初步设想、规划和展望(许木启、黄玉瑶，1998)。1980 年，Cairns 主编了《受害生态系统的恢复过程》(The Recovery Process in Damaged Ecosystem)，书中从不同角度探讨了受损生态系统恢复过程中的重要生态学理论和应用问题。同年，Bradshaw 和 Chadwick 出版了《The restoration of land，the ecology and reclamation of derelict and damaged land》一书(赵晓英、孙成权，1998)。1983 年，在美国斯坦福大学召开了题为“干扰与生态系统”(Disturbance and ecosystem)的学术会议，系统探讨了人类的干扰对生物圈、自然景观、生态系统、种群和生物种的生理学特性的影响(马世骏，1990)。1984 年 10 月，美国麦迪逊召开了恢复生态学学术研讨会，将恢复生态学定位为群落和生态系统水平上的恢复科学和技术，并反映在题为“恢复生态学”的论文集中(张光富、郭传友，2000)。1985 年，Aber 和 Jordan 两位英国学者提出了“恢复生态学”的科学术语(余作岳，1994)。在 1987 年出版的《Restoration Ecology，A Synthetic Approach to Ecological Research》(Jordan 等主编)中，恢复生态学被初步确定为生态学的一门新的应用性分支(赵晓英、孙成权，1998；章家恩、徐琪，1999)。英国学者 Bradshaw1993 年撰文《Restoration Ecology as Science》，真正确立了恢复生态学的学科地位及其在退化生态系统恢复中的理论意义。1993 年，《Restoration Ecology》杂志在美国创刊。1996 年，在瑞士召开了第一届国际恢复生态学大会。生态系统的恢复和重建已经成为现代生态学领域最引人注目的趋势之一。退化生态系统的恢复措施及恢复途径是恢复生态学的主要研究内容之一。

国外对生态恢复的理论和技术进行了大量研究。在理论研究方面，明确了恢复生态学的理论主要是演替理论，但又远不止演替理论，其核心原理是整体性原理、协调与平衡原理、自生原理和循环再生原理等。并且研究产生了自我设计与人为设计理论(Self - Design versus Design Theory)(Van der Valk，1999)。自我设计理论认为，只要有足够的时间，随着时间的进程，退化生态系统将根据环境条件合理地组织自已并会最终改变其组分。而人为设计理论认为,通过工程方法和植物重建可直接恢复退化生态系统,但恢复的类型可能是多样的(任海、彭少麟、陆宏芳,2004)。美国在20世纪60~70年代开始了北方阔叶林、混交林等生态系统的恢复试验研究,探讨采伐破坏及干扰后系统生态学过程的动态变化及其机制研究,在20世纪90年代开始了世界著名的佛罗里达大沼泽的生态修复研究与实验,至今仍在进行。欧洲共同体国家,特别是中北欧各国如德国,对酸雨等大气污染胁迫下的生态系统退化研究较早,从森林营养健康和物质循环角度已开展了近20年的恢复实验研究,形成了独具特色的欧洲共同体森林退化和研究分享网络;英国对工业革命以来留下的大片采矿地以及欧石楠灌丛地进行了生态恢复研究。北欧国家对寒温带针叶林采伐迹地植被恢复开展了卓有成效的研究与试验。在澳大利亚、非洲大陆和地中海沿岸的欧洲各国,研究的重点是干旱土地退化及其人工重建。此外,澳大利亚对采矿地的生态恢复也是一个研究历史长、研究深入的重点方向;美国、德国等国学者对南美洲热带雨林,英国和日本学者对东南亚的热带雨林采伐后的生态恢复也有过较好的研究(包维楷、刘照光、刘庆,2001)。第12届恢复生态学国际大会将"方法与技术"专题集中在生态恢复的计划与设计、生境重建、矿区恢复、土壤与营养提高、管理与监测、遥感、数据分析等方面;"生境与种类恢复"专题关心的是在何种情况、何种条件下生境和种的恢复可以成功,如何避免过去的失败(谢运球,2003)。2000年在英国召开的恢复生态学会国际大会,其主题是"以创新理论深入推进恢复生态学的自然与社会实践"。2002年在美国召开的第14届国际恢复生态学大会以"了解和恢复生态系统"为主题,强调生态系统是开展生态学以及其他分支学科研究工作的最基本和完整的单元,只有认识生态系统的结构和功能,才能了解生态系统在各种环境,尤其是在当今全球关心的气候变化条件下的发展趋势。而生态恢复的实践也是以具体的生态系统作为研究的对象(彭少麟、赵平、申卫军,2002)。随着环境问题与社会经济发展的全球化,生态系统乃至景观等大尺度的研究日益成为恢复生态学新的研究热点。2004年第15届国际恢复生态学大会的主题为"恢复、景观与设计"。在当前研究趋势的基础上,提出了恢复生态学当前研究的6个前沿命题:恢复生态学的学科理论框架研究、恢复生态系统的功益研究、生物多样性在生态恢复中的作用研究、生态恢复对全球变化的响应研究、生态恢复立法研究和生态恢复与社会经济的整合性研究(彭少麟、陆宏芳,2003)。

1.6.2 国内研究状况

我国对各种退化生态系统的治理与改良利用研究开展较早。20世纪50年代末,我国一些学者开始在华南地区退化坡地上开展恢复生态学研究和长期的定位观测试验(余作岳、彭少麟,1996)。自20世纪80年代以来,生态退化、环境污染等已日益成为困扰我国可持续发展的主要问题,随着国际上恢复生态学研究热潮的兴起,我国政府有关部门和相关科学家更加关注和重视退化或脆弱生态系统及其恢复重建研究。从"七五"开始,国家有关部委及地方政府分别从不同角度支持了有关恢复生态学的研究,立项开展了"生态环境综合整治与恢复技术研究","我国主要类型生态系统结构、功能及提高生产力途径研究"等项目以及"亚热带退化生态系统的恢复研究"、"建立北方草地主要类型优化生态模式研究"和"内蒙古典型草原草地退化原因、过程、防治途径及优化模式"等课题。1990年召开了"全国土地退化防止学术讨论会"。这次会议系统总结了中国在土地退化方面的研究动态与进展,提出了许多切实可行的生态恢复与重建的技术与模式(中国科协学会部,1990;刘良梧、龚子同,1994)。近几年来,国家自然科学基金委员会把生态学与林学学科中的"森林资源恢复与保护"列为优先资助方向,将"退化生态系统恢复与重建"确立为生态学科长期项目资助领域。生命科学部计划在生态学、林学、农学等3个学科的"退化生态系统恢复与重建的生态学问题"和"森林恢复与天然林保护的基础研究"等几个领域试行长期资助。同时,还启动了重大科学研究计划"中国西部环境和生态科学研究计划",其中优先资助对"多重胁迫下典型生态系统(特别是西南地区)的稳定性和恢复能力"进行探索。国内对各种退化土地生态系统的整治与改良利用工作主要是在生态脆弱区进行,如西北黄土高原、华南花岗岩丘陵、南方岩溶山地、西南干热河谷、华北干旱石质山地、西北荒漠等地区。

有关退化森林生态系统恢复的研究，在我国起步较早。1956 年，国家就将“造林地区立地条件及造林技术的研究”列为国家最重要科学技术任务 1956 ~ 1967 年的研究工作（国家林业局科学技术司，1999）。从 1959 年起，中国科学院华南植物研究所组织多学科多专业的科研人员在广东沿海侵蚀地上开展了热带、亚热带退化生态系统恢复与重建的长期定位研究。系统研究了退化生态系统恢复过程中水分、土壤、大气、生物等因子的变化和机理，总结出了国内外先进的集水区法、植被恢复分三步法和时空替代法等行之有效的方法；论证了热带极度退化生态系统经过人工启动得以恢复的可行性；筛选了以豆科植物为主的一批先锋树种和适宜林分改造的优良品种；探讨了生物多样性与生态系统稳定性的关系，论证了植物多样性是森林生态系统稳定性的基础（杨朝飞，1998；彭少麟，1996；周国逸，1997）。1973 ~ 1979 年，“西北沙荒、黄土高原大面积植树造林技术的研究”先后被确定为国家重要科学研究项目计划、重点科学技术计划、重大科学研究计划和科学技术发展计划。1980 ~ 1982 年，国家将“三北防护林体系营造技术的研究”列为科学技术重点项目计划。1984 年，“防护林体系营造技术的研究”被列入国家科学技术项目计划。“七五”到“九五”，国家先后下达了“林业工程技术开发”、“生态林业工程技术体系研究”、“生态林业工程技术研究与开发”等科技攻关计划重点项目（国家林业局科学技术司，1999），在立地类型划分与适地适树、林种配置、集流抗旱造林、区域性防护林体系生态效益监测与评价、生态经济型防护林体系建设技术、防护林体系高效空间配置及林分稳定结构设计与调控技术、农林复合可持续经营配套技术、困难立地造林与植被恢复技术、防护林工程建设植物材料选育及快繁技术、现有“三低”防护林防护功能持续提高的更新改造技术、生态林业工程建设效益监测网络建设及效益评价、区域性荒漠化土地防治与开发综合技术体系和治理模式、退耕还林还草工程区植被恢复与复合经营技术、退化天然林恢复重建技术等方面开展了研究（林可文，2001）。“十五”设立了“林业生态工程构建技术研究与示范”课题，开展了退化天然林恢复与重建技术、退耕还林还草工程区水源涵养型植被建设技术、困难立地的造林营林技术、水土保持型植被建设技术、石质山地植被恢复与复合经营技术等方面的研究。“十一五”，国家设立了科技支撑计划重大项目——“林业生态建设关键技术研究与示范”，计划开展生态林抗逆植物材料筛选与快繁技术、防护林体系空间配置与结构优化技术、困难立地工程造林关键技术、不同自然地理类型区植被恢复与重建技术等方面的研究。

在退化生态系统的分类研究方面，白降丽等（2005）将退化的生态系统划分为退化森林生态系统、退化草地生态系统、退化湿地生态系统、废矿地、退化海岛生态系统、退化水生生态系统等6类。按照自然地理区域划分为农牧交错区、风蚀水蚀交错带、干旱荒漠地区、西北黄土高原、华南花岗岩丘陵、南方岩溶山地、西南干热河谷、华北石质山地、海岛、城市、采矿废弃地等类型（张经炜、姚清尹、李焕珊等，1994；赵桂久、刘燕华、赵名茶等，1993，1995）。涂修亮等（2000）将三峡库区退化生态系统的植被恢复与重建分为水体植被恢复与重建，消落区和水库边缘植被恢复与重建，以及陆地生态系统植被恢复与重建等3种。

在植被构建的方法步骤方面，提出了退化生态系统的恢复与重建一般步骤：首先要明确被恢复对象，并确定系统边界；退化生态系统的诊断分析；生态退化的综合评判，确定恢复目标；退化生态系统恢复与重建的自然、经济、社会、技术可行性分析；恢复与重建的生态规划与风险评价，建立优化模型，提出决策与具体的实施方案；进行实地恢复与重建的优化模式试验与模拟研究，通过长期定位观测试验，获取在理论和实践中具可操作性的恢复重建模式；对一些成功的恢复与重建模式进行示范与推广，同时要加强后续的动态监测与评价（余作岳、彭少麟，1996；章家恩、徐琪，1999）。李先琨等（2003）提出了岩溶区生态恢复重建的基本步骤，即以生态学的原理与方法为指导，进行土地利用的优化设计，调整农村产业结构，通过全面封育与先锋群落的构建，实行乔灌藤草优化配置，生态防护林体系与特色农林产品基地建设结合，恢复良好的森林植被。贾忠奎等（2004）提出了干旱半干旱石质山地困难立地植被恢复技术方法，包括集水造林、爆破整地造林、秸秆及地膜覆盖造林、封山育林、压砂保墒造林、坐水返渗造林、苗木全封闭造林、容器育苗造林、菌根菌育苗造林、飞播造林、套袋造林、蜡封造林、冷藏苗木造林、滴灌造林、应用吸水剂造林、应用固体水剂造林、应用化学药剂处理造林、应用ABT生根粉和根宝造林。孙楠等(2002)提出的退化生态系统恢复与重建的技术方法有:封山育林技术、环境改善技术、生态规划技术、混农林业技术、生态农业技术、生态林业工程技术、生物多样性保护技术等。包维楷等(1998)提出了植被恢复和重建的步骤与途径:①环境背景调查和诊断;②恢复与重建对策的选择和生态经济规划与布局;③物种(品种)的引种和筛选;④植物群落的设计和配置及其山地植被组合与实施;⑤监测和进一步优化调控。陈怀顺等(2000)把西北地区分为黄土高原区、青藏高原区、荒漠-绿洲区及中高山地4个类型区,提出了相应的恢复措施。工程措施采取拦截坝、山地水平阶和地面覆盖,生物措施有物种选择和生物复合配置。

在植被结构优化技术研究方面,杨光等(2000)用定性的方法确定水平空间上植被类型的适宜分配和沟道、山坡、梁峁、梯田等构成的立体空间上植被类型的合理布局。熊文愈等(1998)研究提出了植被最优综合评价模型。

在树种选择技术研究方面,多是根据立地条件定性选择,但是也有学者根据培育目标开展了定量选择研究。李跃明等(1996)针对培育薪炭林,用单树种的树高、胸径、冠幅、产材量和权重等数量指标建立了薪炭林造林树种定量选择模型。苏平等(1998)采用单因子比较法和多因素比较法对适地适树开展了量化决策研究。周蛟、张明友(1998)在元谋干热河谷区开展抗旱耐热造林树种的定量选择研究,选出银合欢、黄豆树、加勒比松为元谋干热河谷区的主要抗旱造林树种。

我国退化生态系统恢复研究最初主要是以土地退化,尤其是土壤退化为主,而且土地退化和土壤退化研究往往交织在一起,主要针对水土流失、风蚀沙化、草场退化及盐渍化对农林牧业的危害进行,也包括岩化、裸土化、石砾化、土地污染及肥力贫瘠化等。目前,已在生态系统退化的原因、程度、机理、诊断以及退化生态系统恢复重建的机理、模式和技术方面做了大量的研究。同时,对退化生态系统的定义、内容及恢复理论也有了一定的完善和提高,提出了一些具有指导意义的应用基础理论。开展了大量有关退化生态系统形成机制及恢复重建的研究和示范推广，积累了很多观测数据和研究成果。这些研究已取得了显著的生态效益、社会效益和经济效益，为自然资源的持续利用和生态环境的改善发挥了重要的作用。近期，有关生态系统退化的研究除继续以前的研究内容外，重点逐渐转移到区域退化生态系统的形成机理、评价指标及恢复重建的研究上（赵晓英、孙成权，1998）。退化生态系统的恢复措施及恢复途径是恢复生态学的主要研究内容之一（李博，2000）。

从以上情况可以看出，我国恢复生态学的研究，涉及的生态系统和区域类型多样，范围广，内容丰富，研究具有一定的深度和水平。然而，国内恢复生态学研究毕竟刚刚起步，在理论和方法上还不够成熟。恢复生态学的理论基础大多借鉴其他学科，缺乏真正属于自己的学科理论体系，需要通过大量的生态恢复实践，总结、提炼出本学科的基础理论。目前的生态恢复实践虽然涉及多种生态系统，但都是建立在有土壤的基础上，对于缺少土壤的裸露岩石如何恢复生态，是生态恢复实践的难点（谢运球，2003）。目前对恢复生态学的概念还没有形成明确的统一的认识，对恢复实践中出现的新方法、新技术以及新问题还没有从理论上加以总结和提高。另外，有关恢复生态学的研究多以短期的单学科的定性和半定量研究为主，缺少系统的、连续的、动态的定量研究。今后应拓展与完善恢复生态学的理论框架、实验方法与示范工作。进行决策系统的研究，构建恢复和重建方案的决策框架。需要根据不同区域的具体情况确立以价值为基础的明确的恢复目标，制定方便实施的技术路线和切实可行的生态工程技术。建立具有可操作性的监测、评价指标体系，开展对恢复的生态系统恢复结果的监测、评价。还需要系统研究总结和完善恢复生态学有关的理论、原则、方法、生态工程设计、恢复与重建的操作程序等内容，同时需要特别加强对退化生态系统的恢复与重建技术的研究（章家恩、徐琪，1997）。需要通过对各种自然和人为影响因素的分析，找出扭转逆行演替的途径和方法，加速退化生态系统的恢复。现阶段的主要研究方向是：①我国主要类型生态系统长期监测和演变规律；②我国主要类型生态系统的结构、功能及其对全球变化的响应；③典型退化生态系统恢复与重建机理；④生态系统的质量评价和健康诊断;⑤区域资源合理利用与区域可持续发展;⑥生态系统生产力形成机制和有效调控;⑦生态环境综合整治与农业高效开发试验示范(谢运球,2003)。彭少麟、陆宏芳(2003)则认为,恢复生态学近期的研究方向主要有6个:恢复生态学的学科理论框架;恢复生态系统的功益;生物多样性在生态恢复中的作用;生态恢复对全球变化的响应;生态恢复立法;生态恢复与社会、经济的整合性研究。

1.7 现有研究存在的主要问题和发展趋势

1.7.1 存在的主要问题

随着恢复生态学的发展和我国林业生态工程建设的进行,植被构建研究得到了快速发展,一些地区取得的成效亦为我国今后的植被构建提供了成功范例。但是,因自然条件的限制,包括太行山区在内的生态脆弱区植被构建的困难依然很大,同时植被构建的理论、方法和内容仍有待进一步深入与完善。目前存在的问题主要表现在以下几个方面。

(1)缺乏系统的基本理论:由于植被构建这一术语出现的时间很短,因而其概念和所包含的内容还没有明确的界定,因而相关的基本原理和指导原则都不够明确,理论体系尚未建立,实施的技术体系和效益评价方法等也不够系统和全面。

(2)研究对象时间尺度和空间尺度有限:研究多以短期的单学科的定性和半定量研究为主,缺少系统的、连续的、动态的定量研究。综观20年来的太行山植被建设研究,一次性调查的资料多,设置固定样地进行长期观测的少,资料的积累有限,不利于系统分析和效果预测。

(3)对乡土树种的研究不够广:已有的研究涉及的乡土树种少,对大多数乡土乔、灌木树种的生长特性和生态适应性缺乏研究。

(4)对树种的耐贫瘠性能研究很少:注重对树种抗旱性的研究,而忽略了树种耐瘠薄性能的研究,而树种对水肥耦合的响应方面的研究更是少见。

(5)缺乏对植被类型的选择研究:虽然植被构建的理想结构是乔灌草复合配置的复层异龄林,但是在立地条件差的地块不适宜构建这种植被类型。自然地理条件的多样性使得某个区域内存在着分别适宜草地、灌草、乔灌草等不同植被类型的地块。植被构建不仅要适地适树、适地适林,还要使植被类型和立地要求相一致,即做到适地适植被类型,然而,这方面的研究未见报道。

(6)效益评价不够准确:多数研究都以植被覆盖率、水土流失和土壤水分等几个可测性指标来评价植被构建的效益,对植被构建对大区域的效益分析少,且对植被构建的生态效益和社会效益价值认识模糊,没有建立综合的效益评价系统,缺乏定量化、系统化、持续性的研究,无法进行合理、准确的评价。

1.7.2　近期的主要研究方向

根据恢复生态学的发展趋势,针对植被构建研究方面存在的主要问题,结合我国林业生态工程建设需要,植被构建研究近期的主要方向如下。

(1)植被构建的理论研究:以恢复生态学、生态经济学、森林培育学和林业生态工程学等学科的理论为基础,系统地总结有关植被构建的原理、原则和方法,如植被结构、功能、效益及其生态学过程与相互作用机理,植被的稳定性、多样性、抗逆性、生产力与可持续发展研究,建立起其理论框架,拓展研究领域。

(2)植物种的筛选与应用研究:在开展植物种抗旱研究的同时,开展植物耐瘠薄性能研究,并且扩大研究的物种范围,包括乡土植物种和优良的引进植物种,以充分挖掘丰富的植物资源,为区域植被构建选择出具有各种性能和效益的多个物种。

(3)植被构建的应用技术研究:进一步开展适地适树、优化规划的定量化研究,探讨适地适植被类型的定量化研究,开展典型区域植被类型构建的案例研究,建立一套包括规划设计、营建方法等的应用技术系统,实现植被构建工作的规范化、系统化。

(4)植被构建的效益评价研究:形成完整统一的效益评价指标体系,实现效益评价指标的完全定量化和价值化。

第2章 植被构建的理论阐述

2.1 植被构建的概念和内涵

2.1.1 植被构建术语的提出及其定义

现代社会,工业化迅速发展,人口大幅度增加,人口与资源和环境之间的矛盾日益突出,导致全球气候变暖、生态环境退化、生物多样性减少等一系列生态问题,严重威胁到人类社会的可持续发展。因此,如何保护现有的自然生态系统,综合整治与恢复已经退化的生态系统,以及重建可持续的人工生态系统,已成为摆在人类面前亟待解决的重要课题,退化生态系统的恢复(degraded ecosystem restoration)和生态环境建设(eco - environmental construction)已日益成为世界各国研究的热点,由此形成了相应的多种概念。退化生态系统的恢复是指模拟某一特定生态系统的结构、功能、多样性及其动态特征等,通过人为干扰建立一个原始的、过去曾经有过的生态系统(Aronson J et al,1993a;Aronson J et al,1993b)。退化生态系统恢复分为保护(Conservation"C")、恢复(Restoration"R")、重建(Reallocation"A")和维持(Preservation"P")四条基本途径,保护是对某一生态系统进行人为管理,使其避免进一步破坏和继续退化;恢复是人们主动地改变某一立地,建立起具有地带性的原生生态系统的恢复途径;维持是停止一切人的干扰活动,让植被与群落自我维持、衍生与发展(李俊清、崔国发,2000)。生态恢复与重建(ecological restoration and reconstruction)是指根据生态学原理,通过一定的生物、生态以及工程的技术,人为地切断生态系统退化的主导因子和过程,调整和优化系统内部及其与外界的物质、能量和信息的流动过程及其时空秩序,使生态系统的结构、功能和生态学潜力尽快地、成功地恢复到原有的乃至更高的水平(章家恩、徐琪,1999)。生态环境建设是一切旨在恢复和改善生态环境的行动的总称,其内容包括天然林等自然资源保护、植树种草、水土保持、防治荒漠化、草原建设、生态农业,以及城市园林建设和工矿交通建设区的生态恢复重建等内容,和生态环境建设相近似的概念有生态环境的保护(Protection)或保育(Conservation),恢复重建(restoration, rehabilitation & reallocation),植被建设是贯穿于所有生态环境建设内容的核心问题(沈国舫,2001)。“生态建设”和“生态恢复”的概念及两者之间的关系并不明确,“生态建设”的概念包含了几个不同的目标:①在自然土地上开垦农田和发展畜牧业;②恢复特定的环境服务(如水土涵养或固碳作用等);③恢复生物多样性和生态功能(如能量流动、种子传播和授粉),使之更加接近自然生态系+统;④保护现存的生物多样性和整个生态系统功能。这个术语的含义太广,一套标准和指南难以满足整个概念的内容要求,有必要将其细分为几个小的范畴,为每一个不同的目标建立专门的标准和指导方针(汪松等,2001)。在这种背景之下,植被构建就作为生态恢复中较小范畴的术语而产生了。

植被构建这一术语已经越来越多地被使用,相关的研究工作也已开展,如太行山低山丘陵区植被恢复构建的生态对策和途径(张明如等,2006)、黄河中游黄土高原高效植被构建配置技术(王卉,2006)、水源涵养型林草植被构建技术(铁铮,2004)等,但都没有给出一个具体的定义。与植被构建含义接近、具有代表性的术语是恢复(Restoration),相关的术语还有多种,如改良(Rehabilitation)、改造(Reclamation)、改进(Enhancement)、修补(Remedy) 、更新(Renewal)、再植(Revegetation)等,但是,作为代表性的用语被收录在“The U. S. EPA: Terms of Environment”一书中的有改良(Rehabilitation)和恢复(Restoration)两个词汇,其中的每一个词都有不同的释义。改良被表述为对某一自然资源进行改进,使其重现出一种好的状况,但这种状况与受干扰前的不同(Cairns et al, 1995);或者解释为赋予一种自然资源以一种新的或有很大改变的用途去服务人类的目的(Cairns et al, 1991)。恢复被释义为使一个生态系统返回到它最接近受干扰前的状况(Cairns, et al, 1995);或者解释为重建生态系统的结构和功能,并且必须使其能够自我维持的过程(Cairns, et al,1995);或者表述为使立地条件回复到土地受干扰以前的状况的过程(Dan Ogle et al,2001)。Dan Ogle 等

(2001)还给出了改造、再植的定义。改造被定义为将一种立地或资源恢复到能够取得经营目的或规定的目标所需要的状况;再植是指在目的植物缺乏或密度不足的地区,通过自然恢复或通过播种、移栽对目的植物的建造或再建。综观这些相关的术语及其定义,可以发现其存在着缺少指代名词、含义上有相互重复的情况、内涵较狭窄等问题。如果将恢复和改良这两个有代表性的术语合在一起,冠以指代名词植被,组成植被恢复与改良一个术语,就避免了原有术语存在的问题,为了方便语言表达,简称为植被构建。综合分析相关术语的定义,具体内容由对象、方法和目标三个方面组成。植被构建的对象是一定地域,方法是自然演替或人工建造,目标是建成适宜植被。由此得到植被构建的定义:在一定地域内,通过自然恢复或人工培育,形成在结构和功能上能够自我维持植被的工程技术措施。生态学、生态工程学、生态经济学、森林培育学、景观生态学、土地利用规划、可持续发展的相关理论及技术是植被构建的理论和技术基础。

在国内中文期刊中,没有找到与"植被构建"完全对应的英文翻译,但与植被构建相关词语的英文翻译有多种,如植被恢复 vegetation restoration,植被类型重建 reconstruction of vegetation patterns,植被恢复与重建 restoration and reconstruction of vegetation, 植被改良与重建 vegetation rehabilitation and reconstruction,植被建设 vegetation construction, vegetation establishment,植被营建 vegetation - building,生态恢复与改良 ecological restoration and rehabilitation,植被建设与恢复 vegetation construction and restoration 等。从这些翻译表达方式可以看出,与植被对应的英文翻译均为 vegetation,而与构建对应的英文翻译有 architecture、reconstruction,还有建设 construction、营建 building、改良 rehabilitation 等。但是都不能表达中文植被构建中构建一词的完整意思。

从国外文献看, construction、architecture、reconstruction、establishment、building 等词汇没有收录在恢复生态学和自然资源保护方面的术语表中,它们不宜应用在植被构建的英文翻译中。reclamation 和 rehabilitation 被作为同义词(Cairns, et al, 1991),renewing 是指 reclamation 的植被建设方面,Revegetation 则表示在一项工程地点的植被更新(renewing the vegetation)(Dan Ogle et al,2001),所以这几个词汇在含义上有重复,可以用一个词作代表,从词的含义上看,rehabilitation 包括的范围广,适宜作为代表词。在描述植被恢复的词中以 restoration and rehabilitation 出现的最为普遍。

因此,通过比较、筛选和借鉴,植被构建中的"植被"译成 vegetation,在意义上贴切,且在用法上与汉语一致。"构建"在汉语上是一个词,但没有一个对应的英文单词能够准确地表达出它的中文含义,rehabilitation 表达的是改良的意思,restoration 的汉语释义有恢复、修补、重建。根据植被构建的定义,将 restoration 和 rehabilitation 合并使用,能够准确地表达"构建"的中文含义,植被构建的完整英文表达为 vegetation restoration and rehabilitation。

2.1.2　植被构建的内涵

植被构建不仅涉及一个地区的人口、资源、环境与发展的协调,也涉及经济、文化、社会、技术各个领域。因此,植被构建是一个综合的概念,它有着丰富的内涵。

(1)植被构建对象、方法和目标具有多样性。进行植被构建的对象包括各个地带与培育目标或功能要求不一致的林地、退化的土地、废弃的矿地、目的植物缺乏或密度不足的土地等。植被构建的方法既包括借助大自然的力量恢复林草植被的自然恢复方式,也包括施行人工造林种草重建林草植被的人工培育方式,还包括对现有结构和功能较差的植被进行改进,使其形成具有较好结构和功能林草植被的人工改良方式。植被构建的目标有多种,如建成的植被在结构和功能上能够自我维持,或者能够实现经营目的或规定的目标,或者是受干扰以前的植被类型,或者接近于受干扰以前的植被类型等。

(2)植被构建以自然资源为基础,同环境承载力相协调。由于植被构建对象的多样化和不同区域生态类型的差异性,植被构建要因地制宜,根据植被地带性分布规律、地形地貌、立地条件,确定适宜的树种、草种。在植被类型上宜林则林、宜草则草。在树种类别上宜乔则乔、宜灌则灌,使植被对水分的消耗与环境承载力一致,保证林分生长发育各阶段所需水分不超过林地土壤水分的环境容量,保持土壤—植被—大气连续体的水分平衡。

(3)植被构建以建成稳定植被为人类生活质量的提高提供服务为目标。建成的植被要适合当地环境条件，有较为完善的种群结构，具有正常生长发育和自我更新能力，对外界干扰有一定的抵抗能力和恢复能力，在结构和功能上能够自我维持，具有相对的稳定性。能够较好地发挥生态、经济和社会效益，满足人类生活质量不断提高对物质、文化和环境的需要。在发挥调节气候、涵养水源、保持水土、防风固沙、减少自然灾害和改良土壤作用的同时，对人的心理、情绪、感觉、教育等方面提供服务，还提供木(竹)材产品和林副产品，优化农村产业结构，促进经济发展。

2.1.3 植被构建的特征

由上述植被构建的概念及内涵，可以总结、归纳出植被构建5个方面的基本特征。

(1)自然特征：具体表现为植被构建在一定的自然地理区域进行；构建植被的植物种类和建成的植被类型受当地自然条件的约束；构建植被的方法包括自然恢复；植被构建的目标包括对自然条件的改善。

(2)经济特征：植被构建既是对土地的生态利用，也是对土地的经济利用；植被构建的人工培育方式需要一定的经济投入；构建的植被能够产生一定的经济价值。

(3)社会特征：植被构建不是局限于一个国家或地区，而是涉及全社会多种不同的地方，各个地方各种层次的人都可以参与，具有广泛的社会参与性；植被构建产生的生态效益全社会都能够从中受益；构建的植被还能够产生一定的社会效益。

(4)技术特征：植被构建涉及多种技术，需要多方面的科学理论做指导，同时还要应用多种技术方法，只有多方面技术的综合应用才能完成。

(5)可持续性特征：由于植物的可再生性使得植被在产品产出上具有可持续性，能够实现可持续经营；构建的植被既是可持续发展重要的自然资源，也是维持可持续发展环境的必要基础条件。

2.2 植被构建的理论基础

2.2.1 恢复生态学理论

在1987年出版的《Restoration Ecology, A Synthetic Approach to Ecological Research》(Jordan等主编)中,恢复生态学被初步确定为生态学的一门新的应用性分支(赵晓英、孙成权,1998;章家恩、徐琪,1999)。恢复生态学是一门年轻的学科,迄今尚无统一的定义(彭少麟、陆宏芳,2003)。不同学者给出的定义有多种。John Cairns Jr和James R Pratt(1995)认为,恢复生态学是指将受损生态系统的结构和功能恢复到类似于受干扰以前的状态。J Aronson给出的定义是有意识地改造一个地点,建成一个确定的、本土的、历史的生态系统的过程,这个过程的目的是竭力仿效生态系统的结构、功能、多样性和动态。美国生态恢复学会的定义是研究如何修复由于人类活动引起的原生生态系统生物多样性和动态损害的一门学科。国际恢复生态学会(Society for Ecological Restoration)先后提出3个定义:生态恢复是修复被人类损害的原生生态系统的多样性及动态的过程;生态恢复是维持生态系统健康及更新的过程;生态恢复是帮助研究生态整合性的恢复和管理过程的科学,生态整合性包括生物多样性、生态过程和结构、区域及历史情况、可持续的社会实践等广泛的范围。第3个定义是该学会的最终定义(Laura L et al,1995)。国内学者普遍引用的定义是恢复生态学是研究生态系统退化的原因、退化生态系统恢复与重建的技术和方法及其生态学过程和机理的学科(余作岳、彭少麟,1996)。其主要理论有以下几个方面。

(1)生态演替理论:生态演替理论是退化生态系统恢复最重要的理论基础(许木启、黄玉瑶,1998)。演替是一个非常广泛的概念,它不但包括树种的更替,还有灌木、草本、动物和微生物的变化,以及土壤和周围环境的一系列改变。演替的过程和方向决定于外界因子对植物群落的作用、植物群落自身对环境作用的响应变化,群落中植物组成、植物繁殖体的散布和群落中植物之间的相互作用等因素。演替按照性质和方向可分为进展演替和逆行演替两类。进展演替是指在未经干扰的自然状态下,森林群落从结构较简单、不稳定或稳定性较小的阶段(群落)发展到结构更复杂、更稳定的阶段,后一阶段比前一阶段利用环境更充分,改造环境的作用更强烈。逆行演替是指在干扰条件下(包括人为干扰和自然条件的改变或群落本身的原因),原来稳定性较大、结构较复杂的群落消失了,代之而起的是较简单、稳定性较小的群落,利用和改造环境能力也相对较弱的群落。因而恢复和重建植被必须遵循生态演替规律,促进进展演替,重建其结构,恢复其功能。在选择物种时,考虑选择处于进展演替前一阶段的某些物种,加快演替进程。消除干扰和破坏,将植被恢复和重建的人工植物群落建立在进展演替的基础上。

(2)自我设计与人为设计理论:自我设计理论认为,只要有足够的时间,随着时间的进程,退化生态系统将根据环境条件合理地组织自身并会最终改变其组分。而人为设计理论认为,通过工程方法和植物重建可直接恢复退化生态系统,但恢复的类型可能是多样的。这两种理论都把物种的生活史作为植被恢复的重要因子,并认为通过调整物种生活史的方法就可加快植被的恢复。这两种理论的不同点在于:自我设计理论把恢复放在生态系统层次考虑,未考虑到缺乏种子库的情况,其恢复的只能是环境决定的群落;而人为设计理论把恢复放在个体或种群层次上考虑,恢复的可能是多种结果(Van der Valk, 1999; Middleton B,1999)。

(3)土壤恢复理论:土壤恢复的原则及过程。土壤营养恢复过程及协助措施,土壤恢复的工程措施及辅助手段,土壤污染(重金属、有机物等)的积累及清除过程和措施,土壤微生物、动物与菌根的生态恢复。

(4)种群生物学理论:起源种群的个体数量和基因变异对种群定居、发育、生长和进化潜力的影响;种群成功恢复中适应生活史特征的作用;景观元素的空间格局对多种群动态和种群过程的影响;在一个经常快速、持续时间范围内,基因漂移、基因流和选择对种群持续生存的影响;种间作用对种群动态和群落发育的影响。

(5)群落生态学理论:恢复的终点是结构与功能的和谐恢复;恢复

的群落中可容纳多少特征与原群落不同;生物多样性理论与恢复;生境异质性与生态系统功能恢复的过程;胁迫性条件下植物成簇性易于恢复;如果群落的演替可预测,则通过人为干预可加快恢复速度。

(6)生态系统生态学理论:物质循环和能量流动原理;输入的压力效果;食物网的构建;系统组分间的反馈;营养传输的效率;初级生产力和分解速率;非生物环境的形成;自然干扰体系必须恢复。

2.2.2　生态工程学理论

Mitsch 等(1989)给出了"生态工程学"(Ecological Engineering)的定义, Mitsch 有时也使用"生态技术"(Ecotechnology)一词。1993 年美国科学院所主办的生态工程研讨会中根据 Mitsch 的建议,把"生态工程学"定义为:将人类社会与其自然环境相结合,以达到双方受益的可持续生态系统的设计方法。生态工程学的范围很广,包括河流、湖泊、湿地、矿山、森林、土地及海岸等的生态建设问题。其理论观点主要有:在学科的科学基础方面,强调工程学与生态学相结合,工程设计要吸收生态学的原理和知识;新型的工程设施既要满足人类社会的种种需求,也要满足生态系统健康性的需求,实现双赢是理想的目标;生态工程以保护生态系统生物多样性为重点,在治理工程中,尊重所处地域的自然状况,尊重各类生物种群的生存权利,工程设施要为动植物的生长、繁殖、栖息提供条件;认识和遵循生态系统自身的规律,充分发挥自然界自我修复和自我净化功能,生态恢复工程强调生态系统的自我设计功能;依据人文学理论,强调自然美学价值,在治理工程中,要设法保存自然美,以满足人类在长期自然历史进化过程中形成的对自然情感的心理依赖(董哲仁,2004)。生态工程是可持续发展的重要手段,目的由保护环境扩展为为了人类社会和自然双双受益,人与自然调谐,促进经济与环境的协调发展。从单纯追求一维的环境与自然保护或经济增长,走向富裕(经济和生态资产的增长与积累)、健康(人的身心健康及生态系统服务功能与代谢过程的健康)、文明(物质、精神和生态文明)三位一体的复合生态繁荣。生态工程的核心是运用生态控制论原理去促进资源的综合利用、环境的综合整治及人类社会的综合发展。

2.2.2.1 生态工程原理

生态工程有整体、协调、自生、循环等4项基本原理(颜京松、王如松,2001)。

(1)整体性原理:系统性的整体性原理指的是,系统是由若干要素组成的具有一定新功能的有机整体,各个作为系统子单元的要素一旦组成系统整体,就具有独立要素所不具有的性质和功能,形成了新的系统的质的规定性,从而整体的性质和功能不等于各个要素的性质和功能的简单加和(魏宏森、曾国屏,1994)。当系统内各种要素通过相互作用而形成一个系统时会产生整体效应,整体效应包含两个方面的作用机制:一指系统的全部要素在相互作用过程中对系统整体性能所产生的作用和结果,这是系统内部所发生的各种局部效应对系统整体性能所产生的一种综合作用和结果;二指系统所形成的整体性能对整个系统的运行与发展所产生的影响和结果。从对系统整体性所产生的作用和影响看,可将系统效应归纳成三类:一类是指有助于整体性能形成和强化的互补效应;另一类是指阻碍、干扰、破坏而不利于整体性能形成和强化的离散效应;第三类是对整体性能无作用的零效应。人们研究整体效应的目的,就是试图把离散效应的作用降到最低程度,而把互补效应的作用提到最高程度,充分发挥互补效应的作用,达到最优化的整体效果(张道民,1994)。

(2)协调性原理:协调发展是在以人为主体,由经济、社会、环境三个亚系统构成的人类社会大系统中,通过合理配置各种资源,系统的组织和管理过程不断提高系统的有序程度,使大系统达到最优化、最和谐,促进经济发展、社会进步、环境保护协调一致,同步进行。发展问题和环境问题具有长期性,会影响几代人。为了保证人类社会协调发展,在环境保护与经济建设中应遵循系统—效益原理、层次—能级原理、综合动态平衡原理和总资源优化配置原理。所谓系统—效益原理,就是在三个亚系统内部协调的基础上,实现大系统的协调,使经济、社会和环境亚系统间的相互作用和谐起来,以取得最大的整体效益,实现经济效益、社会效益和环境效益的统一。层次—能级原理是指在协调发展的过程中,需要解决的问题按其性质和在大系统中所处的位置,分属于大系统的不同层次,驾驭大系统运动过程的协调管理系统,其机构、职能及其层次的划分和所赋予权力的大小,应该与客观存在的大系统协调管理对象的层次结构及内在联系相适应。经济、社会、环境三者协调发展的首要问题,是人类自身再生产和物质资料再生产以及与自然再生产之间的平衡关系。在这三种生产之间,不仅存在着相互依存和相互制约的关系,而且还保持着平衡的数量比例关系。这三种再生产的基本比例关系,一是总人口的增长不能超过消费资料的增长;二是劳动人口的增长不能超过生产资料的增长,更不能超过自然再生产的能力,换句话说,人类社会活动要限制在环境承载力的范围之内。经济、社会、环境三者协调发展的实质在于寻求大系统的最佳组合和结构,归根到底是社会总资源的优化配置问题。构成总资源的各类要素只有按一定的标准实现均衡配置,才能达到大系统的协调和优化。总资源优化配置揭示了经济、社会、环境之间的内在联系,全面综合反映了社会发展要素的基本状况,有利于将经济、社会和环境发展纳入大系统的轨道,同时,有利于建立经济、社会、环境协调发展的宏观控制体系(张义生等,1994)。系统的协调是系统稳态和整体功能的保障,结构和功能的失调将破坏系统原有的性质和整体功能。

(3)自生原理:自生原理包括自我组织、自我优化、自我调节、自我维持、自我再生、自我繁殖和自我设计等一系列机制。自生是生物的生存本能,是自然生态系统应付环境变化的一种自我调节能力。自生的基础是生态系统的承载能力、服务功能和可持续程度,而自生的动力则是天人合一的生态文化。自生作用是以生物为主要和最活跃组成成分的生态系统与机械系统的主要区别之一,生态系统的自生作用能维护系统相对稳定的结构、功能和状态的稳定以及可持续发展。

自然生态系统的自我组织能力包括结构和功能的自我完善、成熟与创新;初级和次级生产力;受内源或外源性负向作用后的回复能力;自然生态系统对人类的生态服务功能增长以及人类对自然生态的保护、培育与管理;人类生态系统社会、经济、文化、心理等的自发展能力。自我调节能力是指系统组分大小(生物量)、密度和生态流过程的正负变化的均衡性;对人类污染等胁迫的缓冲、消解与转换(化)能力;对环境压力或内外源灾害(如生物病虫害)的耐受、抵抗、正向转化能力。

自我维持能力是指系统存在和发展的理化基质条件的稳定性;物质、能量与信息的基础代谢水平及养分储留的稳定性;组成、结构和功能(如种内、种间相互作用)及其相互耦合机制的稳定性;人类心理、个体、社会、文化、经济等的继承性及其与系统中其他生物、非生物要素之间联通的稳定性;对系统内外源不确定性的转移(化)与利用能力(胡聃、奚增均,2002)。自我设计能力是生态工程中最主要的基本原理之一,通过自我设计,系统能够很好地适应对系统施加影响的周围环境,同时系统也能经过操作,使周围的理化环境变得更为适宜(李博,2000)。

(4)循环原理:循环是系统功能的一种生态整合机制,循环不是简单的周而复始,而是一种螺旋式的有机进化和系统发育过程,包括物质的循环再生,可更新资源的开发利用,信息的灵敏反馈,空间格局和过程的和谐耦合,过去、现在、未来的时间连贯性和平稳性,资金的有效融通,人力的继往开来,以及自组织、自适应、自调节的协同进化功能等。循环生态是自然生态系统生存发展的基本对策。信息的反馈和物质的循环是自然及人工生态系统的基本规律。只不过有的循环慢,有的循环快,有的是主动循环,有的是被动循环而已。物质的循环再生和信息的反馈调节是复合生态系统持续发展的根本动因。生态动力学总是正、负反馈,双向作用的,资源的廉价开发以自然生态资产的耗竭为代价,废弃物的低成本排放以自然生态服务功能的衰竭为代价。

在生态系统的物质循环中,每一个环节既是给予者,也是受纳者,循环是往复循环、周而复始的。正是由于生态系统内的小循环和地球上的生物地球化学大循环,保障了地球上的物质供给。通过迁移转化及循环,使可再生资源取之不尽、用之不竭。但是,当生态系统受到破坏,废物大量产生或某些再生资源开发过度,阻滞、干扰了正常的循环路径,导致循环失调与失衡,最终造成污染和环境破坏。生态工程就是要采取措施,调整循环运转的各个环节及途径,协调各个环节的输入、转化与输出物质的量,使废物资源化,为物质生产和生物再生提供更多机会,变废为宝,化害为利(李博,2000)。

2.2.2.2 生态控制论原理

马世骏、王如松从中国几千年优良的人类生态哲学中总结出8条生态控制论原理。

(1)开拓适应原理:任一企业、地区或部门的发展都有其特定的资源生态位。成功的发展必须善于拓展资源生态位和调整需求生态位,以改造和适应环境。只开拓不适应,缺乏发展的稳度和柔度;只适应不开拓,缺乏发展的速度和力度;复合生态系统的发展初期需要开拓与发展环境,速度较慢;继而最适应环境,呈指数式上升;最后受环境容量或瓶颈的限制,速度放慢,越接近某个阈值水平,其速度越慢,系统呈"S"形增长。但人能改造环境,扩展瓶颈,系统又会出现新的"S"形增长,并出现新的限制因子或瓶颈。复合生态系统正是在这种不断逼近和扩展瓶颈的过程中波浪式前进,实现持续发展的。

(2)竞争共生原理:系统的资源承载力、环境容量在一定时空范围内是恒定的,但其分布是不均匀的。差异导致竞争,竞争促进发展。优胜劣汰是自然及人类社会发展的普遍规律;任一系统都有某种利导因子主导其发展,都有某种限制因子抑制其发展;资源的稀缺性导致系统内的竞争和共生机制。这种相生相克作用是提高资源利用效率、增强系统自生活力、实现持续发展的必要条件,缺乏其中任何一种机制的系统都是没有生命力的系统。

(3)连锁反馈原理:复合生态系统的发展受两种反馈机制所控制,一种是作用和反作用彼此促进、相互放大的正反馈,导致系统的无止境增长或衰退;另一种是作用和反作用彼此抑制、相互抵消的负反馈,使系统维持在稳态附近。正反馈导致发展或衰退,负反馈维持稳定。系统发展的初期或崩溃期一般正反馈占优势,晚期负反馈占优势。持续发展的系统中正、负反馈机制相互平衡。

(4)乘补协同原理:当整体功能失调时,系统中某些组分(如人体内的癌细胞)会乘机膨胀成为主导组分,使系统歧变;而有些组分则能自动补偿或代替系统的原有功能,使整体功能趋于稳定。系统调控中要特别注意这种相乘相补的协同作用。要稳定一个系统时,使补胜于乘;要改变一个系统时,使乘强于补。

(5)循环再生原理:世间一切产品最终都要变成其功能意义上的废物,世间任一"废物"必然是对生物圈中某一生态组分或生态过程有用的“原料”或缓冲剂；人类一切行为最终都要反馈到作用者本身，或者有利，或者有害。物资的循环再生和信息的反馈调节是复合生态系统持续发展的根本动因。

(6)多样性主导性原理：系统必须以优势组分和拳头产品为主导，才会有发展的实力；必须以多元化的结构和多样化的产品为基础，才能分散风险，增强稳定性。主导性和多样性的合理匹配是实现持续发展的前提。

(7)生态发育原理：发展是一种渐近的有序的系统发育和功能完善过程。系统演替的目标在于功能的完善，而非结构或组分的增长；系统生产的目的在于对社会的服务功效，而非产品的数量或质量。

(8)最小风险原理：系统发展的风险和机会是均衡的，大的机会往往伴随高的风险。强的生命系统要善于抓住一切适宜的机会，利用一切可以利用甚至对抗性、危害性的力量为系统服务，变害为利；善于利用中庸思想和半好对策避开风险、减缓危机、化险为夷。

这些原理可以归结为三类：一是对有效资源及可利用的生态位的竞争或效率原则；二是人与自然之间、人类的不同活动间以及个体与整体间的共生或公平性原则；三是通过循环再生与自组织行为维持系统结构、功能和过程稳定性的自生或生命力原则。

2.2.3 生态经济学理论

1968 年，美国经济学家 Kenneth Boulding 发表的一篇著名的论文《一门经济学：生态经济学》，标志着生态经济学的诞生。多数生态经济学家认为，生态经济学是生态学和经济学相互结合形成的一门新兴交叉学科，是从经济学角度研究生态经济复合系统的结构、功能及其演替规律的一门学科。Costanza(1989)认为，生态经济学是一门全面研究生态系统与经济系统之间关系的科学，这些关系是当今人类所面临的众多紧迫问题(如可持续性、酸雨、全球变暖、物种消失、财富分配等)的根源，而现有的学科均不能对生态系统与经济系统之间的这些关系予以很好的研究。生态经济学既包括利用经济学方法研究经济活动对环境与生态的影响，也包括用新的方法研究生态系统与经济系统之间的联系。姜学民等(1985)将生态经济学划分为部门生态经济学、

生态经济学、专业生态经济学、地域生态经济学等学科体系。生态经济学所包含的内容非常丰富,中心目的是解决当前全球范围内日益严重的生态经济问题。生态经济研究大体可以划分为两个范畴:一是以可持续发展为核心的宏观生态经济发展模式与决策研究;二是以定量化研究为核心的微观生态经济系统价值理论研究。或者参考经济学的划分方法,可以将这两个范畴称为宏观生态经济学和微观生态经济学。

Odum(1988) 提出的能值价值理论为生态经济学的研究提供了新的理论和方法。能值是指某种流动或贮存的能量包含另一种流动或贮存的能量之量。能值价值理论用能值转换率、能值投入率、净能值产出率等基本能值指标来衡量环境生产对经济系统的贡献,认为环境生产是人类社会得以生存和持续发展的物质基础,在环境—经济系统中,环境生产是逐步连续进行的。为了维持环境生产的正常进行,人们所支付的货币必须体现购买的产品本身能值以及产品中包含的劳务付出能值,使环境生产与经济活动发生联系;支付的货币在经济活动中又回到人们手中,刺激他们去合理利用环境资源,加强环境生产,形成环境—经济系统的良性循环(隋春花等,1999)。

生态经济学的研究对象是生态经济系统。生态经济系统是由生态系统和经济系统通过技术中介以及人类劳动过程所构成的物质循环、能量转化、价值增值和信息传递的结构单元。其特征主要表现在3个方面:①实体系统与概念系统的融合性,实体系统是指由物质、能量等有形要素构成的系统,如矿物、能源、生物群落;概念系统是指由无形要素所构成的系统,如概念、原理、法则、方法、体系、程序等。②生态系统与经济系统的双向耦合性,生态经济系统中的生态循环与经济循环,都离不开生产过程这个耦合环节。③生态经济系统的协调有序性,就是生态系统有序性与经济系统有序性的融合(严立冬,1996)。在生态系统和经济系统之间有物质、能量和信息的交换,与此同时,还存在着价值流循环与转换。生态经济系统可按照范围、地域或经济特征进行划分,并且范围或地域都可大可小。根据范围大小分,有由地球表层的生物圈和经济界复合而成的全球生态经济系统—生态经济圈,国民经济总体生态经济系统;行业生态经济系统等。根据地域大小分,有国土生态经济系统;区域生态经济系统等。根据经济特征划分,有农村生态经济系统、城市生态经济系统、城郊生态经济系统、流域生态经济系统等。其中农村生态经济系统包括农业(种植业)生态经济系统、林业生态经济系统、畜牧业生态经济系统、渔业生态经济系统、农村工业生态经济系统和农村庭院生态经济系统等。生态经济系统组成包括人口、资源、环境、科技四大要素。

王继军等(2004)认为,生态经济学从结构、功能、平衡、效益、调控等方面揭示生态经济系统这一客观实体的运动发展规律。生态经济系统的基本原理如下。

(1)结构原理:系统结构是指系统内部各组成要素之间的有机联系与相互作用方式。任何系统的要素都按照一定的秩序排列和组合成为一定的结构。生态经济系统结构是指生态经济系统内的人口、环境、资源、资金、科技等要素在空间或时间上,以社会需求为动力,通过投入产出链相互联系、相互作用所构成的有序、主体、网络的关系。生态经济系统的结构原理包括结构成分、结构关系、结构特征、结构设计、结构评价及结构演替。

(2)功能原理:生态经济系统的结构与功能是统一的。结构是功能的基础,功能是结构的表现。社会物质再生产是在生态经济系统中进行的,是物流、能流、信息流和价值流的交换与融合过程。因此,物质循环、能量转化、信息传递、价值增值是生态经济系统特有的四大功能,要认识生态经济系统的运动发展规律,必然研究其功能作用机理即物质的无限循环、能量定向转化、信息的人工控制和价值的人工增值。

(3)平衡与效益原理:生态经济功能优劣是由生态经济系统的结构合理与否决定的,而生态经济系统功能的优劣又集中体现在其生态经济的平衡与否和效益的高低上,所以生态经济系统的平衡与效益是生态经济系统的功能表现,生态经济平衡原理包括平衡内涵、平衡特征、平衡标志与实现平衡的途径。生态经济系统效益的原理包括效益的内涵、效益的表示方法、效益的评价、效益的指标体系及提高效益的途径。

(4)调控原理:人们研究生态经济学的目的是希望运用一定的政

策手段来调控生态经济系统的物流、能流、价值流、信息流,以实现生态经济系统良性循环目标。生态经济系统调控原理包括调控目的、调控途径、调控切入点和控制对策。

生态经济系统有以下3个特征。

(1)人工主导的协同性:人具有自然和社会两重性,是生态经济系统中的核心要素,居于能动的主体地位。在生态经济系统中,人不是一般的主体,而是具有能动作用的主体,人可以能动地调节控制人口本身,可以能动地与其他要素相联系构成丰富多彩的生态经济系统。人的主导性还表现在人的生产劳动和创造才能,人类会推进自己的生产,创造出比自己消费多得多的财富。

(2)经济与生态双重目标的有序性:生态经济系统具有双重目标性,生态经济系统的运动与发展同时具有两个目标,即生态与经济双重目标,这两个目标相对独立、相互联系,是一种不可分割的整体关系。生态经济系统还具有协调有序性。生态经济系统的有序性,实质上是生态系统有序性与经济系统有序性的融合,表现为生态系统与经济系统的层次有序性和生态系统的自然生长与经济目标的人工导向协调的有序性。生态经济系统双重目标及协调有序性的实现,是在生态系统与经济系统双向循环耦合过程中完成的。生态系统与经济系统都有各自的运动及循环渠道,所以各自又都有自己特殊的有序稳态目标,生态系统与经济系统所具有的非平衡态结构,决定了二者必须相互进行不断的交换活动以维持某一稳定状态。交换过程就是二者耦合过程,生态经济系统中的生态循环与经济循环,都离不开生产过程这个耦合环节。

(3)与社会历史发展相关联的动态演替性:生态经济系统演替是社会经济系统演替和自然生态系统演替的统一,突出表现为社会经济主导下的急速多变的演替过程。生态经济系统演替不仅与一定的历史发展阶段相联系,而且还与同一历史阶段的不同时期以及同一时期的不同经济活动相联系。从生态经济结构进展演替次序看,生态经济系统演替经历了3个阶段:①原始型的生态经济系统演替,这个演替阶段是生产力发展水平很低条件下的产物,主要存在于自然经济和半自然经济条件下的农业和以生物产品为原料的家庭手工业中,其演替过程特点是主要依赖自然的帮助才能完成演替任务;在演替过程中,资金要素基本上不参与生态经济系统结构的形成,主要由自然经济决定;演替过程中起中介作用的技术手段十分简单,经济系统与生态系统的能流、物流结合能力差,并且转化率低;演替规模小、速度慢,经济系统对生态系统的作用一般不会超过生态系统的耐受限度。②掠夺型的生态经济系统演替,存在于以化石能源利用为主的发展阶段,它是指经济系统通过技术手段,以掠夺的方式同生态系统进行结合的一种演替方式,演替过程具有经济主导性、使资源产生耗竭的趋势、产生环境质量快速消耗等特点。③协调型生态经济系统演替,存在于生态文明社会的发展阶段,它是指经济系统通过科技手段与生态系统结合成物能高转化率,高产、低耗、优质、多品种输出,多层次互相协同进化发展的生态经济系统的演替方式,其演替过程特点是经济系统与生态系统各要素之间具有互补互促的协调关系;必须包含一部分对维持现状多余的物质和能量,这部分能量一是系统自身产物,二是外界投入,具有不危及生态环境的特征。

2.2.4 可持续发展理论

可持续发展(sustainable development)的思想有不同的表述形式,但权威性的定义是1987年挪威首相布伦特兰夫人在世界环境和发展委员会(World Commission on Environment and Development)发表的《我们共同的未来》(Our Common Future)的报告中所述,可持续发展是指"既满足当代人的需求,又不危及后代人满足其需求的发展"。可持续发展涉及两个重要的概念:一个是"需求"的概念,可持续发展应当特别优先考虑世界上穷人的需求;另一个是技术和社会组织水平对人们满足需求的环境能力的制约。

可持续发展是一种特别从环境和自然角度提出的关于人类长期发展的战略和模式,它不是在一般意义上所指的一个发展进程在时间上连续运行、不被中断,而是特别指出环境和自然资源的长期承载能力对发展进程的重要性以及发展对改善生活质量的重要性。可持续发展的概念从理论上结束了长期以来把发展经济同环境保护与资源相互对立起来的错误观点,并明确指出了它们应当是相互联系和互为因果的。

可持续发展不仅涉及当代的或一国的人口、资源、环境与发展的协调,也涉及后代的或国家与地区之间的人口、资源、环境与发展之间矛盾的冲突,同时还涉及经济、文化、社会、技术及自然环境各个领域。而且,可持续发展并不是要求某一种经济活动永远运行下去,而是要求不断地进行内部的和外部的变革。因此,可持续发展是一个综合的和动态的概念,它有着极其深刻的内涵。概括地说,可持续发展思想包含以下几层基本含义:首先,可持续发展尤其突出强调的是发展,特别是发展中国家更要发展,要把消除贫困当做是实施可持续发展的一项不可缺少的条件,但这种发展应该是社会、经济与环境的协调发展。其次,可持续发展主张改变传统的生产方式和消费方式。它要求实现少投入、多产出的生产方式和多利用、少排放的消费方式,尽量提高资源的利用率,以减少经济发展对资源和环境的压力。最后,可持续发展要求人们树立新的生态伦理观念。每个人都是自然界中的普通成员,要学会尊重和善待自然,与自然界万物和谐相处。总之,可持续发展就是要保持人与自然的共同协调进化,达到人与自然的共同繁荣。

可持续发展包括“需求”和“限制”两方面的含义,没有“需求”,就没有发展;而没有“限制”,就不可能持续。因此可以说,可持续发展的目的是发展,关键是保证发展的可持续性。为此,在贯彻实施可持续发展战略的过程中必须坚持以下基本原则。

(1)公平性原则:所谓的公平性是指机会选择的平等性。这里的公平具有两方面的含义:一方面是指代际公平性,即世代之间的纵向公平性;另一方面是指同代人之间的横向公平性。可持续发展不仅要实现当代人之间的公平,而且也要实现当代人与未来各代人之间的公平。这是可持续发展与传统发展模式的根本区别之一。公平性在传统发展模式中没有得到足够重视。从伦理上讲,未来各代人应与当代人有同样的权力来提出他们对资源与环境的需求。可持续发展要求当代人在考虑自己的需求与消费的同时,也要对未来各代人的需求与消费负起历史的责任。因为同后代人相比,当代人在资源开发和利用方面处于一种无竞争的主宰地位。各代人之间的公平要求任何一代都不能处于支配的地位，即各代人都应有同样选择的机会空间。

(2)可持续性原则：可持续性是指生态系统受到某种干扰时能保持其生产率的能力。资源环境是人类生存与发展的基础和条件，离开了资源环境就无从谈起人类的生存与发展。资源的持续利用和生态系统的可持续性的保持是人类社会可持续发展的首要条件。可持续发展要求人们根据可持续性的条件调整自己的生活方式，在生态可能的范围内确定自己的消耗标准。可持续发展的可持续性原则从某一个侧面反映了可持续发展的公平性原则。

(3)和谐性原则：可持续发展不仅强调公平性，同时也要求具有和谐性。可持续发展的战略就是要促进人类之间及人类与自然之间的和谐。如果每个人在考虑和安排自己的行动时，都能考虑到这一行动对其他人包括后代人及生态环境的影响，并能真诚地按"和谐性"原则行事，那么人类与自然之间就能保持一种互惠共生的关系，也只有这样可持续发展才能实现。

(4)需求性原则：传统发展模式以传统经济学为支柱，所追求的目标是经济的增长，它忽视了资源的有限性，立足于市场而发展生产。这种发展模式不仅使世界资源环境承受着前所未有的压力而不断恶化，而且人类所需要的一些基本物质仍然不能得到满足。而可持续发展则坚持公平性和长期的可持续性，立足于人的需求而发展，强调人的需求而不是市场商品。可持续发展是要满足所有人的基本需求，向所有的人提供实现美好生活愿望的机会。

人类需求是由社会和文化条件所确定的，是主观因素和客观因素相互作用、共同决定的结果，与人的价值观和动机有关。首先，人类需求是一种系统(这里称之为人类需求系统这一系统)，是人类的各种需求相互联系、相互作用而形成的一个统一整体。其次，人类需求是一个动态变化过程，在不同的时期和不同的文化阶段，旧的需求系统将不断地被新的需求系统所代替。

(5)高效性原则：可持续发展的公平性原则、可持续性原则、和谐性原则和需求性原则实际上已经隐含了高效性原则。事实上，前四项原则已经构成了可持续发展高效性的基础。不同于传统经济学，这里的高效性不仅是根据其经济生产率来衡量,更重要的是根据人们的基本需求得到满足的程度来衡量,是人类整体发展的综合和总体的高效。

(6)阶跃性原则:可持续发展是以满足当代人和未来各代人的需求为目标的,而随着时间的推移和社会的不断发展,人类的需求内容和层次将不断增加和提高,所以可持续发展本身隐含着不断地从较低层次向较高层次的阶跃性过程。

可持续发展对资源利用的要求总体来说包括三个方面:使可再生资源的消耗率低于或等于资源的自然再生率;经济建设过程中产生废弃物的速率小于或等于环境吸收的速率;通过技术进步,使可再生资源、人造资本对不可再生资源的替代速率等于不可再生资源的耗竭率。

2.2.5 景观生态学理论

景观生态学(Landscape Ecology)一词首先由德国著名的生物地理学家 Troll C 于 1939 年提出来,其目的是为了协调统一生态学和地理学这两个领域中科学家的研究工作(Naveh Z,1984)。景观生态学是研究景观单元的类型组成、空间格局及其与生态学过程相互作用的综合性学科。强调空间格局、生态学过程与尺度之间的相互作用是景观生态学研究的核心所在(邬建国,2000)。景观生态学将地理学研究自然现象空间相互作用的水平途径和生态学在研究自然现象功能上相互作用时的垂直途径结合起来,解决许多在其他低级生物组织层次上无法解决或不能解决的问题。把人类及其活动结合在生态学研究中,并且对于原始状态和干扰严重的景观提出了解决途径。使之范围更广,层次更高。

一般说来,景观生态学的基本理论主要包含以下几个方面(邬建国,2000;郭晋平,2001;王如松,2005)。

(1)时空尺度(spatial and temporal scale):尺度一般是指对某一研究对象或现象在空间上或时间上的量度,分别称为空间尺度和时间尺度,指观察或研究对象(物体、现象或过程)的空间分辨率和时间单位(肖笃宁等,1997)。此外,组织尺度(organizational scale)的概念,即在由生态学组织层次(如个体、种群、群落、生态系统、景观)组成的等级系统中的位置,也广为使用。在景观生态学中,尺度往往以粒度

(grain)和幅度(extent)来表达(Turner M G and R H Gardner,1991)。空间粒度指景观中最小可辨识单元所代表的特征长度、面积或体积。时间粒度则指某一现象或事件发生的频率或时期间隔。幅度是指研究对象在空间或时间上的持续范围。大尺度(或粗尺度,coarse scale)常指较大空间范围内的景观特征,往往对应于小比例尺、低分辨率;而小尺度(或细尺度,fine scale)则常指较小空间范围内的景观特征,往往对应于大比例尺、高分辨率。在景观生态学研究中,人们往往需要利用某一尺度上所获得的信息或知识来推测其他尺度上的特征,这一过程即所谓尺度推绎(scaling)。尺度推绎包括尺度上推(scaling up)和尺度下推(scaling down)。

(2)等级理论(hierarchy theory):等级理论是关于复杂系统的结构、功能和动态的系统理论。根据等级理论,复杂系统具有离散性等级层次(discrete hierarchical levels),据此,对这些系统的研究可得以简化。一般而言,处于等级系统中高层次的行为或动态常表现出大尺度、低频率、慢速度特征;而低层次行为、过程的行为或动态则表现出小尺度、高频率、快速度的特征。不同等级层次之间还具有相互作用的关系,即高层次对低层次有制约作用(constraints),而低层次则为高层次提供机制和功能。等级系统具有垂直结构(即等级层次)和水平结构。垂直结构有巢式和非巢式等级系统。在巢式系统中,每一层次均由其下一层次组成,二者具有完全包含与被包含的对应关系。在非巢式系统中,不同等级层次由不同实体单元组成,因此上下层次之间不具有包含与被包含的关系。在巢式系统中,高层次的特征常常可由低层次的特征来推测,而这一规律在非巢式系统中则不常见。从另一方面而言,只在高层次上才表现出来的超特征(emergent properties)现象在非巢式系统中更易观察到。就等级系统的水平结构而言,每一层次由不同的亚系统或整体元(holons)组成。整体元具有两面性或双向性,即对其低层次表现出相对自我包含的整体特性,对其高层次则表现出从属组分的受制约特性。

(3)空间异质性与景观格局(spatial heterogeneity and landscape pattern):空间异质性(spatialheterogeneity)是指生态学过程和格局在空

间分布上的不均匀性及其复杂性，一般可理解为是空间缀块性（patchiness）和梯度（gradient）的总和。而缀块性则主要强调缀块的种类组成特征及其空间分布与配置关系，比异质性在概念上更为具体化。景观生态学中的格局，往往是指空间格局，即缀块和其他组成单元的类型、数目以及空间分布与配置等。空间格局可粗略地描述为随机型、规则型和聚集型。与格局不同，过程则强调事件或现象发生、发展的程序和动态特征。景观生态学常常涉及生态学过程包括种群动态、种子或生物体的传播、捕食者和猎物的相互作用、群落演替、干扰扩散、养分循环等。

（4）缀块—廊道—基底模式（patch - corridor - matrix model）：缀块、廊道和基底是组成景观结构的三种单元（Forman R T T and M Godron，1986）。缀块泛指与周围环境在外貌或性质上不同，但又具有一定内部均质性（homogeneity）的空间部分。这种所谓的内部均质性，是相对于其周围环境而言的。缀块包括植物群落、湖泊、草原、农田、居民区等。廊道是指景观中与相邻两边环境不同的线性或带状结构。常见的廊道包括农田间的防风林带、河流、道路、峡谷和输电线路等。廊道类型的重要结构特征包括：宽度、组成内容、内部环境、形状、连续性以及与周围缀块或基底的作用关系。廊道常常相互交叉形成网络（network），使廊道与缀块和基底的相互作用复杂化。基底是指景观中分布最广、连续性也最大的背景结构，常见的有森林基底、草原基底、农田基底、城市用地基底等。在许多景观中，其总体动态常常受基底所支配。因为景观结构单元的划分总是与观察尺度相联系，所以缀块、廊道和基底的区分往往是相对的，某一尺度上的缀块可能成为较小尺度上的基底，或许又是较大尺度上廊道的一部分。

（5）岛屿生物地理学理论（island biogeography theory）：景观中缀块面积的大小、形状以及数目，对生物多样性和各种生态学过程都会有影响。一般而言，缀块数量的增加常伴随着物种的增加。岛屿生物地理学理论将生境缀块的面积和隔离程度与物种多样性联系在一起。岛屿生物地理学理论的一般数学表达式为：$dS/dt = I - E$，式中的 S 为物种数，t 为时间，I 为迁居速率（是种源与缀块间距离 D 的函数），E 为绝灭速率(是缀块面积 A 的函数)。

(6)生态交错带与边缘效应(ecotone and edge effects):生态交错带(ecotone)又称生态过渡带、生态脆弱带,是指在生态系统内,不同物质能量、结构、功能体系之间形成的界面(Di Castri F and Hansen A J,1992)。1986 年 Forman 等又将景观交错带定义为:存在于相邻的不同物质景观单元之间的异质性景观,它控制着生物和非生物要素的运移。生态交错带并不是两个生态实体的机械叠加和混合,它是两个相对均质的生态系统相互过渡耦合而构成的有别于该两种生态系的转换区域,其显著特征为生境的异质化、界面上的突变性和对比度。相邻生态系统相互渗透、连接、区分,其内部的环境因子和生物因子发生梯度上的突变,对比度也增大。而异质化的空间特征导致了其环境特征的相互融合与分异,形成特有的边缘小气候,对应于特有的环境条件出现边缘生物种或特有种(De Walle D R,1983;Gates J E and Gysel L W,1978;Morgan K A and Gates J E,1982)。生态交错带具有宏观性、动态性、过渡性等 3 个基本特征(肖笃宁,1991)和宽度、垂直性、形状或长度等三维结构。生态交错带还具有 5 类功能:①通道作用,生态交错带作为相邻生态实体之间生态流的通道;②过滤器作用,生态系统的某些组分能通过生态交错带在相邻生态系统之间流动,而另一些组分则受阻碍;③源作用,生态交错带为相邻生态系统提供物质、能量和生物来源,起到源的作用;④库作用,与源作用相反,生态交错带能吸收积累某些组分;⑤栖息地作用,生态交错带为许多边缘物种提供栖息地(陈尚,1998)。边缘效应指缀块边缘部分由于受外围影响而表现出与缀块中心部分不同的生态学特征的现象(Dramstad W E et al,1996)。缀块中心部分在气象条件(如光、温度、湿度、风速)、物种的组成以及生物地球化学循环方面,都可能与其边缘部分不同。当缀块的面积很小时,内部—边缘环境分异不复存在,因此整个缀块便会全部为边缘种或对生境不敏感的物种占据。显然,边缘效应与缀块的大小以及相邻缀块和基底特征密切相关。由于边缘效应,生态系统光合作用效率以及养分循环和收支平衡特点,都会受到缀块大小及有关结构特征的影响。一般而言,缀块越小,越易受到外围环境或基底中各种干扰的影响。而这些影响的大小不仅与缀块的面积有关,同时也与缀块的形状及其边界特征有关。边缘效应的主要特征为:食物链长,生物多样性增加,种群密度提高;系统内部物种与群落之间竞争激烈,彼此消长频率高、幅度大;抗干扰能力差,界面易发生变异,且系统恢复的周期长;自然波动与人为干扰相互叠加,易使系统承载能力超过临界阈值,导致系统紊乱,乃至崩溃(王健锋、雷瑞德,2002)。

(7)复合种群理论(metapopulation theory):美国生态学家 Richard Levins 在 1970 年创造了复合种群(metapopulation)一词,并将其定义为"由经常局部性绝灭,但又重新定居而再生的种群所组成的种群"。所有种群都生存在空间异质性大小程度不同的生境中,但它们不全是复合种群。复合种群理论是关于种群在景观缀块复合体中运动和消长的理论,也是关于空间格局和种群生态学过程相互作用的理论。复合种群理论有两个基本要点:一是亚种群频繁地从生境缀块中消失(缀块水平的局部性灭绝);二是亚种群之间存在生物繁殖体或个体的交流(缀块间和区域性定居过程),从而使复合种群在景观水平上表现出复合稳定性。

(8)景观连接度与渗透理论(landscape connectivity and percolation theory):景观连接度是对景观空间结构单元相互之间连续性的量度。它包括结构连接度(structural connectivity)和功能连接度(functional connectivity)。结构连接度指景观在空间上直接表现出的连续性,功能连接度是以所研究的生态学对象或过程的特征尺度来确定的景观连续性。景观连接度对生态学过程(如种群动态、水土流失过程、干扰蔓延等)的影响,具有临界阈限特征(critical threshold characteristics)。渗透理论最初是用以描述胶体和玻璃类物质的物理特性的,并逐渐成为研究流体在聚合材料媒介中运动的理论基础。渗透理论最突出的要点就是当媒介的密度达到某一临界值(critic density)时,渗透物突然能够从媒介的一端到达另一端。渗透理论在生态学中的体现,是在景观镶嵌体的能量、物质和生物运动的过程中,存在某种景观连接度临界值,产生类似于渗透过程的突变或阈限现象。比如说,植被覆盖度达到多少时流动沙丘则可得以固定?生境面积占有整个景观面积的多少时某一物种才能幸免于生境破碎化作用而长期生存?

(9)自组织与耗散结构理论(theory of self - organization and dissipative structures):在一定的条件下,系统内部自发地组织并从无序变为有序的现象,称为自组织现象。自组织现象普遍存在于宇宙、自然界、生物界到人类社会中(孙飞、李青华,2004)。自组织可分为平衡态自组织和非平衡态自组织,前者如晶体,是平衡相变时形成的,相变过程具可逆性,是一种低熵低内能状态,内部结构具较高对称性,不需要与外界进行物质和能量的交换。当系统处于不平衡状态时,也能形成自组织态。这种自组织态是通过不断与环境进行物质和能量交换引入负熵而形成和保持的(仪重祥,1995)。非平衡态自组织是系统在远离平衡时,非线性相干作用的结果,过程不具可逆性,内部结构虽具对称性但较差,是一种低熵内能较高的状态,并且只有不断与外界进行物质和能量的交换才能维持。自组织现象有 3 个特点:第一,系统存在结构,存在对称性破缺,这种结构包括时间结构(周期振荡)、空间结构(一维、二维、三维空间的周期分布)、时空结构(各种形式的波)和功能结构。自组织现象中的结构是耗散结构,耗散结构是一种依靠消耗外界能量来维持的结构,一旦外界停止向系统供给能量,系统的耗散结构就被破坏。同时,耗散结构是一种稳定的宏观结构,它的稳定表现在结构受到扰动后,只要外界条件不变,结构仍将恢复。第二,系统演化存在突变。耗散结构的出现是系统在其演化过程中当某些参数达到临界值时,系统状态发生突变,从均匀的平衡态演化而致。第三,控制条件与系统的有序结构无明显的联系。一方面,控制条件一般是连续的改变,而系统的状态却是突然变化的。在控制参数一定的范围内,系统状态没有任何变化,而当参数逐渐变化并到某一临界值时,系统状态会发生突然的变化;另一方面,控制条件是对称的,而系统在控制之下所呈现的状态却是不均匀的。自组织临界态理论认为,大的相互作用系统会自然而然地朝着一种自组织临界态演进,其结果,小事件冲击会引起连锁反应而可能导致一场大灾难。重要的是系统是耗散的,而且它们在空间上能扩展到无限的自由度,其能量直接或间接通过边界进入并以均匀方式供给系统。耗散结构是指在远离平衡的条件下,借助于外界的能流和物流而维持的一种空间或时间的有序结构。这种结构是由于进行不可逆过程时体系发生能量耗散所致。远离平衡的开放系统，一旦形成涨落，就发生突变，经过分支点形成新的稳定的有序结构，绝不会再返回到原来状态。系统处于平衡态，只能走向无序，而“非平衡是有序之源”。一个复杂的整体不能看成是许多小单元的简单线性组合，因为小单元之间存在着互相联系和互相制约的复杂关系，必须从整体上对复杂系统进行研究。系统经过临界点之后，处于哪个稳定分布上由概率决定，具有随机性。涨落是一种普遍的现象，它揭示了同一性之中存在着差异，其表现形式是多种多样的。涨落对于系统的发展演化，既可以起破坏作用，也可以起建设作用。耗散结构形成需要4个条件（孙飞、李青华，2004）：①系统必须是开放的，通过与外界交换物质和能量，引入负熵流，才可能从无序走向有序。②系统必须远离平衡态，才有可能形成新的稳定有序结构。③系统内要有非线性的相互作用因素，才能产生相干效应和协同一致的动作，产生突变和分叉，形成宏观有序结构。非线性动力学方程，有多重解，有稳定解和不稳定解，从而使系统的演化发展可能出现几种不同的结果，产生了进化的多样性和复杂性。④系统从无序向有序的演化，是通过随机的涨落来实现的。系统内的涨落，由于非线性作用的放大，形成巨涨落。

（10）生态景观理论：王如松（2005）认为，生态景观包含有8个特点。①整合性，即地理、水文、生态系统和文化传统的空间及时间连续性、完整性和一致性；②和谐性，也就是结构与功能，内环境与外环境，形与神，客观实体与主观感受，物理联系与生态关系的和谐程度；③畅达性，意指水的流动性，风的畅通性，金（矿物质）、木（生物质）、水、火（能源）、土的纵向和横向滞留与耗竭程度；④生命力，即动物、植物、微生物（包括土壤、水体和大气中的生物群落）的多度、丰度和活力；⑤淳朴性，即水体和大气的纯净度、自然性、净化缓冲能力，景观及环境的幽静度和适宜度；⑥安全性，即气候上、地形上、资源供给上、环境健康上及生理和心理影响上的安全性；⑦多样性，即景观、生态系统、物种、社会、产业及文化的多样性；⑧可持续性，也就是自组织、自调节机制，生态效率与社会效用。

2.2.6 森林培育学理论

森林培育对应的英文是 silviculture，根据 McGraw - Hill 公司出版的麦格纳 - 希尔科学和技术百科全书(McGraw - Hill Encyclopedia of Science and Technology)第 5 版的释义，silviculture 由两部分组成，silvi 是拉丁语 silva 的变体，意思是森林，silviculture 等同于 forest + culture。森林培育学的定义有多种表述，麦格纳 - 希尔科学和技术百科全书的定义：控制为取得可能被要求产生的包括木材、纸浆、能源、果实和饲料等任何一种物质，以及水资源、野生动植物栖息地、小气候改善和碳汇等任何一种效益的林分的建造、组成和生长的理论与实践。并且指出，在实际的森林培育工作中，林业工作者利用影响某一具体立地上树木生长的各种自然因素的知识，指导自然生长或仅有轻微人工干预植被的发展，最大限度地满足社会的一般需要或所有者的特殊需求。森林培育以森林生态学和生态系统管理的原理为基础，与其说是对森林生长和发展的自然过程的替代，不如说是对它们的模仿。美国环境保护署确定的环境术语中将森林培育解释为对用材林地的管理。杜天真等(2005)认为，所谓森林培育就是森林资源的培育，森林资源包括森林动植物资源、林地资源、森林环境资源，以及人文资源。森林培育不仅是培育以木材为主的直接产品，还有对森林间接效益的培育，同时森林人文资源等无形的精神资源也在培育管理之中。提高森林资源质量是森林培育的永恒主题，森林培育的基点是充分利用和发挥自然生产力。国内有代表性的定义为森林培育是指各类森林(包括天然林和人工林)从种苗到成林成熟的整个培育过程(沈国舫，2001)。其范畴是指森林培育的各个环节，包括森林立地、树种选择、森林结构及其培育、森林生长发育及其调控、林木种子生产和经营、苗木培育、森林营造、森林抚育和改造、森林主伐和更新等方面，可以划分为前期规划、更新营造、抚育管理和收获利用 4 个阶段。森林培育学的理论基础是植物学、群落学、遗传学、生理学、气象学、地质学、土壤学、水文学、生态学等(沈国舫等，2001)。

森林培育是一个较长时期综合技术应用的生产过程，遵循的主要原则如下。

(1)适地适树原则:适地适树就是使造林树种的特性(主要是生态学特性)和造林地的立地条件相适应,以充分发挥生产潜力,达到该立地在当前经济技术条件下可能达到的高产水平,并且以获取较高的效益为目标,包括生态效益、社会效益和经济效益的总和,不但要求造林地和造林树种相适应,而且要求造林地和一定树种的一定类型(地理种源、生态类型)或品种相适应,即适地、适树、适类型。森林营造只有做到适地适树,苗木才能成活和正常生长发育,产生良好的生态效益、经济效益和社会效益,达到森林培育的目的。

(2)良种壮苗原则:林木良种是指通过审定的树种或林木品种,在一定的区域内,其产量、适应性、抗性等方面明显优于当前主栽材料的繁育材料和种植材料,种子发育健全、纯净、饱满、发芽率高、生活力强、无病虫害。壮苗是指性状优良的苗木,具有优良的品质和形质指标,一般表现出生根能力旺盛,抗性强,移植和造林成活率高,生长较快。其形态特征表现为根系发达,有较多的侧根和须根;苗干粗而直,上下均匀,充分木质化,枝叶繁茂,色泽正常,生长势旺盛;合理的根茎比;无病虫害和机械损伤,针叶树顶芽饱满。在相同的气候、土壤条件和相同的经营措施下,采用良种壮苗造林成活率高,林木生长快,材质好,抗病虫能力强。良种壮苗是林业生产的重要物质基础,直接影响到造林的成活率和后期的林木生长,在苗木培育和播种造林中要采用良种,植苗造林应使用壮苗。

(3)适宜密度原则:林分密度是指单位面积林地上林木的数量。林分密度是林木群体结构及其经济指标最基本的数量特征值。不同林分密度对林分的光能利用率、林分郁闭、林木生长、林分生物量、干材质量、林木根系生长及林分稳定性等方面均有影响。在一定的具体条件组合下,客观上存在一个生物学最适密度范围,在这个范围内,林分的群体结构合理,净第一性生产量最大,林木个体健壮,生长稳定,干形良好。一定树种在一定的立地条件和栽培条件下,根据经营目的,能取得最大生态效益、经济效益和社会效益的造林密度即为应采用的合理造林密度,这个密度应当在由生物学和生态学规律所控制的合理密度范围之内,而其具体取值又应当以能取得最大效益来推算。在不同的林木发育时期林分有着不同的最适密度范围，而且最适密度范围还随经营目的、培育树种、立地条件和培育技术等因素的变化而变化(沈国舫等,2001)。森林培育就是要根据具体条件的变化通过人工干预及时调整林分密度，使其在各个发育时期都保持在最适密度范围内，以充分发挥现有林地的生产潜力，取得最大的生态效益、经济效益和社会效益。

(4)混交造林原则:混交林是由2个或更多的树种组成的林分，每个树种的株数都达不到总株数的80%(吕树英,2001)。混交林树种在群落中占据的生态位不同，其生态位关系有三种形式:①二者的生态位完全不重叠，树种间无竞争发生，完全互补地利用资源，种间表现为互利作用。②部分重叠，树种在重叠部分存在竞争，在不重叠部分出现互补。根据竞争和互补的强度大小，种间有可能出现互利、单利和互害作用。③完全重叠，根据竞争排斥原理，最后有一种植物必然被排斥掉(沈国舫等,2001)。结构合理的混交林可以比较充分地利用营养空间;改良土壤，提高林地养分有效性;增强林分抵抗自然灾害能力;提高林分防护效能，发挥保持水土和涵养水源的作用;促进林木生长，增加林产品种类，提高林产品的产量和质量;有效地改善森林景观，为森林生态旅游提供良好景观资源。所以，应该在生产中积极培育混交林。但不是在任何地方和任何情况下都适合培育混交林，还要根据立地条件、培育目标和技术条件做具体分析。

(5)适度造林原则:对于任何一种资源的利用都存在适度、不适度及最大量的问题。就自然资源而言，适度利用可保持其最高的生产力，过度利用会造成资源枯竭。因此，自然资源的利用必须遵循动态平衡规律和生态经济协调发展的原则，遵循适度的原则，防止掠夺式利用而产生的不经济行为。自然资源的适度利用具有双重涵义，它既是一个生态的概念，又是一个经济的概念，是生态上适度与经济上适度的复合表现。生态上的适度是由自然资源的稀缺性及其生产能力的有限性所制约的，客观上它存在一个可利用量的界限，即“阈值”,“阈值”内就是生态系统自我调节机制所允许的限度，这就是生态上的适度。从经济学的原理看，任何自然资源利用的适度范围要服从于最适量的资源投入规模,服从于最适量的经济产出效益,资源利用中的报酬递减规律会制约成本效益关系,故投入规模的上下限受报酬递减规律的限制。自然资源的利用应不低于经济阈值的下限,不高于生态阈值的上限,或保持在生态阈值的上限和经济阈值的下限之间。适度造林就是根据土壤水分条件和优势生活型植物种类的水分利用特点,进行乔、灌、草不同生活型植物类型的合理配置,建立适度的乔木层密度和适度的乔、灌、草层次结构。造林密度过大,尤其是乔木林,就会引起土壤水分亏缺、土壤水分贮量减少、地下水位下降,影响林分持久稳定性。要根据立地条件的空间异质性,进行板块镶嵌,宜乔则乔、宜灌则灌、宜草则草、宜荒则荒。

(6)合理抚育原则:抚育是指森林培育过程中的施肥、修枝、间伐、改造等林地、林木和林分管理措施,其目的主要有:①及时调整林分密度,以利于林木正常生长;适时调节林分的树种组成,使之形成适当的比例。②改善林分结构,提高林分和林木质量。③缩短林木培育周期,加速林木生长,提高木材单产。④改善林分卫生状况,增强抵抗自然灾害的能力。⑤强化森林防护功能及其他有益效能(张海波、孙毅,2001)。应该根据立地条件、培育目标、林木生长、林分结构自然变化和经济条件采取适宜的措施,以产生期望的资源价值、产品和服务,并维持森林生态系统的长期生产力和保持生物多样性。

(7)复合经营原则:复合经营具有两个方面的含义,一方面是农林复合经营,它是一种综合利用土地和空间的生产经营制度,是为了一定的经营目的,在同一土地经营单位上,林木栽培与农业(含牧业、渔业)有机地结合起来的一种经营方式。其基本特点是:以某种空间系列的方式相结合,以多层次、多物种、多种群组成的农林牧结合的人工生态系统,具有时间上的持久性或阶段性,组成上的复合性、多样性;主要是发挥系统的整体功能和综合效益;管理集约程度高,投入系统的物质、能量较高,而系统的输出也相应提高,从而具有较高的能量转换效率和系统生产力(蒋玉超,2004)。另一方面是多用途树种的复合经营,多用途树种(Multipurpose tree Species, MPTS)是指自然界中一大类具有某些特殊属性的多年生木本植物的总和,具有多用性、群落性等特征。

多用途树种的复合经营是将多用途树种的多种利用价值结合起来进行培育的一种经营方式,以同一物种的多种用途为目标,对不同的利用部分采取不同的经营管理措施。其基本特点是:一种培育对象集多种用途为一体,在同一个体上以某种空间结构的方式相结合,具有产品种类的多样性。与林分的单一目标经营相比,复合经营整体效益较高,对土地资源的利用也更加充分。

(8)永续利用原则:既要满足当代人对森林资源的需要,又不对后代人满足其对森林资源的需要构成危害,保持森林资源维护生命支持系统、保护生物多样性,以满足人们对森林资源多种价值的持久需要。根据分类经营的要求,生态林以保持环境生态平衡和提高环境质量为经营目标,要予以保护、严禁采伐。商品林的采伐要选择成、过熟林,控制采伐量不超过生长量,根据树种特性、林分结构、地形地势,选择采用小面积皆伐、择伐、渐伐等不同采伐方式,不宜采用大面积皆伐,严格控制小面积皆伐,并在采伐的当年或者次年完成更新造林。通过合理轮伐来调整森林的年龄结构,使幼、中、成各年龄的森林各占一定比例,以达到永续利用的目的。

2.2.7 土地利用规划理论

土地利用规划是以土地资源合理分配和布局为核心,以最佳综合效益为目标,依据土地自然地理特点、社会经济条件和发展用地需求,在时间上和空间上对区域内全部土地资源进行开发、利用、整治、保护所做的具体部署和安排(瓯海若等,2000)。Vanlier 等(1994)认为,所谓可持续土地利用规划,是为了正确选择各种土地利用区位,改善农村土地利用的空间条件以及长久保护自然资源而制定的土地利用政策及实施这些政策的操作指南。土地利用总体规划的理论体系包括土地利用总体规划的哲学观、条件论和控制论(安萍莉、张凤荣,2000)。

土地利用总体规划的哲学观包括系统观和系统协调观。系统观就是把规划对象作为一个系统,用系统的方法去认识、分析现状,解决问题,并依据系统本身的发生发展规律和规划主体——人对未来土地利用的要求,对系统进行优化决策,控制其发展方向,它包含整体观、动态观和控制观。整体观是指土地利用总体规划通过综合协调各土地利用子系统间的需求平衡,达到土地利用功能的整体最优。动态观就是土地利用总体规划必须遵循其发展过程的阶段性,才是客观的、合理的。控制观强调人的主观能动性,人通过对反馈信息的获取,加强和促进科学的土地利用,使其有序协调。系统协调观包括4个方面:①土地资源保护观,体现在两个方面,一是针对农用地,要在土地利用评价的基础上,合理利用土地,真正做到"物有所值,物尽其用";二是针对非农用地,则以节约土地、减少浪费为原则。②经济发展观,要求充分尊重历史的发展规律,促进经济的发展。但要以土地保护为原则,提高土地利用效率,走土地节约型经济发展之路。③社会观,体现在其公益性和道义观两方面。所谓公益性,是指涉及他人或公共利益的土地利用,它突出表现在耕地的利用与保护、生态环境的建设与保护和体现区域整体经济效益的公共设施建设等方面。道义观是指土地利用总体规划既要处理好与相邻地区的经济与生态关系,以不损害他人的利益为前提;还要严格控制开发与建设规模,为后一阶段的发展留有余地,为后人更好更精地利用土地提供可能。④生态经济协调观,是指人类在经济活动过程中,要与其生态环境相适应,即保持社会与自然、经济与环境、生物与环境之间的协调发展。

土地利用总体规划的条件论就是在当前的社会经济环境下,土地利用总体规划针对土地利用系统中出现的主要问题,抓住主要矛盾,并寻求解决矛盾方式的理论,是实现系统协调的条件。包括耕地保护优先论和城市用地发展控制论。保护优先论指出,耕地保护是土地利用总体规划的第一目标,是在规划的所有目标中必须"优先予以满足"的目标。其他目标,无论其重要性如何,都必须让位于耕地保护。具体表现为:优先保证一定数量的耕地;优先对耕地布局,以保证耕地质量;对质量好的未利用地,优先开发为耕地。城市用地发展控制论是指土地利用总体规划必须从区域可持续发展的整体出发,进行城市用地的统一规划和统一管理。要有计划地增加城市用地,保证城市化进程,同时,控制村庄、独立工矿用地的发展。

土地利用总体规划控制论是土地利用总体规划哲学观和条件论在土地利用总体规划编制过程中的具体体现。它通过对土地利用系统的研究,发现其规律,并创造性地利用这些规律,达到控制土地利用的目的。主要包括3个方面的内容:①多目标协调论。一要满足不断增长的人类生产、生活基本需求。衣、食、住、行是人类最基本的生活需求,与之相应的是多种多样的土地利用类型;二要提高土地利用的经济效益;三要保护生态环境,保持较好的土地利用生态效益。②土地供需平衡论。是指适应土地利用系统的要求,在土地的自然供给与人类需求之间的协调。即根据土地供给量对各产业用地需求量进行综合平衡,优化取舍,确定合理的产业用地需求目标,在维持土地生态系统的平衡和稳定的基础上,保证各产业的协调发展。③土地利用布局理论。按照我国土地利用现状分类系统,土地利用分为农地、园地、林地、牧草地、居民点与工矿用地、交通、水域和未利用地八大类。其中农、(园)林、牧、渔等大农业用地是土地利用的主体,其布局构成了土地利用的主体框架,因此土地利用的宏观布局首先是大农业的用地布局。土地利用现状基本反映了区域土地利用宏观布局的基本情况。土地利用总体规划的农业布局是以土地利用现状为基础,对未满足产业用地需求的土地占用、对不合理的土地利用方式进行局部调整、变换和对未利用地开发的过程。土地利用总体规划的镇、村、矿一体化布局实行镇、村、矿三位一体改造(刘维新等,1998),即将现代化建设中的城镇改造同乡镇企业改造、自然村庄的合并改造相结合,通过统一规划,达到节约土地资源,提高土地利用效率,提高城镇现代化程度的目的。

可持续土地利用规划必须遵守7条原则(但承龙,2002):①土地利用的可持续性原则。经济发展不能以牺牲土地来取得,而要实现以保护环境为核心的可持续的经济发展。②土地利用的公平与效率原则。可持续土地利用规划必须在时间上体现可持续发展原则,以保证土地资源的持续供给。以时间布局优先,即在考虑后代人的利益基础上再去组织空间布局。首先考虑到代际间土地资源的配置,在此基础之上,再考虑代内土地资源的公平占有和使用及资源配置的整体最优问题。③土地利用的协调性原则。即人类的经济和社会发展必须限定在资源和环境的承载能力之内。经济增长速度不能超过自然环境的承载能力,必须以自然资源与环境为基础,同环境承载能力相协调。④土地利用的系统性原则。要应用系统论的方法研究经济发展速度、规模、结构等对自然环境的影响和土地各要素之间的相互制约、相互促进的复杂的联动关系,将区域视为一个子系统,考虑与更大更高层次的系统及其他子系统间关系的协调。⑤土地利用的代际均衡和共享原则。代际均衡说明的是量的问题,即各代人对土地资源拥有数量的对比。在人类历史发展的过程中,每代人生存时间是有限的,在这有限的生命周期内,每代人都从上代人那里继承财产,最终也会将所有未消耗完的财产转移给后代。当上代人消耗掉本该属于下一代人的物质财富时,就应该采取适当的方式对下一代进行合理补偿。代际共享说明的是质的问题,即各代人应该公平,这种公平首先表现在对资源的拥有权上。当代人承担了作为后代人的土地资源托管者的道义责任。从土地资源代际共享的角度,开发利用土地资源(当代人的利益)和保护土地资源(后代人的利益)同等重要。⑥土地利用的代际补偿原则。代际补偿是现代人对自然资源的开采利用对后代造成了一定损失,则现代人必须对此做出补偿,实现补偿有两种办法:一是建立代际补偿基金,二是保持非递减的资本存量。⑦土地资源及环境资源的承载能力原则。自然生态系统的承载能力是有一定限度的,即生态系统向人类提供资源的能力和同化废弃物的容量是有限的,但其承载极限因不同地区人口、水土资源、能源和原料使用、废弃物数量及技术管理水平不同而异。只要地区土地资源开发利用程度不超过土地的承载能力和地区发展水平能维持在环境容量限度之内,土地资源和环境的持续利用便具备了可持续发展的自然保障条件。

2.3　植被构建依据的基本原理

关于植被构建的基本原理尚没有具体的论述,但是许多学者对与植被构建相关的原理各自做了论述。李先琨等(2003)将生态恢复重建的相关生态学原理分为景观生态学原理、系统生态学原理、群落生态学原理和种群生态学原理等4个方面。何正盛(2003)从8个方面论述了退化森林生态系统恢复与重建的生态学基本理论和生态经济学原理,分别是生态演替理论、地域性原理、生态位原理、生物多样性原理、物种共生原理、密度效应原理、限制因子理论和三效益相统一的原理。孙楠等(2002)认为退化生态系统恢复与重建应该遵从生态演替原理、共生原理、生态适应性和适宜性原理、生态位原理、系统整体功能最优原理。包维楷、陈庆恒(1998)提出了植被恢复与重建应遵循的9项生态学原理,即物种的生态适应性和适宜性原理,资源充分利用原理,共生原理,密度效应原理,生态位(多样性)原理,协调稳定原理,生物调控原理,协同效应与整体功能最优原理,生态演替原理。孙凡、冯沈萍(2001)论述的恢复生态学原理有生态因子间的不可代替性和可调剂性规律,最小因子定律,耐性定律,种群空间分布格局原理,种群密度制约原理,边缘效应原理,生态演替原理。这些学者的论述内容多样,有的没有将原理、原则区分开来,而吕叔湘主编的《现代汉语词典》1996年第3版中原理、原则是相互区别的两个词,具有不同的含义。原理是带有普遍性的、最基本的、可以作为其他规律的基础的规律,原则是说话或行事所依据的法则或标准。根据本文中给出的植被构建的定义、内涵和特征,按照原理的定义,结合植被构建的理论基础,归纳出植被构建应当依据的基本原理主要有8项。

2.3.1 生态演替原理

生态演替的过程和方向决定于外界因子对植物群落的作用、植物群落自身对环境作用的响应变化、群落中的植物组成、植物繁殖体的散布和群落中植物之间的相互作用等因素。生态系统的演替是渐进有序进行的,生态演替理论是退化生态系统恢复最重要的理论基础。因而,植被构建必须遵循生态演替规律,循序渐进,依据演替阶段,重建其优化的结构,恢复其高效的功能,促进进展演替。

2.3.2 生态适应性和适宜性原理

物种的选择是植被恢复和重建的基础,也是人工植物群落结构调控的手段。物种的生态学特性决定了它正常生长发育要求一定的生态条件,仅能分布在一定的区域范围内,即具有生态适应性。不同地域具有不同的生态环境背景,如气候、地貌、土壤、水文条件等,分布有本地适生的植物种。同时,物种需具有一定的功能价值,或有突出的生态功能,或有突出的经济价值,或二者兼备,即具有适宜性。因此,选择物种时既必须遵循生态适应性原理，做到适地适树；又必须遵从适宜性原理，引入符合人们特定愿望的物种。

2.3.3　物种共生原理

物种共生的结果使所有共生者都大大节约了物质和能量，减少了浪费和损失，使系统获得多重效益，共生者之间差异越大，系统多样性越高，共生效益也越大。一个完整的生态系统内生物种之间的共生关系是普遍存在的。共生可分为互利共生和偏利共生。某些高等植物生长有根瘤或菌根属于互利共生。地衣、苔藓、某些蕨类以及很多高等的附生植物（如兰花）附生在树皮上则属于偏利共生。第三种共生关系是彼此间不存在接触，其结果表现为双方共益或群体增益。在构建植被时，应充分利用共生原理进行物种选择、群落结构配置及种间关系的协调。

2.3.4　生态位原理

关于生态位的定义目前尚存在许多争论，联合国森林论坛第二次会议（UNFF2）将生态位（Ecological Niche）定义为一个特定的生物有机体在环境中所扮演的角色。国内有学者认为生态位是指在生态系统或群落中，一个种与其他种相关联的特定时间位置、空间位置和功能地位等（何正盛，2003）。每种生物在生态系统中总占有一定的空间和资源，一定的种群要求一定的生态位；反过来，一个生态位只能容纳一个特定规模的生物种群。植物群落随着演替向顶极群落阶段发展，其生态位数目增多，物种多样性也增多，空白生态位逐渐被填充，生态位逐渐饱和。农业人工植物群落内杂草、病虫害易于侵入，正是由于人为使物种单一化，而产生了较多空白生态位。应用生态位原理，就是把适宜的物种引入，填补空白的生态位，使原有群落的生态位逐渐饱和，以抵抗病虫害的侵入。还应考虑各物种在时间、空间（包括垂直空间和地下空间）和地下根系的生态位分化，尽量使引用的物种在生态位上互补，避免具有相同生态位的种间竞争排斥，以增强群落稳定性，增加生物多样性，提高群落生产力。

2.3.5　种群密度制约原理

种群不是简单的个体集合体，而是一个具有一定自我调节机制的系统。种群能按照自身的性质和环境的状况调节它们的数量。在大多数自然生态系统中,种群个体数量在一定的空间和时间里,常有一定的相对稳定性。物种的生存受制于环境,合理的种群密度是物种生存和发展的前提。物种在最小生存种群(MVP)和最大生存种群之间存在着最适宜种群。最小生存种群是物种生物学生态学特性决定的,个体数小于最小生存种群,该物种将消失。最大生存种群是由环境资源决定的, 密度过大,超过环境承载力,种群由于种内竞争而发生自疏现象,种群个体减少。密度过小则不能充分利用环境资源,生产力低。只有保持适合的种群密度才能使个体间协调共生。种间也存在密度效应原理,与种群内相似。因而在构建植物群落时,应遵循密度效应原理,必须考虑物种内部和种间的合理密度配置。

2.3.6 限制因子原理

一个生物或一群生物的生存和繁衍,取决于综合的环境状况,任何接近或者超过耐性限制的状况,都是限制状况或限制因子。植物生长受限制因子的主导,影响植物生长的限制因子,也就是主导因子。一个地区一种因子是某树种或草种的限制因子,而对另一树种、草种却不一定是限制因子。因此,可以通过对环境因子的分析,选择适当的树种和草种,以改变限制因子的约束,提高生产力。

2.3.7 生物多样性原理

生物多样性是近年来使用频率很高的一个术语。人们把生物多样性作为现代生物学研究的一个重点,并且与人口、资源和环境联系在一起。国内外关于生物多样性的概念还在争议之中,根据联合国森林论坛第二次会议(UNFF2)术语汇编,生物多样性(Biodiversity, Biologic Diversity, Species Diversity, Biotic Diversity, Biodiversity)通常等同于物种丰富度(species richness),即生长在某一地段物种的种数(UNFF2 Glossary,2002)。Dan Ogle 等(2001)对生物多样性给出的定义是生物体的种内、种间及生物体栖息的生态复合体内部、复合体之间的全部变化,生物多样性分生态系统多样性、物种多样性和遗传多样性 3 个层次,反映在物种的种数、物种的不同组合和每一个物种内基因的不同组合。国内有学者给出的概念为生物多样性是不同层次、不同等级水平的各种生命系统、生物类群、生命与非生命复合体以及与此相关的各种生态过程的总和，包括植物、动物、微生物和它们所拥有的基因、所形成的群落和所产生的各类生态现象（李俊清等，2002）。丰富的生物多样性是生态系统稳定的基础（Tilman D et al，1994），也会促进生态系统功能的优化（Karieva P，1994）。而在生态系统中，生物多样性又是建立在植物多样性的基础之上的（彭少麟，1996）。植物多样性会导致群落的复杂性，复杂的群落意味着更多的垂直分层、更多的水平斑块格局与更复杂的地下根系，这就可能在不同的小生境条件下拥有更多的生物体，包括昆虫、鸟类、微生物和土壤动物等。构建植被应从恢复生物多样性入手，引入较多的物种，尤其是一些关键种，重建植被系统及其食物链（黄培佑，1992）。在生物多样性丰富的植物群落中，众多的生物种类相互促进、相互制约，改善群落内部环境条件，同时招来各种天敌和益鸟，使有害生物受到有效抑制，从而可以减轻或控制病虫的危害。

2.3.8　系统协同原理

自然生态系统或群落是一种非平衡状态下不断与外界进行物质和能量交换的自组织系统，其自组织能力是系统从无序到有序进化的一种协同作用。系统内各要素之间的彼此协同作用，是通过不同质的要素之间有序状态的不断涨落来维持系统整体的稳定，达到最佳状态。自然生态系统内无论种内、种间还是植物与环境之间均存在协同效应机制，它们表现出的整体功能不只是其内部各要素功能简单累加的结果，而是各要素有机结合、综合作用、协调发展的结果。植物群落表现出的总体生态效益和经济效益是群落内各要素综合作用的体现，通常整体功能、效益远远大于各要素的功能、效益之和。因而植被构建可通过调整种内、种间及植物与环境的关系，增强群落的总体功能，提高群落的总体效益。

2.4　植被构建遵循的主要原则

关于植被构建的主要原则并没有具体的论述，但是关于与植被构建相关的原则许多学者都做过探讨，表述的内容不尽相同。John MacKinnon、解焱（2001）提出了恢复植被的 16 条基本原则：提倡使用当地物种，最大限度地降低对外来物种的依赖；以实现适宜的顶极植被为目的；用植被覆盖裸露地表；提高异质性，遵循自然演替途径；恢复植被中物种之间的生态交互作用；优先保护现有天然生态系统；通过封山育林育草扩展天然生态系统；采用适当的措施加速自然更新；按照土地利用的主要目的分区；确保林业、农业、放牧和采集是可持续的；防止火灾，保护植被；防止病虫害和入侵物种/基因，保护正在恢复的生态系统；生物多样性和生态系统完整性的监测与研究；保护濒危物种；促进社区参与，提高公众意识；加强总体规划。章家恩、徐琪(1999)提出了退化生态系统恢复与重建的基本原则，即自然法则、社会经济技术原则、美学原则3个方面衍生的地理学，生态学，系统学，经济可行性与可承受性，技术可操作性，社会可接受性，无害化，最小风险，生物、生态与工程技术相结合，效益，可持续发展，最大绿色，健康共13个原则。沈国舫(2001)指出西部生态环境建设应遵循因地制宜、因害设防，保护优先、善待自然，多样措施、林草为本，生态经济、密切配合，全面规划、综合治理，加大投入、群策群力等6项基本原则。刘苑秋等(2005)提出了植被恢复的8个原则，它们是生物气候区适应原则，生物多样性原则，群落演替原则，生态经济协调原则，人工辅助措施原则，群落结构原则，群落稳定和生态系统健康原则，充分利用自然力的原则。贾忠奎等(2004)提出了植被恢复必须遵循的6个生态原则，即植被区划的原则，适地适树的原则，选择地带性植被优势种作为主要造林树种，乔、灌、草相结合的原则，生物多样性原则，可行性原则。任海、彭少麟(2001)认为生态恢复与重建的原则一般包括自然法则、社会经济技术原则和美学原则等3个方面，一共28条基本定律、原理和原则。高群(2004)提出了生态—经济系统恢复与重建的3条原则，分别是生态持续性优先原则、经济持续性兼顾原则和社会持续性保障原则。孙楠等(2002)提出了退化生态系统恢复与重建的两个方面的原则，即生态学原则和社会经济技术原则。彭少麟(2004)认为退化生态系统恢复和重建的原则一般包括自然原则、社会经济技术原则和美学原则。自然原则包括了能够指导生态系统修复的一切自然科学法则的集合；社会经济技术原则包括了人的心理、意识、经济基础、上层建筑、生产关系等一系列相互作用相互影响的原则的集合;美学原则是满足人类心理需要并改善人类的精神状态为前提的一系列原则的集合(王震洪、朱晓柯,2006)。

根据植被构建的内容,将原理、原则区分开来,在分析归纳以上关于植被构建相关原则和引入新的研究成果的基础上,总结出植被构建的 9 项基本原则。

2.4.1　生态区适应原则

中国的自然资源结构、地理特征和社会经济发展现状呈现出显著的地域分异规律。由此也从客观上决定了不同的区域,或者同一区域的不同时段,在社会经济发展进程中,对于林产品和森林生态环境功能的需求结构存在着差异(黄选瑞等,2000)。根据我国的气候、地貌、地形、生态系统特点以及人类活动规律等特征,将我国的生态环境区域采用 3 级分区,划分为 3 个生态大区、13 个生态地区和 57 个生态区(傅伯杰等,2001)。生态区划既考虑了自然环境的特征和过程,也考虑了人类活动的影响,它是特征区划和功能区划的相互统一(刘国华、傅伯杰,1998)。各个生态区揭示了其自身的生态环境问题及其形成机制,为不同区域中自然资源的合理开发和利用以及环境保护提供决策依据,为全国和区域的生态环境整治服务,从而最终达到社会—经济—环境的可持续发展(傅伯杰等,1999)。植被构建应该依据生态区的划分,因地制宜。在选择植物种时提倡使用当地物种,最大限度地降低对外来物种的依赖。按照植被地带分布规律开展人工林草植被建设,选择地带性植被优势种作为主要造林种草的植物种(陈云明等,2002)。

2.4.2　适地适树、适地适林、适地适植被类型原则

生态区反映的是地带性植被,而在一个生态区内,可能存在着不同的小地形,会对光、热、水等大气候资源重新分配形成不同的小环境,因而,在这些小地形上适生的植物种类会有所不同,植被构建的树种选择最终要与小地形环境相适应。现代的造林工作不但要求造林地和造林树种相适应,而且要求造林地和一定树种的一定类型(地理种源、生态类型)或品种相适应,即适地适树型(孙时轩,1990)。在宜林地,不仅是适地适树,还要适地适林。适地适树的树种,即便是乡土树种也并不

都能成林，作为造林还应强调适地适林，即主要造林树种，既要适于立地条件，又要适宜成林。这除决定于树种的生物生态学特性外，还决定于它们的群落学特性或林学特性（梁一民等，1999）。此外，植被构建还要宜林则林、宜灌则灌、宜草则草，即适地适植被类型，不仅在生态区的层次上要做到适地适植被类型，在一个生态区内的不同立地上也要做到适地适植被类型。

2.4.3 植物群落稳定性原则

只有相对稳定的植物群落才能稳定持久地发挥出良好的效益。一个生态区内最稳定的植物群落是顶极群落。顶极群落稳定性的机制是种类的多样性和结构的复杂性。植被构建应考虑所在生态区的自然顶极植被类型，避免单一树种栽培，要根据不同的立地条件选择最优的树种草种组合，尽可能多地营造乔、灌、草结合，立体配置的混交林，充分利用土地和空间资源，形成多种类、多层次复合结构，保留一定程度的空隙，以利于顶极群落的形成。要具备具有充分代表性的各个林层，包括乔木、灌木和草本植物层，使构建的植物群落成熟后在结构和功能上与所属生态区的顶极植被相同。对经济林要培育合适的林下层和枯枝落叶层，以保护经济林下的土壤，防止雨水冲刷。由于不同植物种间相互作用的方式有共生关系和对抗关系，也有介于二者之间的，并且可以彼此转化（李景文，1994），因而根据植物种间及其与环境间的共生、竞争关系，以及生态位原理，在构建人工群落时，应将深根性植物与浅根性植物，阔叶植物与针叶植物，耐荫植物与阳性植物，常绿植物与落叶植物，乔木、灌木和草本植物等进行合理的搭配，形成良好的植物群落结构，以便充分利用光、热、水、气、肥等资源，使群落物质循环和能量转化处于最优状态，具有良好的自我维持和发展能力，达到土壤、植被、气候的和谐演进。植被构建还要遵循生态演替规律，根据当地生态系统所处的演替阶段，建造与其演替阶段相一致的植被类型，不能急于求成。例如，要在极端生境地域（裸地、水面）上建造植被，首先应引入先锋植物种；当先锋植物改善条件达到一定阶段以后，再引入其他中生草本、灌木植物种，最后才是乔木树种的加入。如果一开始就建造属于演替较高阶段的植物群落则难以建成，即使能够建成，也会由于缺乏稳定性而失败。

2.4.4　合理密度原则

构建植被应遵循密度效应原理,同时还要依据定向培育目标、立地条件、树种特性及当地的社会经济和林业生产水平等,统筹兼顾,确定合理的造林密度。在营造水土保持林、水源涵养林、防风固沙林等生态林时,发挥其生态防护作用是首要目标,可适当密植,使林分尽快郁闭,覆盖地表,及早发挥防护作用。如果营造特用经济林,则由于主要目的是为了获得果实、种子或树液等,一般要求光照条件充足,所以造林密度应较小。立地条件的优劣也是造林密度考虑的重要因素,优良的立地条件,林木生长较迅速,树冠发育较大,生长旺盛,造林密度应小些。如果立地条件差,土壤干旱瘠薄,则林木生长缓慢,长势不旺,应适当加大造林密度,以缩短进入郁闭的过程,提高林木群体抵抗外界不利因素的能力。阔叶树种宜稀植,针叶树种宜密植。阳性树种宜稀植,耐荫树种宜密植。在交通不便、劳力短缺、无条件进行间伐利用的地区宜稀植,反之,密度可大些。总之,构建植被时要根据具体情况,综合确定最佳造林密度,以获得最大效益。

2.4.5　最小风险与最大效益原则

由于生态系统的复杂性、效益的长期性以及某些环境要素的突变性,加之对生态过程及其内在运行机制认识的局限性,人们往往不可能对植被构建的效果以及生态最终演替方向准确地估计和把握,植被构建具有一定的风险性。因此,要在植被构建开始之前认真地透彻地研究建设对象,综合地分析、评价、论证,将其风险降到最低限度。建成的植被必须是生态效益、经济效益和社会效益三大效益协调统一的生态经济系统,实现综合效益最大化。所谓综合效益最大化,就是在现有投资水平和技术条件下,依靠对生产要素的优化配置和生产过程的科学管理,使工程造林的生态、经济、社会综合效益达到最高(武国堂,2005)。任何植被建设计划的实施,都需要有广大人民群众的积极参与。如果只考虑生态上的恢复和重建,而不从经济和社会的可持续发展方面考虑,是很难为人们所普遍接受的。尤其在我国严重的人口压力下,生存和发展是根本的大问题,没有经济上的利益,就不可能调动广大群众参与的积极性。因此,植被构建必须兼顾三大效益。

2.4.6 科学规划原则

植被构建一般涉及的区域范围较广,地理条件复杂,生态类型多样,有些地区生态环境恶劣,水资源严重短缺。因此,必须首先了解建设区域的植被变化历史和自然分布规律,在综合分析自然环境、经济水平、社会需求等方面的历史变化和现状的基础上,应用数学分析方法,对建设区域做出全面的科学规划和布局。正确选择植被构建的主体,形成合理的植被群落结构和布局。

2.4.7 经济可行性原则

植被构建需要大量的资金投入,因此应考虑建设地区当前经济的承受能力及植被构建的经济收益和收益周期,这是植被构建工作中十分现实而又为人们所关心的问题。因此,在采取植被构建的工程措施时还要考虑到经济上的可行性。

2.4.8 技术可操作性原则

由于退化土地的类型、退化阶段、退化过程及其退化机理的差异性和复杂性,其植被构建的技术措施将会不同。应因地制宜,具体问题具体分析,在长期定位试验研究的基础上,总结经验,组装出具有可操作性的技术体系和建设模式。

2.4.9 可持续发展原则

人类的经济和社会发展必须维持在资源与环境承受能力的范围之内,以保证发展的可持续性。植被建设是一项长期的工作,必须坚持可持续发展的原则,既要考虑长期的生态环境改善,又要兼顾当地政府和群众当前增加经济收入的需求;既要有短期安排,又要有长期打算。同时,要把植被建设工作纳入当地社会经济可持续发展规划,促进社会、经济和生态环境的协调发展。

第 3 章　植被构建的技术体系

3.1　植被类型的确定

自然地理环境客观上存在着地域分异规律，所谓地域分异规律是指自然地理环境整体及其组成要素在某个确定方向上保持特征的相对一致性，而在另一确定方向上表现出差异性，因而发生更替的规律。包括纬度地带性和非纬度地带性两类，非纬度地带性又包括因距海远近不同而形成的气候干湿分异和因山地海拔增加而形成的垂直地带性分异两个方面。两类地域分异规律同时对地表自然界发生作用，但其表现形式和影响范围却不同，即具有不同的尺度。①大尺度地域分异，包括全球性地域分异，即热量带及在其基础上形成的气候带；全海洋和全大陆地域分异，是指纬度地带性分异使海洋和陆地各自分化为若干自然带和地带；区域性地域分异，表现为区域性大地构造—地貌分异、地带性区域内的非地带性分异、非地带性区域内的地带性分异。②中尺度地域分异，包括由高原、山地、平原内部地貌差异引起的地域分异，地方气候（如林区气候、灌区气候、海岸气候、湖区气候、城市气候）和地方风引起的地域分异，以及山地垂直带性分异等。③小尺度地域分异，是指由局部地势起伏、小气候差异、岩性与土质差异、地表水与地下水的聚集和排水条件不同等引起，通常只在小范围内发生作用的地域分异（伍光和等，2000）。

地域分异规律的显著特征，一是类型表现形式的多样性，二是空间尺度上的多级性。按照自然界的地理地带分异规律，划分或合并而形成不同等级的区域系统，称为生态地理区域系统（史念海等，1985）。生态地理区域系统综合反映了温度、水分、生物、土壤等自然要素的空间格局，及其与资源环境的匹配。生态地理区域系统主要体现温度、水分、土地、植被等要素的地域差异，是认识区域生态环境特征的一个宏观框架，是制定环境治理措施的基础，对植被的恢复、保护和区域可持续发展有重要的指导意义(杨勤业,2000)。中国生态地理分区在确定干湿指标体系和温度指标体系的基础上,将我国划分出11个温度带、21个干湿地区、48个自然区(吴绍洪等,2001)。

傅伯杰等(2001)在综合分析我国生态环境特点的基础上,建立了中国生态区划的分区系统,将我国划分为3个生态大区、13个生态地区和57个生态区。

在不同生态区构建人工林草植被时,必须选择其相应的区域性植被类型。在森林生态区植被建设中可以林为主。在森林草原生态区,梁峁坡应以灌草为主,水分条件较好的沟坡可营造不同的乔灌混交林。在典型草原生态区,虽可以生长一些乔木树种,但因水分缺乏及没有适宜树种,营造大面积乔木林难以成功;然而,该生态区种植灌草易成功,故应以灌草为主或建立稀树灌草丛植被,除村庄、四旁植树绿化外,在一些有集流条件的小生境可营造护路林、护岸林、农田防护林等。在该生态区适宜的优良牧草较多,应实行灌、草带状混交,利用牧草生长快、见效快、灌木生长期长的特点,建立既见效快又相对稳定的灌草植被。在荒漠草原生态区,局部小地形乡土树种生长良好,但由于生态条件的限制,人工草地建设十分困难。大面积荒漠草原应以严格控制载畜量、合理轮牧,维持天然植被的正常生长发育和更新,有条件的地方,适度营造一些带状防护林。

3.2 土地利用结构优化

因地制宜、发挥优势、突出综合效益、保护生态环境、优化土地利用结构,提高土地生产力,充分、合理地利用有限的土地资源是土地持续利用的原则与目标。土地是构建植被的基础条件,植被构建是土地的利用方式之一,作为土地利用的组成部分,一定区域内用于构建植被的土地面积存在优化的问题,也是实现土地可持续利用的要求。可以利用线性规划的方法对土地的利用结构进行优化规划(张豪等,2000)。

3.2.1 线性规划模型

线性规划模型由目标函数和约束条件式组成,其目标函数和约束条件式均是线性的,设有 n 个变量、m 个约束条件式,则线性规划模型的常见形式如下：

目标函数　$\max(\min)f(x)=\sum_{j=1}^{n}c_jx_j$　①

约束条件　$\sum_{i=1}^{m}\sum_{j=1}^{n}a_{ij}\leqslant(=,\geqslant)b_i$　②

$x_1,x_2,\cdots,x_n>0$

式中：a_{ij}为系数，$i=1,2,\cdots,m,j=1,2,\cdots,n$；$b_i$ 为常数（$i=1,2,\cdots,m$）；c_j 为目标函数利益系数（$j=1,2,\cdots,n$）。

3.2.2　模型系数的确定

利用线性规划方法构造土地利用规划模型，最关键的是要确定规划系数，规划系数的正确与否，直接关系到模型的质量，科学地确定规划模型系数是保证土地利用规划质量的前提，可以利用调查观测或从已有的研究结果中引用的方法确定规划模型系数。

3.2.3　目标函数式的建立

目标函数是土地利用规划中所追求目标的数学表达式，在规划工作中，可采用单目标规划，也可采用多目标规划。一般可从经济和生态两种目标来考虑，在建模过程中，其变量的多少可根据土地利用类型数量来确定。

根据土地利用的一级分类将土地划分为8类，每一类作为一个变量，共选取8个变量，用 $x_1,x_2,\cdots,x_8$ 表示，分别表示耕地、园地、林地、牧草地、居民点及工矿用地、交通用地、水域用地、未利用地，其系数即为 $c_1,c_2,\cdots,c_8$，经济目标表达式为

$$\max f_1(x)=c_1x_1+c_2x_2+\cdots+c_8x_8 \quad ③$$

规划系数 $c_1,c_2,\cdots,c_8$ 称为利益系数，它可用单位面积上的国内生产总值（GDP）（按当年计算）表示。

生态目标表达式为

$$\max f_2(x)=d_1x_1+d_2x_2+\cdots+d_8x_8 \quad ④$$

规划系数 $d_1,d_2,\cdots,d_8$ 称为效益系数，它可用各地类单位面积上的生态功能价值（按当年计算）表示。

为了计算的需要，将式③、式④进行标准化后合并为一个综合表达式：

$$\max f(x)=r_1x_1+r_2x_2+\cdots+r_8x_8$$

规划系数 $r_1,r_2,\cdots,r_8$ 为式③、式④标准化合并后的综合系数。

如果有多个目标,将它们的表达式都进行标准化后合并成为一个综合表达式。

3.2.4 约束条件式的建立

由于受到多种因素的影响,规划中必须充分考虑各种资源的约束条件及生态条件。依据土地利用的 8 个一级分类选取变量,考虑与之相关的劳动力资源约束、资金约束、水资源约束、土地面积约束、上级用地指标约束等;在生态效益方面主要考虑森林覆盖率约束、基本农田保护约束、水土流失约束、环境污染约束、未利用土地开发约束等;社会效益方面主要考虑土地承载力约束等。约束条件式的模型如下:

$a_{11}x_1+a_{12}x_2+\cdots+a_{18}x_8\leqslant b_1$ 劳动力资源约束

$a_{21}x_1+a_{22}x_2+\cdots+a_{28}x_8\leqslant b_2$ 资金约束

$a_{31}x_1+a_{32}x_2+\cdots+a_{38}x_8\leqslant b_3$ 水资源约束

$a_{41}x_1+a_{42}x_2+\cdots+a_{48}x_8\leqslant b_4$ 水土流失约束

$a_{51}x_1+a_{52}x_2+\cdots+a_{58}x_8\leqslant b_5$ 环境污染约束

$a_{61}x_1\geqslant b_6$ 人口承载能力约束

$x_1+x_2+\cdots+x_8=b_7$ 土地面积约束

$x_1\leqslant b_8$ 规划耕地用地指标及土地资源约束

$x_2\leqslant b_9$ 规划园地用地指标及土地资源约束

$x_3\leqslant b_{10}$ 规划林地用地指标及土地资源约束

$x_4\leqslant b_{11}$ 规划牧草地用地指标及土地资源约束

$x_5\leqslant b_{12}$ 规划居地点及工矿用地指标及土地资源约束

$x_6\leqslant b_{13}$ 规划交通用地指标及土地资源约束

$x_7\leqslant b_{14}$ 规划水域用地指标及土地资源约束

$x_3\geqslant ms$ 森林覆盖率约束

$x_1,x_2,\cdots,x_8\geqslant 0$ 非负约束

(1)劳动力资源约束:

$$a_{11}x_1+a_{12}x_2+\cdots+a_{18}x_8\leqslant b_1$$

式中：a_{1j}为规划年各类用地单位面积上所需投入的劳动力（$j=1,2,\cdots,8$）；b_1为规划年当地劳动力总数。

以上两项均为预测值，预测方法可采用GM(1,1)模型预测。

(2)资金投入约束：

$$a_{21}x_1+a_{22}x_2+\cdots+a_{28}x_8\leqslant b_2$$

式中：a_{2j}为各类用地单位面积上规划期内可投入资金总量（$j=1,2,\cdots,8$）；b_2为当地规划期内可投入资金总量。

两项均为预测值。

(3)水资源约束：

$$a_{31}x_1+a_{32}x_2+\cdots+a_{38}x_8\leqslant b_3$$

式中：a_{3j}为各类用地单位面积上年用水量（$j=1,2,\cdots,8$），可用历年用水统计量来确定；b_3为当地规划年内可提供用水总量，该项可根据当地水文资料的历年统计结果进行计算。

(4)水土流失约束

$$a_{41}x_1+a_{42}x_2+\cdots+a_{48}x_8\leqslant b_4$$

式中：a_{4j}为规划期内各类用地单位面积上水土流失量，用当地历年水土流失资料进行预测，然后将各年预测值相加即得各变量系数；b_4为控制水土流失总量。

(5)环境污染约束：

$$a_{51}x_1+a_{52}x_2+\cdots+a_{58}x_8\leqslant b_5$$

式中：a_{5j}为规划期内单位面积上污染物排放量（$j=1,2,\cdots,8$），该项为各年排污预测值之和；b_5为规划期控制污染物排放总量。

(6)森林覆盖率约束：

$$x_3\geqslant ms$$

式中：m为规划覆盖率；s为土地总面积。

(7)土地面积约束：

$$x_1+x_2+\cdots+x_8=b_7$$

式中：b_7为当地土地总面积。

(8)规划用地指标约束：

$b_8\sim b_{14}$为上级下达的各类用地指标数据作为本级土地规划的约束

条件之一。

3.2.5 规划模型的求解

根据上面列出的线性规划表达式,按单纯形法进行求解,可得$x_1 \sim x_8$的最优解,这组最优解即为当地土地利用的优化结构。构建植被可依据得到的适宜植被面积来进行,并且可以用土地利用的优化结构对现实中不合理的土地利用方式进行合理调整。

3.3 植被类型优化布局

每一种立地类型上适宜的植被类型问题可以转化为一个多目标局势决策的数学问题。

决策是事件a_i、对策b_j和效果r_{ij}三者的总称。若记事件与对策的二元组合(a_i、b_j)为局势s_{ij},记其效果测度与对应的局势s_{ij}之比

$$\frac{r_{ij}}{s_{ij}} = \frac{r_{ij}}{(a_i、b_j)}$$

为决策元。

若为多目标下决策,则第k个目标下的效果测度与决策元记为

$$\frac{r_{ij}^{(k)}}{s_{ij}} = \frac{r_{ij}^{(k)}}{(a_i、b_j)}$$

将局势矩阵S中各个局势的效果测度$r_{ij}^{(k)}$列为相应的矩阵,就得在K目标下的效果测度矩阵为

$$M^{(k)} = \begin{bmatrix} \frac{r_{11}^{(k)}}{S_{11}} & \frac{r_{12}^{(k)}}{S_{12}} & \cdots & \frac{r_{1m}^{(k)}}{S_{1m}} \\ \frac{r_{21}^{(k)}}{S_{21}} & \frac{r_{22}^{(k)}}{S_{22}} & \cdots & \frac{r_{2m}^{(k)}}{S_{2m}} \\ \vdots & \vdots & & \vdots \\ \frac{r_{n1}^{(k)}}{S_{n1}} & \frac{r_{n2}^{(k)}}{S_{n2}} & \cdots & \frac{r_{nm}^{(k)}}{S_{nm}} \end{bmatrix}$$

综合K个目标的效果测度矩阵为

$$M^{(\Sigma)}=\begin{bmatrix}\dfrac{r_{11}^{(\Sigma)}}{S_{11}} & \dfrac{r_{12}^{(\Sigma)}}{S_{12}} & \cdots & \dfrac{r_{1m}^{(\Sigma)}}{S_{1m}}\\ \dfrac{r_{21}^{(\Sigma)}}{S_{21}} & \dfrac{r_{22}^{(\Sigma)}}{S_{22}} & \cdots & \dfrac{r_{2m}^{(\Sigma)}}{S_{2m}}\\ \vdots & \vdots & & \vdots\\ \dfrac{r_{n1}^{(\Sigma)}}{S_{n1}} & \dfrac{r_{n2}^{(\Sigma)}}{S_{n2}} & \cdots & \dfrac{r_{nm}^{(\Sigma)}}{S_{nm}}\end{bmatrix}$$

式中：$r_{ij}^{(\Sigma)}=\sum_{k=1}^{p}r_{ij}^{(k)}/p$，$p=1,2,\cdots$，目标数。

对行列决策，分别按行或列挑出效果测度最大者即为最优局势。

或
$$r_{i*j}^{\Sigma}=\max\{r_{i1}^{(\Sigma)},r_{i2}^{(\Sigma)},\cdots,r_{im}^{(\Sigma)}\}$$
$$r_{ij*}^{\Sigma}=\max\{r_{1j}^{(\Sigma)},r_{2j}^{(\Sigma)},\cdots,r_{nj}^{(\Sigma)}\}$$

（王学萌、罗建军,1986）。

在实际决策过程中，分别对矩阵进行行决策与列决策，所得结果往往在全局上难以协调发展，因而不能达到整体效益最佳的目的，这时，需对综合矩阵进行调整，可分别进行归一化处理后，再进行灰靶决策。对综合决策矩阵 $M^{(\Sigma)}$ 进行归一化变换，可分两类进行。一是逐行进行归一化处理，计算公式为：$r_{ij}'=r_{ij}/\sum r_{ij}$ $(i=1,2,\cdots,n)$，这样便得到了行归一化矩阵 $M_1^{(\Sigma)}$。这个矩阵可以反映各项对策在每个事件的综合效果测度中所占的比重。另一是逐列进行归一化处理，计算公式为：$r_{ij}'=r_{ij}/\sum r_{ij}$ $(j=1,2,\cdots,m)$，这样便得到了列归一化矩阵 $M_2^{(\Sigma)}$。这个矩阵反映了各个事件在每项对策的综合效果测度中所占的比重。利用求得的两个归一化矩阵，就可以进行灰色局势决策。具体方法是：①利用列归一化矩阵 $M_2^{(\Sigma)}$ 进行行决策，选择每个事件的最好决策，找出行最优局势；②利用行归一化矩阵 $M_1^{(\Sigma)}$ 进行列决策，选各项对策的最佳匹配事件，构成列最优局势；仿上述两步，选择次优（或满意）局势。在上述基础上，进行全局协调，即对行归一化矩阵进行行协调，对列归一化矩阵进行列协调，最后进行综合决策（刘彬等,2003）。

3.4　林种规划

林种规划是森林植被构建的一项重要基础性工作，它的合理与否关系到森林的生态效益、经济效益、社会效益，继而影响到森林总体效益的发挥。以往的林种规划，人们大多从经验出发，主要是根据自然环境特点和社会经济发展需求，采取定性的方法进行，做出的规划往往存在着很大的主观性和片面性。林种规划需要遵循自然条件的一致性，包括地貌条件的一致性、水热条件的一致性、土壤条件的一致性和自然植被状况的一致性。林业生产特点的共同性，即在同一林种区域内，森林培育的目标是相同的。使规划的林种能够对自然资源实现最优利用，具有较高的生产力、较低的物耗能耗，能生产出优质的产品。林种规划既要有合理的面积结构，还要有合理的空间布局。

3.4.1 林种面积结构优化

将系统工程中的层次分析方法(Analytical Hierarchy Process，简称AHP)、灰色系统模型、线性目标规划三者结合，能够确定合理的林种面积结构(徐维坤、陈建军、徐友祥，1994)。

3.4.1.1 *应用层次分析模型对各林种结构的重要性进行排序*

应用层次分析法对各林种进行重要性排序，能从总体上把握各林种数量的多少，并为具体建模提供宏观的指导。根据层次分析方法的基本理论，规划林种结构 AHP 模型的建立步骤和主要内容由以下几个方面组成。

(1)建立层次结构：运用 AHP 法对林种结构进行分析，将所涉及的各因素进行分组归类，每 1 类作为 1 个层次。获得最大的森林总效益是规划林种结构的最终目的，是规划问题的目标层，即为层次结构中的第一层。森林总效益分为经济效益、生态效益、社会效益，当这三大效益得到最优组合、充分发挥时，总目标才能最优，这是实现总目标的策略层，为层次结构中的第二层。森林的效益需具体落实到林种，构筑合理的林种组合是解决问题的根本措施，是实现总目标的措施层，也是层次分析的直接对象，即层次结构中的第三层。按照这 3 个层次可建立规划林种结构 AHP 模型的层次结构，林种划分按照森林法划分的方法分成用材林、防护林、经济林、薪炭林和特用林。

(2)构造判断矩阵：所谓判断矩阵，是针对上一层次的某个元素，对本层次中与之有关的元素之间作相对重要性的两两比较，并用矩阵表示出来的形式。

目标层与策略层判断矩阵 $O-C$：

$$\begin{bmatrix} c_{11} & c_{12} & c_{13} \\ c_{21} & c_{22} & c_{23} \\ c_{31} & c_{32} & c_{33} \end{bmatrix}$$

策略层与措施层判断矩阵 $C_k-P(k=1,2,3)$：

$$\begin{bmatrix} p_{11}^k & p_{12}^k & p_{13}^k & p_{14}^k & p_{15}^k \\ p_{21}^k & p_{22}^k & p_{23}^k & p_{24}^k & p_{25}^k \\ p_{31}^k & p_{32}^k & p_{33}^k & p_{34}^k & p_{35}^k \\ p_{41}^k & p_{42}^k & p_{43}^k & p_{44}^k & p_{45}^k \\ p_{51}^k & p_{52}^k & p_{53}^k & p_{54}^k & p_{55}^k \end{bmatrix}$$

为对判断矩阵中的相对重要性进行定量化,采用9分制方法,其涵义为(以判断矩阵 $O-C$ 为例):

$C_{ij}=1$:表示 C_i 与 C_j 一样重要;

$C_{ij}=3$:表示 C_i 比 C_j 重要一点;

$C_{ij}=5$:表示 C_i 比 C_j 重要;

$C_{ij}=7$:表示 C_i 比 C_j 重要得多;

$C_{ij}=9$:表示 C_i 比 C_j 极端重要;

各分值之间的数2,4,6,8及各数值的倒数有相应的类似意义。显然,任何判断矩阵都应满足:

$$C_{ii}=1$$

$$C_{ij}=1/C_{ji} \quad (i,j=1,2,3)$$

在实际应用过程中,由于要解决问题的复杂性与特殊性,通常要加大重要性评分的数值范围,且为保证判断矩阵的一致性,可有小数出现,以明确和全面概括各元素之间的重要性差异。

(3)层次单排序:首先计算判断矩阵 C 满足

$$CW=\lambda_{\max}W$$

的特征根与特征向量。式中 $\lambda_{\max}$ 为 C 的最大特征根;W 为对应于 $\lambda_{\max}$ 的正规化特征向量。

当判断矩阵 C 的阶数 n 为 1 或 2 时,判断矩阵总是一致的。

当判断矩阵 C 的阶数 n 大于 2 时,计算一致性指标 CI。定义

$$CI = \frac{\lambda_{\max} - n}{n - 1}$$

引入判断矩阵同阶的平均随机一致性指标 RI,并记 $CR = CI/RI$ 为判断矩阵的随机一致性比例,当 $CR < 0.10$ 时,认为判断矩阵具有满意的一致性。否则,就需要对判断矩阵进行调整并重新计算。

经检验为满意一致性的判断矩阵,对应于 $\lambda_{\max}$ 的正规特征向量 W 的分量 W_i 即是相应元素单排序的权值。由此,本模型可以得到对应于目标层的策略层重要性权值 C_1, C_2, C_3。重复进行层次单排序的步骤,得到对应于策略层 C_1, C_2, C_3 的措施层五大林种 P_1, P_2, P_3, P_4, P_5 各自的重要性权值 $p_1^{\ k}, p_2^{\ k}, p_3^{\ k}, p_4^{\ k}, p_5^{\ k}(k = 1,2,3)$。

(4)层次总排序:层次总排序为利用同一层次中所有层次单排序的结果,来计算针对上一层次而言本层次所有元素的重要性权值。按从上到下顺序逐层进行,即用上一层次的总排序(第二层次的单排序即为总排序)来计算本层次所有元素重要性排序的加权和。对于本模型,可以得到下列林种结构总排序表(见表 3-1)。

表 3-1　林种结构总排序

措施层 P	策略层 C			措施层 P 总排序
	C_1	C_2	C_3	
P_1	$P_1^{\ 1}$	$P_1^{\ 2}$	$P_1^{\ 3}$	$\sum_{k=1}^{3} c_k p_1^{\ k}$
P_2	$P_2^{\ 1}$	$P_2^{\ 2}$	$P_2^{\ 3}$	$\sum_{k=1}^{3} c_k p_2^{\ k}$
P_3	$P_3^{\ 1}$	$P_3^{\ 2}$	$P_3^{\ 3}$	$\sum_{k=1}^{3} c_k p_3^{\ k}$
P_4	$P_4^{\ 1}$	$P_4^{\ 2}$	$P_4^{\ 3}$	$\sum_{k=1}^{3} c_k p_4^{\ k}$
P_5	$P_5^{\ 1}$	$P_5^{\ 2}$	$P_5^{\ 3}$	$\sum_{k=1}^{3} c_k p_5^{\ k}$

显然,其结果仍为归一化正规向量,即

$$\sum_{i=1}^{5}\sum_{k=1}^{3}c_k p_i^{\ k}=1$$

同样,对总排序需要进行一致性检验,计算式为

$$CI=\sum_{k=1}^{3}C_k CI_k$$

$$RI=\sum_{k=1}^{3}C_k RI_k$$

$$CR=CI/RI$$

当 $CR<0.10$ 时,认为一致性满意,接受结果。否则重新进行调整并计算结果,直到满意一致性为止(韦新良,1992)。计算得到的各林种在层次总排序中的权值,既可以看做是反映它们重要性程度的一个标志,也可以看做是在林地面积中大致所占的比例关系,为建立线性目标规划模型提供约束值的参考,并为进一步具体的规划提供比较科学的参考依据。

3.4.1.2　多目标灰色局势决策

对某些带有一定规律变化而又难以确定的技术参数及某些约束值,可以利用灰色系统的理论和方法,把多个决策目标集为一体综合分析,采用灰色系统 GM(1,1)模型进行外推预测,可以为建模提供更确切的参数。从定量的角度对林种规划中的多目标局势进行决策,以使决策方案更全面、科学、合理。

(1)数学方法。

决策是事件 a_i、对策 b_j 和效果 r_{ij} 三者的总称。若记事件与对策的二元组合(a_i、b_j)为局势 s_{ij},记其效果测度与对应的局势 s_{ij} 之比

$$\frac{r_{ij}}{s_{ij}}=\frac{r_{ij}}{(a_i、b_j)}$$

为决策元。

若为多目标下决策,则第 k 个目标下的效果测度与决策元记为

$$\frac{r_{ij}^{(k)}}{s_{ij}}=\frac{r_{ij}^{(k)}}{(a_i、b_j)}$$

将局势矩阵 S 中各个局势的效果测度 $r_{ij}^{(k)}$ 列为相应的矩阵,就得在 K 目标下的效果测度矩阵为

$$M^{(k)}=\begin{bmatrix}\frac{r_{11}^{(k)}}{S_{11}} & \frac{r_{12}^{(k)}}{S_{12}} & \cdots & \frac{r_{1m}^{(k)}}{S_{1m}}\\ \frac{r_{21}^{(k)}}{S_{21}} & \frac{r_{22}^{(k)}}{S_{22}} & \cdots & \frac{r_{2m}^{(k)}}{S_{2m}}\\ \vdots & \vdots & & \vdots\\ \frac{r_{n1}^{(k)}}{S_{n1}} & \frac{r_{n2}^{(k)}}{S_{n2}} & \cdots & \frac{r_{nm}^{(k)}}{S_{nm}}\end{bmatrix}$$

综合 K 个目标的效果测度矩阵为

$$M^{(\Sigma)}=\begin{bmatrix}\frac{r_{11}^{(\Sigma)}}{S_{11}} & \frac{r_{12}^{(\Sigma)}}{S_{12}} & \cdots & \frac{r_{1m}^{(\Sigma)}}{S_{1m}}\\ \frac{r_{21}^{(\Sigma)}}{S_{21}} & \frac{r_{22}^{(\Sigma)}}{S_{22}} & \cdots & \frac{r_{2m}^{(\Sigma)}}{S_{2m}}\\ \vdots & \vdots & & \vdots\\ \frac{r_{n1}^{(\Sigma)}}{S_{n1}} & \frac{r_{n2}^{(\Sigma)}}{S_{n2}} & \cdots & \frac{r_{nm}^{(\Sigma)}}{S_{nm}}\end{bmatrix}$$

式中:$r_{ij}^{(\Sigma)}=\sum_{k=1}^{p}r_{ij}^{(k)}/p,p=1,2,\cdots,$目标数。

对行列决策,分别按行或列挑出效果测度最大者即为最优局势。

$$r_{i*j}^{\Sigma}=\max\{r_{i1}^{(\Sigma)},r_{i2}^{(\Sigma)},\cdots,r_{im}^{(\Sigma)}\}$$

或

$$r_{ij*}^{\Sigma}=\max\{r_{1j}^{(\Sigma)},r_{2j}^{(\Sigma)},\cdots,r_{nj}^{(\Sigma)}\}$$

若将矩阵 $M^{(\Sigma)}$ 按行与列进行优序化变换,求得优序化决策矩阵 M^{*}。这个矩阵中的元素从左到右(列),从上到下(行)效果测度都成递减序列。利用优序化决策矩阵进行灰色局势决策,其方法是沿主对角线将矩阵按效果测度大小划分若干梯段,然后从上到下逐段按事件选择对策,确定较好局势进行灰色决策。

(2)计算步骤。

①给出各个目标下 $N\times M$ 个局势的实际效果矩阵:

$$u^{(k)}=\begin{bmatrix} u_{11}^{(k)} & u_{12}^{(k)} & \cdots & u_{1m}^{(k)} \\ u_{21}^{(k)} & u_{22}^{(k)} & \cdots & u_{2m}^{(k)} \\ \vdots & \vdots & & \vdots \\ u_{n1}^{(k)} & u_{n2}^{(k)} & \cdots & u_{nm}^{(k)} \end{bmatrix}$$

②选择效果测度：

若取上限效果测度，则各局势效果测度按下列公式计算

$$r_{ij}^{(k)}=u_{ij}^{(k)}/u_{\max}^{(k)}$$

$$u_{\max}^{(k)}=\max\{u_{ij}^{(k)}\}$$

若取下限效果测度，则各局势效果测度按下列公式计算

$$r_{ij}^{(k)}=u_{\min}^{(k)}/u_{ij}^{(k)}$$

$$u_{\min}^{(k)}=\min\{u_{ij}^{(k)}\}$$

若取中心效果测度，则各局势效果测度按下列公式计算

$$r_{ij}^{(k)}=\frac{\min\{u_{ij}^{(k)},u_0^{(k)}\}}{\max\{u_{ij}^{(k)},u_0^{(k)}\}}$$

或

$$r_{ij}^{(k)}=\frac{u_0^{(k)}}{|u_{ij}^{(k)}-u_0^{(k)}|+u_0^{(k)}}$$

式中：$u_0^{(k)}$ 为第 k 个目标下的中心值。

若取综合效果测度，则各局势效果测度按下列公式计算

$$r_{ij}^{(k)}=\left[\frac{u_{ij}^{(k)}}{u_{\max}^{(k)}}+\frac{u_{\min}^{(k)}}{u_{ij}^{(k)}}+\frac{u_0^{(k)}}{|u_{ij}^{(k)}-u_0^{(k)}|+u_0^{(k)}}\right]\Big/3$$

③分别计算出各局势在第 k 目标下的效果测度矩阵：

$$M^{(k)}=\begin{bmatrix} r_{11}^{(k)} & r_{12}^{(k)} & \cdots & r_{1m}^{(k)} \\ r_{21}^{(k)} & r_{22}^{(k)} & \cdots & r_{2m}^{(k)} \\ \vdots & \vdots & & \vdots \\ r_{n1}^{(k)} & r_{n2}^{(k)} & \cdots & r_{nm}^{(k)} \end{bmatrix}$$

④按均值或加权平均求出 k 个目标的综合效果测度矩阵：

$$M^{(\Sigma)}=\begin{bmatrix} r_{11}^{(\Sigma)} & r_{12}^{(\Sigma)} & \cdots & r_{1m}^{(\Sigma)} \\ r_{21}^{(\Sigma)} & r_{22}^{(\Sigma)} & \cdots & r_{2m}^{(\Sigma)} \\ \vdots & \vdots & & \vdots \\ r_{n1}^{(\Sigma)} & r_{n2}^{(\Sigma)} & \cdots & r_{nm}^{(\Sigma)} \end{bmatrix}$$

⑤按行求最大效果测度：

$$r_{i*j}^{\Sigma}=\max\{r_{i1}^{(\Sigma)},r_{i2}^{(\Sigma)},\cdots,r_{im}^{(\Sigma)}\}$$

再按列求最大效果测度：

$$r_{ij*}^{\Sigma}=\max\{r_{1j}^{(\Sigma)},r_{2j}^{(\Sigma)},\cdots,r_{nj}^{(\Sigma)}\}$$

⑥对矩阵 $M^{(\Sigma)}$ 按行进行优序化变换，得矩阵 $M_1^{(\Sigma)}$。再对 $M_1^{(\Sigma)}$ 按列进行优序化，求得优序化决策矩阵 M^*。

⑦将矩阵 M^* 根据效果测度沿主对角线划为若干梯段，上梯段的元素必须大于下梯段的元素。

⑧按照梯段从上向下逐段用事件选择最佳对策，即可得灰色局势决策结果（王学萌、罗建军，1986）。

3.4.1.3 灰色线性规划

应用线性目标规划，把几个需要达到的目标，通过添加不同的权重系数，来求解最接近目标的一组解，比一般线性规划更为科学合理。

（1）数学方法。

灰色线性规划的数学模型为：

目标函数：$f(x)=C^{T}X\rightarrow\max$（或 min）

约束条件：$\otimes(A)X\leqslant B \quad x\geqslant 0$

在满足约束条件下寻求一组 x，使 $f(x)$ 取最大值（或最小值）。

上述关系中 X 为向量，$X=[x_1,x_2,\cdots,x_n]^{T}$，$C$ 为目标函数的系数向量，$C=[c_1,c_2,\cdots,c_n]^{T}$，$c_i(i=1,2,\cdots,n)$ 可以是灰数。$\otimes(A)$ 为约束条件的系数矩阵，A 为 $\otimes(A)$ 的白化矩阵，应用 GM(1,1) 模型进行预测，可得到 $\otimes(A)$ 的白化矩阵 A。

$$\otimes(A)=\begin{bmatrix}\otimes_{11} & \otimes_{12} & \cdots & \otimes_{1m}\\ \otimes_{21} & \otimes_{22} & \cdots & \otimes_{2m}\\ \vdots & \vdots & & \vdots\\ \otimes_{n1} & \otimes_{n2} & \cdots & \otimes_{nm}\end{bmatrix} m\neq n$$

$$A=\begin{bmatrix}a_{11} & a_{12} & \cdots & a_{1m}\\ a_{21} & a_{22} & \cdots & a_{2m}\\ \vdots & \vdots & & \vdots\\ a_{n1} & a_{n2} & \cdots & a_{nm}\end{bmatrix}$$

$$\otimes_{ij}\in[\underline{a}_{ij},\overline{a}_{ij}]$$

即 $\underline{a}_{ij}$ 为 $\otimes_{ij}$ 的下限值，$\overline{a}_{ij}$ 为 $\otimes_{ij}$ 的上限值。

同样，矩阵 B 中的条件约束量也是灰数，对于约束值 $b=[b_1,b_2,\cdots,b_m]^T$，可以这样求得：若对于约束目标 i，有一组白化序列 $b_i^{(0)}=\{b_i^{(0)}(1),b_i^{(0)}(2),\cdots,b_i^{(0)}(n)\}$，则对 $b_i^{(0)}$ 作一次累加生成后得到 $b_i^{(1)}$，再以 $b_i^{(1)}$ 的数据，按 GM(1,1) 建立预测模型，求出预测值 $\hat{b}_i^{(0)}(k)$ (k)，$k>n$。作规划计算，可按下列约束条件

$$\otimes(A)X\leqslant\begin{bmatrix}\hat{b}_1^{(0)}(k)\\ \hat{b}_2^{(0)}(k)\\ \vdots\\ \hat{b}_m^{(0)}(k)\end{bmatrix}$$

求出未来 k 时刻的线性规划值。当 $k>n$ 条件下取不同值时，便可求出未来发展不同时期的线性规划解，以解决动态规划问题。

(2)计算步骤。

①根据给定条件，列出模型 $\otimes(A)X\leqslant B$。

②对规划模型中灰参数用 GM(1,1) 模型进行灰色预测。

③取不同白化值，分别构造规划模型。

④用单纯形法分别求解各个模型。

3.4.2　林种空间合理布局

不同林种在空间上的安排要根据地貌类型、地形部位、土层厚度和社会状况等进行合理布局。平原农区适宜构建农田防护林、经济林，平

原沙区适宜构建防风固沙林、经济林、用材林、薪炭林。山区在坡顶和坡度大于40度的坡体上部,以及土层瘠薄、水土流失严重的坡面适宜构建水源涵养林、水土保持林等防护林;在坡度35度至40度的坡体中部和中上部的土层较深厚的地方适宜构建用材林;在坡度25度至35度的坡体中下部及下部的土层深厚、交通方便的地方适宜构建经济林(孙凡,2000)。黄土丘陵区,在梁顶、峁顶、梁峁坡面适宜构建防护林;在梯田、台地、地埂上适宜构建经济林;在沟头、沟边、沟坡、沟底适宜构建防护林和薪炭林;在沟道、河滩地、路渠旁、坝坡上适宜构建用材林和经济林。在植物园、树木园、自然保护区试验地、革命纪念地、文化古迹、城市地区等进行动植物保护、科学试验、文化名胜保护、城市绿化等地方,适宜构建科学试验林、名胜古迹风景林、城市园林等特种用途林(宋西德等,2003)。

3.5 立地分类

立地是森林植物赖以生存的环境因素的综合,是森林群落形成、发育和演替的基础(计合宪、李细牛,1995)。在林业生产实践中,以立地分类作为造林营林工作的基础。森林立地是指一定空间内对林木生长发育有影响的所有环境因子的综合体。这些对林木生长发育有影响的环境因子也可称为森林立地因子。这种森林环境因子综合体的特征称为森林立地特征。森林立地分类系统的基本单元是森林立地类型,同一森林立地类型应是相同(相似)的森林环境综合体,它是林业工作中最基本的经营单元(张万儒等,1992)。在森林立地分类大量的研究和实践中,由于人们的要求、认识以及客观自然条件的不同,产生了各种各样的分类系统,归纳起来可以概括为4种途径,即林木生长效果途径、植被途径、自然地理途径和综合途径。林木生长效果途径随着时间的推移,采用的具体指标有地位级、立地指数、收获级、生长截段等。林木生长效果途径,由于籍以分类的指标与林业经营目标有直接关系,所以具有重要意义,并长期受到人们的重视。但是,它不能应用在无林地上。另外,它所反映的是立地的综合生长效果,而不能深入反映立地的自然属性(徐化成,1988)。植被途径的分类单位有立地纲、立地型和林型等。每个立地纲内有一个或几个立地型,各以明显的下木群落来反映较窄的立地差异,而每个立地型内包括由林冠层和下木的优势种确定的、互有演替关系的林型(Frey T E A,1985),但是,这种分类途径对立地性质的解释是间接的,并且对每一个立地因子的具体影响也不能给予说明。自然地理途径仅考虑气候、地形、母岩、土壤、水分状况这些环境因素,它们能对立地性质提供直接的信息,但是就其对树种的适宜性来说,则缺乏说明。从世界范围来看,应用最广的是综合途径,即通过对气候、地形、土壤、植被的综合研究,划分立地类型或立地单元(Killian W,1981)。现代林业要求对森林植被与物理环境之间的相互作用有更深入的理解,要求利用更多的立地信息,因此多层次的综合分类系统代表着森林立地分类的发展趋势。

张万儒等(1992)采用综合多因子与主导因子相结合的途径,以与森林生产力密切相关的自然地理因子及其组合的分异性和自然综合体自然属性的相似性与差异性为依据,建立了我国森林立地分类系统,其单位由包括0级在内的5个基本级、若干辅助级的形式构成。

0级　**森林立地区域** Forest Site Region

根据我国综合自然条件的重大差异,分为东部季风森林立地区域、西北干旱立地区域和青藏高寒立地区域。

1级　**森林立地带** Forest Site Zone

森林立地带是立地分类系统中高级分类的最高级单位。森林立地带的划分,主要依据气候,特别是其中的空气温度(>10℃日数、>10℃积温数),还参照地貌、植被、土壤以及其他自然因子的分布状况。对人工林栽培来说,还要考虑到最热月气温(℃)、最冷月气温(℃)、低温平均值(℃)等辅助指标。具体划分指标见表3-2。

2级　**森林立地区** Forest Site Area　**森林立地亚区** Forest Site Subarea

森林立地区是立地分类系统中高级分类的重要立地单位。各森林立地区的自然综合体特征明显。一般,同一个森林立地区内的综合自然条件基本相似,其林业经营方向与林业利用改造措施也大致相同。森林立地区的划分指标为大地貌构造、干湿状况、土壤类型、水文状况和地史。大地形单元划分指标为:(a)平原;(b)丘陵(相对高度一般在100 m上下);(c)低山(相对高度200~500 m);(d)山地(基带以上的山地);(e)高山及高原山地(顶部接近或超过雪线的山地)。干湿状况划分指标见表3-3。

表3-2 森林立地带的划分指标

森林立地带	主要指标		辅助指标		
	>10℃(d)	>10℃积温(℃)	最热月气温(℃)	最冷月气温(℃)	低温平均值(℃)
寒温带	<105	<1 700	<16	< -30	< -45
中温带	106~180	1 700~3 500	16~24	-30~-10	-45~-25
暖温带	181~225	3 500~4 500	24~30	-10~0	-25~-10
北亚热带	226~240	4 500~5 300	24~28	0~5	-10~-5
中亚热带	241~285	5 300~6 500	24~28	5~10	-5~0
南亚热带	286~365	6 500~8 200	20~28	10~15	0~5
北热带	365	8 200~8 700	24~28	15~20	5~10
南热带	365	8 700~9 200	>28	20~25	10~15
赤道热带	365	>9 200	>28	>25	>15
干旱中温带	105~180	1 700~3 500	16~24	-30~-10	-45~-25
干旱暖温带	181~225	4 000~5 500	26~32	-10~0	-25~-10
高原寒带	不连续出现		<6		
高原亚寒带	<50		6~12		
高原温带	50~180		12~18		

表 3-3　干湿状况划分指标

地区	年干燥度	年降水(mm)	植被
湿润	<1.00	>1 000	森林
半湿润	1.00～1.49	500～1 000	森林草原
半干旱	1.50～4.00	250～500	草原
干旱	>4.00	<250	荒漠

3 级　**森林立地类型区** Forest Site Type District　**森林立地类型亚区** Forest Site Type Subdistrict　**森林立地类型组** Forest Site Type Group

森林立地类型区是森林立地分类系统中基层分类的最高一级单位,在地理上可以重复出现。其划分的指标是:中地貌、母质、气候、植被、地史。森林立地类型区在命名上可采用表示主要特征的立地因子。森林立地类型区下可根据经纬度差异引起的气候变化情况,参考自然的及人工栽培的森林植被以及地貌的变化划分出森林立地类型亚区这一辅助级,森林立地类型亚区可根据主要特征来命名。森林立地类型区下,再根据不同的负、正中小地貌类型划分出森林立地类型组。负地貌类型是指属于大、中地貌类型的盆地、山间盆地和河谷等,以及属于中小地貌类型的河滩、一级阶地、二级阶地和台地等。正地貌类型是指山体中的坡向、坡位及坡度。森林立地类型组可根据主要特征来定名。

4 级　**森林立地类型** Forest Site Type **森林立地变型** Forest Site Type Variety

森林立地类型是森林立地分类系统的基本单元。在负、正的立地组内,主要以土壤的土层厚度、表土层厚度、机械组成、pH 值、地下水深度及其流动与停滞情况划分出森林立地类型,它是多个相似森林立地的总括,这些森林立地在造林的可能性和危险性方面基本上是共同的,并且大致上具有相同的生产力,森林立地类型根据其主导因子来定名。森林立地类型下可根据更高的经营集约度划分森林立地变型。

张万儒等(1992)根据以上分类系统将我国分为 3 个立地区域、16 个立地带、65 个立地区、162 个立地亚区。而原林业部资源司组织有关单位完成的中国森林立地分类研究,采用立地区域、立地区、立地亚区、立地类型小区、立地类型组、立地类型 6 级系统,将全国划分为 8 个立地区域、50 个立地区、166 个立地亚区(詹昭宁、邱尧荣,1996)。这两种分类方法虽然存在差别,但只是大同小异,并且都是划分到森林立地亚区的层次,只能满足宏观上检索立地资料,进行有关区划和论证的需要。如果要具体应用于林业生产,则必须落实到山头地块或小班,划分出立地分类的基本单元——森林立地类型,为具体评价具体区域内立地质量和合理安排林业用地提供依据。为此,原林业部资源司在中国森林立地分类研究的基础上,组织开展了中国森林立地类型研究,进一步划分出了 495 个立地类型小区、1 703 个立地类型组、4 482 个立地类型,对每一个立地类型的地形、土壤、植被、林木生长状况等性状进行了描述,列出了主要适宜树种、主要树种生产力指标,已广泛应用于设计造林类型和经营类型、选择造林树种、森林资源调查等林业工作中,作为我国造林、森林更新和科学经营的重要依据,在林业生产中发挥了重要作用。

随着林业生产水平的提高,林业由粗放经营转向集约经营,立地分类从初期的感性分类阶段,即单因素定性分类阶段,到多因子定性分类及综合多因子的定量化或定性与定量相结合的阶段;随着数学的渗透、电子计算机技术的发展和生长预测模型的广泛应用,立地分类正向定量化快速发展。采用聚类分析的方法进行立地类型划分,既能够克服主导因子分级组合法存在的划分出的立地类型数量很大,在实际工作中往往还要进行归并,而归并的方法又缺乏依据的问题;又能突破地位指数表等数表法存在的仅针对某一树种编表,对多树种选择帮助不大,且只能用于有林地,有林地和无林地不能统一分类与评价等方面的局限性。聚类分析划分立地类型是以最基本的立地因子组合为单元,对不同树种在各单元上的适宜性进行数量化评分,以评分值为基础,应用聚类分析法分析各立地单元间在生产潜力或性能上的相似性,在一定的相似性水平上划分出立地类型。具体分为以下 4 个步骤(郭晋平等,1994):

(1)立地单元的确定:以主导环境因子分级组合法确定立地单元。

在一定地域范围内,海拔高度(A)、坡向(B)、坡度(C)、母岩类型(D)、土层厚度(E)是影响立地生产力的主导因子,根据各因子变化幅度对林木生长发育的影响程度,结合有关林业调查技术标准,将上述各因子划分为若干等级,分别用 A_i、B_j、C_k、D_h、E_l 表示。各主导因子不同等级的任一组合是一个环境特征和生产性能基本一致的立地单元。

(2)主要造林树种组的确定:根据研究地区有林地现状、自然条件及社会需要,将主要乡土树种加上一些有发展前途的引进树种,作为研究地区的主要造林树种;还可按树种生物学及生态学特性的异同,将相近的树种归并为树种组。

(3)立地单元的综合评分:将各树种在研究地区的生长水平分为6个等级,分别以良、好、中、差、极差、不宜等6个模糊评语加以描述,其相应的模糊评分值定为5、4、3、2、1、0。用材树种以单位面积主伐期平均生长量($m^3/(hm^2 \cdot a)$)为指标,经济树种以经济产量($kg/(hm^2 \cdot a)$)为指标。根据各树种在各立地单元上所能达到的生长指标,采用专家咨询方式进行评分。也可按评分员来源分组,以组取平均值,按来源确定各组权重,求加权平均值为最终评分值。

(4)立地单元的聚类分析:定义每一个立地单元为以 m 个树种的生产力水平评分值为坐标的 m 维空间中的一点。以这些点在该 m 维空间中的欧氏距离作为不同立地单元间的相似性统计量,即

$$D_{ij} = \sqrt{\sum_{k=1}^{m} (X_{ik} - X_{jk})^2 / m}$$

式中:D_{ij}为 m 维空间中点 i(第 i 个立地单元)与点 j(第 j 个立地单元)间的距离;x_{ik}、x_{jk}为第 i 和第 j 个立地单元对第 k 树种的综合评分值。

采用重心法确定类间距离,它反映经归并后的单元组之间在生产潜力上的相似性。距离递推公式为(唐守正,1986)

$$D_{ij}^2 = \frac{n_k}{n_j} D_{ik}^{\ 2} + \frac{n_r}{n_j} D_{ir}^{\ 2} - \frac{n_k}{n_j} \cdot \frac{n_r}{n_j} D_{kr}^{\ 2}$$

式中:n_k、n_r、n_j($n_j = n_k + n_r$)分别为类 G_k、G_r 和 G_j($G_j = \{G_k, G_r\}$)中包含的单元数;D_{ij}、D_{ik}、D_{ir}、D_{kr}分别为各相应类间的欧氏距离。

以各树种在各立地单元上的生产力综合评分值为原始数据,计算

出聚类分析连接表,并可绘制出谱系图。根据聚类分析结果,在一定相似性水平上划分出若干个立地类型。

3.6 植被构建途径

3.6.1 封山育林

余新晓等(2004)总结出了封山育林技术体系。封山育林是对疏林地、灌木林地和具有残存植被的荒山进行封禁,依靠天然下种和萌芽分蘖能力,加以人工培育,恢复和发展森林植被的一种方法。这种方法包括"封"和"育"。"封"是将划出的地保护起来,严禁伐树、砍柴、放牧、开荒、取土、打猎等人为活动,使该地区的生物群落向着进展方向演替;"育"是在封禁期间,在封禁地进行断根、移根、补种、平茬、除蘖、定株、割灌、局部整地等人为措施,促进下种速度和根蘖萌发。

(1)封育原则:封山育林规划施工设计,需遵循下列原则。以封为主,封育结合;因林制宜,因地制宜,综合培育;有主有次,有针对性;由近及远,先易后难,先点后面;针对立地条件,先好后差,争取封育成林;集中成片,一坡一沟;综合培育,整体协调,合理安排;生态效益为主,兼顾经济社会效益;立地水土流失严重,改为种草育草。

(2)作业类型:包括封禁型、封育型、封造型。封禁型一般在远山、高山植被较好的地区或陡坡地区封禁;封育型一般在立地条件较差,但有一定人工或天然幼林、幼苗分布的地段封育;封造型一般在立地条件较好,但植被较差,缺乏天然下种母树,依靠天然更新困难,需要补植补造的无林地或覆盖差的灌木林地。

(3)封育方式:包括全封、半封和轮封。全封是在封育期内禁止采伐、砍柴、放牧、割草和其他一切不利于植物生长繁育的人为活动;半封是根据森林培育目的、作用和要求,乔、灌、草结合,可有组织、有目的地允许一部分群众在封禁治理区进行一定程度的生产活动,如放牧、收获枯落物等,具体活动内容可按要求规定;轮封是将封禁治理区划分成多个封禁斑块,按一定时间间隔(一般是5年)轮换封禁,使每一生态系统都能得到相同时间的封禁保护和利用,群众对封山育林区的利用得到平衡。

(4)封山育林技术措施:①确定培育的主要树种和次要树种。主要树种是指最适合当地生长的并具有最大培养价值的树种。主要树种一般具有良好的水土保持能力,在群落中能起到建群种或优势种作用,或在植物群落演替中具有促进进展演替的作用。②补植补种。在封造型的各小班林中空地,以块状或穴状方式整地,补植地带性植物群落建群种、优势种或其他促进生态系统恢复的植物种。③平茬和割灌。在树木休眠季节,在早春树液开始流动前,进行平茬和割灌,为培育树种提供良好的空间和生长环境。④间株和定株。在密度大的林分或自然稀疏困难的林分中进行。根据封育目标,把高大、通直、树冠发育良好的优势木保留下来,伐去被压木、枯死木和无培养前途的其他树木。⑤修枝。结合割灌同时进行,萌生幼树一般在秋末和早春进行。⑥人工促进天然更新整地。在林中靠近母树的空地进行粗放整地,促进天然下种。

3.6.2　人工造林

人工造林是在模仿天然植被群落基础上的人工设计和建造过程,以树种选择、小生境人工改造和利用等为主要技术手段。人工造林适用于极度退化的荒山、沙区以及条件很差的退耕地且又易遭到人畜反复干扰的地区培育生态林,还适用在自然条件好的地区商品林的培育。在自然情况下要使极度退化生态系统恢复为顶极森林植被是一个十分漫长的过程。但是国内外实践证明,在人工植被恢复重建中,植被发育的一些典型阶段不必依次经过,可以采用直接模仿地带性植被结构的一步到位造林法,或先建造先锋群落、再混交地带性植物种类的二步到位造林法,来加快森林植被的恢复进程(任海、彭少麟,2001),显著地缩短植被构建周期。人工造林要以天然林或近天然林为主要模仿对象,根据同一区域内环境空间异质性和多样性,参照自然植被的空间结构,模仿其植物种类、密度、结构、空间布局以及演替阶段性等多个方面。采用的树种为当地的乡土种类,主要是建群种和优势种,并且强调多种类、多层次的材料混合,所形成的森林接近当地的天然林,植被结构合理,同化能力强,生态、经济效益和社会效益俱佳。人工造林还可以模仿表现良好的人工林。人工造林方式分植苗造林、直播造林和飞播造林等三种。

(1)植苗造林:植苗造林是以苗木为造林材料进行栽植的造林方法。其特点是适用于各种立地条件的造林,尤其是在立地条件比较差的造林地造林效果好,节约种子,幼林初期生长迅速,但是成本较高,裸根苗造林由于起苗时根系受损,对成活和生长有不利影响。

植苗造林主要技术环节有:①保持苗木水分。起苗时及时将苗木根系浸蘸泥浆,保湿包装后才能运输或栽植,不能及时栽植的苗木要假植。②确定合理的密度。根据经营目的、造林树种特性、造林地立地条件、集约栽培水平和经济因素综合考虑。培育大径材的造林密度宜小,培育中小径材的造林密度适当加大。喜光性树种,生长快,郁闭早,密度应稀些;耐荫性树种生长慢,郁闭晚,密度应大一些;干形通直而且自然整枝良好的宜稀,干形易弯曲而且自然整枝不良的宜密;树冠宽阔而且根系庞大的宜稀,树冠狭窄而且根系紧凑的宜密。立地条件好的,生长迅速,成林早,成材快,造林密度要适当小些;立地条件差的,林木生长慢,栽植密度要大些,以尽快形成森林环境,但干旱、半干旱地区造林密度不宜过大。集约栽培程度较低的应适当密植,集约栽培程度较高的造林地宜稀植,但高度集约栽培的超短轮伐期用材林要密植。能够进行早期间伐且增加收入的宜密,不能进行早期间伐或间伐无收入的宜稀。③适时细致整地。栽植前,根据地形条件整成不同大小和形状的微型集水区,以拦截和蓄存降雨径流。④精心栽植苗木。栽植时要使根在坑内展开,分层填土踩实,做到苗正、根展、土踏实,有浇水条件的要浇水,水入渗后撒一层虚土。栽植深度要适当,湿润条件下适宜浅栽,干旱的地方适宜深栽;黏重的土壤宜浅,沙质土壤宜深;秋季栽植宜深,雨季栽植宜浅;阔叶树适当深栽,针叶树适宜浅栽。⑤选择合适的季节。造林季节的选择要根据造林地的气候条件、土壤条件,造林树种的特性和社会经济状况综合考虑,除了春季是旱季的地区外,其他地方均可春季造林。在春旱严重、雨季明显的地区选择雨季造林,宜在雨季前期下过透雨后及时栽植。在北方干旱山丘地带适宜秋季植苗,时间在苗木落叶后至土壤封冻前,宜早不宜晚。在冬季土壤不冻结的我国中部和南部地区还可以进行冬季植苗造林。

(2)直播造林:直播造林是利用人力将树木的种子直接播种到宜林地上的一种造林方法,可以省去从育苗到栽植的生产过程中的多种工序,它具有工作量小、灵活性大、操作简便易行、造林成本较低等优点。种子从发芽开始就在造林地上生长,不经移植,根系未受损伤,因此林木个体对环境有较强适应性,出土苗木形成丛生群体,有利于提高幼苗的抗性。对于种子发芽比较容易的树种来说,只要造林地立地条件和播种季节选择得当,采用合理的播种方法就能收到较好的效果,是一种快捷的植被构建方式。适宜在荒山面积较大、交通不便、劳力缺乏且不具备飞播造林条件的地方开展。

直播造林技术主要有:①选择适宜的造林地。造林地选择是直播造林成败的关键之一。适宜于直播造林的条件:一是在土壤水分条件较好的阴坡、半阴坡和土层深厚且较湿润肥沃的阳坡、半阳坡;二是在植被稀少、土层薄或岩石裸露的阴坡或半阴坡,土壤含水量较高而不能进行预整地的地方;三是在鸟兽危害种子不严重的地区,或能有效防治的地区;四是在降水充足或土壤含水量高、土层较薄的地区;五是在地广人稀、劳力缺乏、宜林面积大的边远山区;六是植被盖度在30%~70%之间,灌木盖度不大于50%。②选择适宜的播种期。根据造林树种种子的发芽和幼苗的生长特性,结合造林地区的气候、土壤条件以及其他灾害性因素(如霜冻、日灼、鼠害),分别选择春季、雨季或秋季播种。春季播种在土壤刚刚解冻、水分条件较好时,可以抢墒播种,这样当炎热的夏季到来时,幼苗已扎下根,可免遭日灼及干旱危害。在有晚霜危害的地区春播不宜过早。在春旱比较严重的地区,可进行雨季播种。雨季降水量多,气温高,湿度大,种子发芽出土快,容易成功,但雨季的具体播种时间不易掌握。较稳妥的办法是:在7月中旬,将未经催芽的种子播入土壤,降水后,则可发芽出土。雨季播种应抓准时机,还应考虑早霜到来前苗木能否充分木质化,否则易受霜冻难以越冬。大粒种子,如栎类、核桃、山桃、山杏、油桐等树种一般于秋季播种,秋播时间不宜过早,以免当年种子发芽,遭受冻害。③进行种子处理。种子处理包括选种、浸种、拌种和种子催芽。选种是将秕种和杂质去掉,选用饱满的优质种子。浸种是用冷水或温水浸泡种子,以促进种子早萌发,如果土壤墒情较好时,也可不经浸种直接进行播种。拌种是将种子拌上杀菌剂或种衣剂,预防苗木病害、鼠害和鸟害。对种皮坚硬、致密以及具有蜡质的种子,要进行去蜡、催芽处理。种子催芽一般用于春播,雨季和秋季播种不宜催芽。④适当整地。播种前的适当整地对提高播种成活率和促进苗木生长,都具有十分重要的作用。采用小穴状整地,做到刨得深、捣得碎、捡得净、整得平,给种子发芽和幼苗生长创造一个良好的生态环境。⑤采用合理密度和下种量。根据立地条件、树种特性、经营目的确定合理的直播造林密度。由于直播造林受天气、鼠害影响较大,为保证一定的成苗密度,直播密度一般高于人工植苗造林的初植密度。立地条件好的地方直播可适当降低造林密度及播种量,以节约种子和投资,减少间苗工作量。立地条件差的地方可适当增大造林密度及播种量,避免单位面积成苗少,难郁闭。播种时,应先踏实坑穴,去掉干土,开穴下种后覆土镇压,覆土厚度一般应为种子直径的 3 倍左右,秋播可适当加厚,小粒种子及针叶树种则宜薄不宜厚。⑥精心管护。对直播造林地在全封 5 年后再半封 3 年。封护期间,要及时进行间苗定株、移植、补播、松土除草、扩穴割灌,并做好防火、防病虫害和防止鸟兽危害工作。

(3)飞播造林:飞播造林是利用飞机把林木种子直接播种在造林地上的造林方法。与人工造林相比,飞播造林具有造林速度快,效率高,投入少,成本低,节省劳力,造林效果好,不受地形地貌限制,能深入交通不便的偏远高海拔山区、沙区或人力难及的地方进行播种作业,拓宽造林绿化的地类等优点。国外从 20 世纪 30 年代开始飞播,苏联、美国、加拿大和澳大利亚等国应用较为广泛(王正敏,1991)。我国飞播造林始于 1956 年,到 2000 年底,全国已有 26 个省(区、市)开展了飞播造林,总面积达 2 232 万 hm^2,飞播造林成林 977 万 hm^2,使全国森林覆盖率提高了一个百分点。我国先后突破了高海拔地区、黄土高原地区和沙漠地区飞播造林的技术难关,目前已和人工造林、封山育林一起成为我国三大造林方式之一(刘宏明、胡华英,2000)。

飞播造林技术主要有:①正确选择播区。播区应尽量选在人烟稀少、交通不便的深山远山,这不仅有助于提高播区的有效面积、减少人为的破坏、提高飞播的成效,而且能真正发挥飞机播种造林的优越性。播区的有效面积率,山区应在70%以上,丘陵区不低于60%。其中荒山面积不低于有效面积的50%,石灰岩地区岩石裸露面积不得大于50%(黎祐深,1994)。播区面积宜小不宜过大,过小面积可采取建立播区群的办法。②采取多树种混播。在高海拔山地选用阳性和耐阴针叶或阔叶树种混播,在低海拔丘陵选用天然下种更新能力强,且种源丰富的乡土阔叶树种或草种混播。③采用小播区群串飞或直升飞机播种。由于大部分宜林荒山已进行了人工或飞播造林,现有荒山、荒地多与农田呈小块状镶嵌分布,应将宜播地区划成小播区群,进行串飞,或采用直升飞机进行播种,以提高宜播面积率,减少种子浪费(李思谦、肖俊龙,2006)。④做好播前植被处理。对植被较密的播区播前一定要依据植被类型的不同采取砍灌、割草、化学灭草或炼山等措施进行植被处理,对植被盖度小的则又需提前1~2年采取封山育草措施,使播区植被盖度保持在0.3~0.7之间(姚峰、霍宝民、张宏文,2005)。⑤采用多效复合剂伴种。多效复合剂是一种由驱鸟鼠剂、保水剂、苗木营养剂合成的高效、低毒、无污染的具有综合性能的新型复合剂。用多效复合剂伴种能够有效地防止鸟鼠危害,减少了种子损失。同时,多效复合剂还能促进生根,保持种子水分,增加苗木抗性,提高了出苗率。⑥应用卫星定位导航仪进行导航。在播区设计中,首先测出播区四角的经纬度,然后在播区两端每隔50 m设一条播带,计算出每条播带两端的经纬度,在飞播作业前将播带两端的经纬度输入GPS中,在飞播作业时应用GPS卫星定位导航仪对飞播作业进行导航,可有效提高飞播作业准确率。⑦准确掌握飞播季节与播期。与当地气象部门密切配合,充分利用与分析以往气象资料,掌握气候及其变化规律,尤其是降雨季节及其变化规律,进而确定播种季节和播期。根据不同地区的自然气候特点,可分别选择春季、夏季、秋季飞播。在北方地区,雨季有迟有早,降水年际变化大,而且有旱年雨年之分,做到雨年多播、旱年少播或不播,播前有透雨、播后有均匀的降雨才是最佳的播期。⑧加强播后的管护。飞播造林后必须封山,建立管护机构,健全规章制度,制定管护公约,划定管护界限,责任到人。封育期为12年,前5年死封,严禁在播区内进行一切活动。后7年活封，进行补植补种及幼林抚育，对于成苗不理想的地区，要及时补植补播，确保成林。对飞播形成的幼林按照“砍密留稀、砍小留大、砍弯留直、砍劣留优”的要求，及时进行抚育间伐，以促进飞播林成林成材，速生丰产。在间伐时，尽可能保留阔叶乔、灌木，以改善林分结构，达到优质、高产、高效的目的。

3.7　植物种类选择

植物种类的选择首先要以立地类型为基础，选择与立地条件相适应的植物种类，同时还要符合植被构建的目的，并且要达到生态效益、经济效益、社会效益三方面效益的综合最大化。因为在生产实际中，一种立地类型可能适合于不同植被类型的多种植物生长，要准确地选定具体的植物种类，需综合考虑立地条件、培育目标、经济可行性、经营水平、综合效益等方面的因素。在一个具体的地域内，由于当地天然植被的优势种或称建群种对所属生态区的生态条件有最好的适应性，具有较强的繁殖更新能力，是适宜群居的种群，用它们作为主要造林种草的植物材料进行种植易获成功，从相邻生态区或国外相应生态区引种的优势种或次优势种作为主要造林种草植物材料种植也易成功，所以，用于植被构建的植物材料应以当地天然植被的优势种为主，以从相邻生态区或国外相应生态区引种取得成功的优势种或次优势种为辅。特定立地类型上具体植物材料选择可采用模糊决策的方法定量确定（李福双等，1997）。

3.7.1　数学原理

科学的植物种类选择方法应对某一具体立地条件下的各种植物材料未来的生长情况做出定量预测，然后通过定量比较，确定出最佳的植物材料选择方案。但是，由于环境因子作用的复杂性以及不同植物对环境适应性的不同，使得定量预测极其困难。在这种复杂并伴有模糊性的事物面前，模糊数学可提供较为满意的结果。通过特尔菲（Delph）法模糊评定立地类型对植物生长的限制程度，取得决策信息，然后通过模糊决策得出各种立地类型的最佳植物材料选择方案。

（1）模糊集：设论域 X 上的模糊子集 $\underset{\sim}{A}$ 是以隶属度表征，则 $\underset{\sim}{A}$ 可由

下式定义：

$$\underset{\sim}{A} = \{x \mid \mu_{\underset{\sim}{A}}(X), X \subset X\}$$

式中：隶属度 $\mu_{\underset{\sim}{A}}(X)$ 是表示元素对于集合 $\underset{\sim}{A}$ 的隶属程度，它满足 $0 < \mu_{\underset{\sim}{A}}(X) < 1$。

(2)模糊集之交集：设 X 的两个模糊子集 $\underset{\sim}{A}$ 与 $\underset{\sim}{B}$ 的交集是 $\underset{\sim}{C}$，记做 $\underset{\sim}{C} = \underset{\sim}{A} \cap \underset{\sim}{B}$，它的隶属函数为

$$\mu_{\underset{\sim}{c}}(X) = \min[\mu_{\underset{\sim}{A}}(X), \mu_{\underset{\sim}{B}}(X)]$$

(3)模糊集与普通集之转化：设 $\underset{\sim}{A}$ 为 X 的模糊子集，对于满足 $0 < \lambda < 1$的任意 λ 截集

$$A_{\lambda} = \{X \mid X \subset X, \mu_{\underset{\sim}{A}}(X) \geqslant \lambda\}$$

则称普通集 A_{λ} 为模糊集 $\underset{\sim}{A}$ 的 λ 水平截集。

(4)模糊决策：设策略集为 $X = \{X\}$，能满足模糊目标和模糊约束的策略集分别为 $\underset{\sim}{G}$ 和 $\underset{\sim}{B}$，$\underset{\sim}{G}$ 和 $\underset{\sim}{B}$ 均是 X 上的模糊子集，这时最佳策略集为

$$\underset{\sim}{D} = \underset{\sim}{G} \cap \underset{\sim}{B}$$

这个模型可以推广到多目标、多限制策略决策。

3.7.2　决策步骤

(1)主要植物材料种类的确定：将植被构建区域天然植被的乔灌草优势种和从相邻生态区或国外相应生态区引种取得成功的优势种或次优势种作为该区域植被构建的主要植物材料种类。

(2)隶属度的确定：隶属度是不同植物材料对各立地类型的适宜程度。它作为决策的主要依据信息对决策成败的影响是至关重要的。确定隶属度可采用例证法，首先设论域 $X = \{X_1, X_2, \cdots, X_m\}$（植物种类），$Y = \{Y_1, Y_2, \cdots, Y_n\}$（立地类型），然后通过特尔菲征询，对每一隶属度做出评定，得到各种植物(X)对于各立地类型(Y)的隶属度，从而得到 X、Y 的模糊矩阵 $\underset{\sim}{R}$。

(3)模糊决策：在模糊矩阵 $\underset{\sim}{R}$ 中确立模糊决策的限制策略集，但决策必须有一定的目标，所以还需要设定目标策略集。可采用{最适宜、适宜、较适宜、不适宜}作为决策的评价标准集（目标策略集）。乔木树种按树高，灌木、草本植物按单位面积生物量，经济林树种按单位面积

产值换算成隶属度,确定出评价标准集各元素的数值区间,得到模糊矩阵 $\underline{P}(X,Y)$ 作为决策的初步结果。再分别选取标准子集元素,得到各个标准子集元素的普通集,即是每一立地类型的植物材料选择方案。

3.8 植物种类配置

植被的结构决定其功能。天然林中有优势种和伴生种,共同组成的复层混交林结构稳定,生物量大,防护功能强。所以,人工构建植被要模拟天然林结构,采取乔、灌、草复层混交,不仅可提高林分的生态效益、经济效益和稳定性,而且也是快速构建林草植被的有效途径。在植被构建中,如果草、灌、乔一次建植(带状或片状混交),前 2 ~ 4 年草带可较好郁闭,覆盖地表,开始发挥生态效益和经济效益;3 ~ 5 年灌木即可开始郁闭,发挥其功效,最后形成稳定的乔、灌、草混交林。构建人工复层林草植被时,在保留一定天然植被的同时,应尽量选择 2 ~ 3 种以上能天然更新的树、草种,初始密度不应太大,以便使之通过天然更新逐步形成不同龄级的混交结构。在森林地带和森林草原地带适宜立地条件下可建造乔、灌、草复层植被;在森林草原地带的梁峁坡和草原地带大部分地区则应以灌、草混交为主。从林草地的稳定性和可持续发展要求,实行混交时必须实行深根、浅根树草种的搭配,建群树种的初始密度在适宜范围内可尽量降低,依据天然植被结构及演替规律适当增加灌、草密度或尽量多地保存天然草、灌成分,为建群种的天然更新创造良好条件,构建成接近天然植被结构,有主栽优良树种、草种的稳定、复层、异龄、混交植被(陈云明等,2002)。

植物材料配置的主要模式如下:

(1)林农配置模式:在平地上将农作物与林带实行宽窄带配置,林带两行一带,相邻林带之间留出较大的间距用于种植农作物。在坡耕地上修筑窄面水平阶,水平阶面栽树,坡面种粮。利用林带间耕地生产粮食、油料,能够防止在林带间出现杂草丛生的现象,减少抚育费用,林带内的树木还能够从农作物的水肥管理中受益,有利于树木生长。

(2)林草配置模式:在荒坡上进行水平阶整地造林,依靠水平阶之间坡面天然草本植物的生长,形成与天然草本群落的人工林草配置。

或者在坡耕地上修筑窄面水平阶,水平阶内栽树,水平阶之间的坡耕地种植牧草,形成人工林草植被。

(3)林菜配置模式:在坡耕地上修筑窄面水平阶造林,水平阶内栽树,水平阶之间的坡耕地种植蔬菜,形成人工林菜群落。

(4)林药配置模式:在坡耕地上修筑窄面水平阶造林,水平阶内栽树,水平阶之间的坡耕地种植中药材,形成人工林药群落。

(5)林竹配置模式:竹类经营周期短,人们在砍伐利用竹子时从竹林中移走大量营养物质,导致竹林自肥能力较差,因而长期经营会导致竹林地力衰退和生产力下降。而在自然状态下,竹阔复合生态系统比较稳定,地力维持、水源涵养的功能较强,因而竹阔复合配置模式是植被构建的优良模式,可采用竹子与阔叶树的不规则配置。

(6)混交造林模式:混交造林要选择适宜的混交树种,生物学生态学特性互补的树种可以进行混交造林。一般认为,应选择喜光和耐阴、速生与慢生、针叶与阔叶、常绿与落叶、深根与浅根、吸收根密集型与吸收根分散型、乔木与灌木、冠型不同的树种相互搭配,并且伴生树种与主要树种矛盾小,且无共同病虫害(周长瑞,1985),可以模仿天然混交林中的树种组成。混交方式和混交比例根据种间关系情况确定,种间关系协调,适宜进行株间或行状混交。种间矛盾较大,初期生长速度悬殊的乔木树种适宜采取带状混交。种间矛盾较大的主要树种与主要树种的混交适宜采取带状混交。一般认为,混交林内主要树种的比例不宜少于50%(翟明普,1993)。树种的混交比例可以用线性规划的方法定量确定,具体方法是:以各个混交树种单位面积的培育成本、生态功能价值、经济价值为参数,以资金投入、造林面积为约束条件建立约束方程,用生态经济效益最大化建立目标函数;然后对线性方程进行求解,即可得到混交林中各树种的最优比例。

3.9　抗旱造林

当今世界上有1/3以上的土地处于干旱和半干旱地区,其他地区在植物生长季节也常发生不同程度的干旱,我国干旱、半干旱地区约占全国土地面积的45%,干旱缺水已成为植被构建、改善生态环境最主要的限制因子。所以,抗旱造林是植被构建的重要技术措施,经过许多学者的试验研究和群众的实践总结,形成了多种抗旱造林技术方法。

3.9.1 选用抗旱树种

抗旱树种的选择可以从多个方面进行。

(1)通过苗木的形态结构选择抗旱树种:形态结构与机能的统一是树木适应干旱环境的生物学基础。长期生活在干旱环境的植物,在形态结构上都表现出一定的特征,这些特征主要有植物体表面覆被浓密的细毛和棘刺、植物体表生有厚厚的蜡质表皮、气孔深陷在植物叶内、具有发达的根系、叶片厚度大、栅栏组织发达、栅栏组织与海绵组织比值高、角质层及上皮层厚、叶呈条形具有较大的体积与表面积比值、具有多轮异常的维管束等。这些形态特征可以作为选择抗旱树种的重要参考依据。

(2)通过树木生长指标选择抗旱树种:生长是树木代谢过程在形态上的综合表现。水分胁迫条件下,树木的高、茎、叶以及根系生长等均会受到不同程度的抑制。通过对比干旱地区各个树种的生长情况,选择出生长量大的树种作为抗旱树种用于造林。

以作为选择对象的树种的树高、地径、冠幅生长量的平均值作分母,每个树种的实测值作分子,用其树高、地径、冠幅的比值之和作为筛选供试树种的选择指标(系数),大于选择系数的树种则为入选树种。平均值应当用估计值,估计值用公式

$$Y = \sum_{i=1}^{n} B_{ij}\delta_{ij} + \varepsilon_i$$

来计算,但因调查的样本是大样本,而且试验地的立地条件大体是一致的,立地效应忽略不计,因此可以用平均值来代替估计值。在所有选择因子中,根据因子的轻重,可用权重来调整。选择指标公式如下:

$$Y_i = P_1 h/H + P_2 d/D + P_3 w/W + \cdots + P_n x/X$$

式中:Y_i 为综合选择指标;P 为权重;$n = 1,2,3,\cdots$;h 为单个供试树种的树高;H 为所有供试树种的平均树高;d 为单个供试树种的胸径;D 为所有供试树种的平均胸径;w 为单个供试树种的冠幅;W 为所有供试树种的平均冠幅;x 为单个供试树种的表现性状值;X 为所有供试树种

的表现性状平均值。

计算出所有参试树种的选择指标平均数($I_{均}$)、标准差(δ_n),用 $I_{均}-1/3\delta_n$ 作为选择的数量标准。

用树高、地径、冠幅的综合指数作为参试树种选择的综合指标 $I_{总}$

$$\begin{aligned} I_{总} &= I_1 + I_2 + I_3 \\ &= P_1 v_{实}/V_{均} + P_2 h_{实}/H_{均} + P_3 d_{实}/D_{均} + P_4 w_{实}/W_{均} \end{aligned}$$

式中:$I_{总}$ 为单一供试树种的综合选择指标;I_1 为供试树种树高选择指标;I_2 为供试树种地径选择指标,I_3 为供试树种冠幅选择指标;$h_{实}$ 为被选树种的树高实测值;$H_{均}$ 为所有供试树种树高的平均值;$d_{实}$ 为被选树种地径实测值;$D_{均}$ 为所有参试树种地径的平均值;$w_{实}$ 为被选树种冠幅实测值;$W_{均}$ 为所有参试树种冠幅的平均值;P_n 为加权系数。

在所有选择因子中,根据因子的影响程度,可用加权系数来调整。

将所有供试树种的选择指标计算出平均数($I_{均}$)、标准差(δ_n),用 $I_{均}\pm a\delta_n$ 作为选择的数量标准,超过该数量标准的入选,小于该数量标准的弃选。

(3)通过对林木生理指标的测定评价抗旱性选择抗旱树种:植物光合作用的补偿点出现在受胁迫强度大、时间长的树种,其抗旱能力强(李燕等,2005)。干旱胁迫时蒸腾强度最大值在一天中出现时间较晚、日变幅较大的树种,抗旱能力较强(李吉跃,1990)。水分胁迫下,Apase 酶活性的上升和增加速度较慢的树种抗旱能力较强。苗木根系活力随着水分胁迫程度的增加而持续增长的树种抗旱能力强(赵忠、李鹏,2002)。水分参数 π_0(植物充分吸水后植物细胞的总体渗透势)、π_p(膨压为零、发生质壁分离时的渗透压)较低的树种耐旱能力强(高福元等,2002)。植物的 RWD(共质体水损失率)愈小,抗旱性愈强(李吉跃,1989)。根据抗旱树种生理指标的特点,可以通过测定有关树种的这些生理指标选择出抗旱树种。

3.9.2　集水整地

利用径流集水造林是抗旱造林的主要措施之一,为了保证所集径流水分能均匀长久地供给每一株苗木,可根据地形条件整治成不同大小和形状的微型集水区,以拦截和渗蓄降雨径流,具体方式有反坡梯田、水平沟、隔坡水平梯田、带子田、鱼鳞坑、V形集流整地等不同整地集水方式。

3.9.3 覆盖造林

覆盖造林采用的覆盖物有地膜、秸秆、杂草、枯枝落叶、碎石等。地膜覆盖采取漏斗式。覆盖前,根据林种、密度和苗木规格等将地膜裁成大小合适的小块。栽植后浇水,等水渗下后,将1 m见方的地膜在中心破洞,从苗木顶端套下;展平后,将苗木根基部及四周薄膜盖严,随树盘做成漏斗状,以利蓄存自然降水;将边缘压实,再在地膜上覆一层薄土,以防大风将地膜刮走。其他覆盖方法是植树后在穴面上铺一层适宜厚度的覆盖物,以减少植树穴内土壤水分蒸发。

覆盖不仅可以避免晚霜或春寒、大风等寒流的侵袭造成的冻害,提高地温,促进土壤中微生物的活动、有机质的分解和养分的释放,有利于根系的生长、吸收及营养物质的合成和转化,促进苗木的成活和生长,而且可以保持和充分利用地表蒸发的水分,为苗木成活和生长提供水分。

3.9.4 深栽浅埋

整地时将植苗穴深挖到湿土层,植苗覆土时不填满植树穴,以便存储雨水。

3.9.5 截干造林

对萌蘖力强的树种,在起苗时或栽植后离根茎5~10 cm处截去苗干,以减少苗木水分蒸腾,保持树体水分,提高造林成活率,促进萌发新枝和增强树体生长势。截干造林是提高造林成活率的传统方法之一,截干可防止抽条和水分蒸发,增强树体生长势,促生分枝。

3.9.6 接种菌根

菌根是高等植物的根系受特殊土壤真菌的侵染而形成的互惠共生体系。菌根形成后可以显著地增加宿主植物根系对水分及矿质营养的吸收,增强植物的抗逆性,提高植物对土壤病害的抗性。菌根真菌能够促进植物对养分和水分的吸收利用,改善宿主植物水分代谢,增强宿主植物的抗旱性(黎祜琛、邱治军,2003)。菌根可以促进苗木养分和水分的吸收,提高苗木的生长量,增强其抗旱性(陈辉、唐明,1997)。从枝菌根真菌侵染率较高的植物体内SOD活性维持较高水平，可有效清除宿主植物体内因干旱胁迫而积累的超氧自由基，降低MDA含量和细胞质膜相对透性，减轻膜脂过氧化造成的伤害程度，增强植物的抗旱性(陈辉、唐明，2003)。菌根接种的具体方法步骤是：①引进菌种；②取菌种子囊果用清水刷洗干净，削去表皮，切成碎片，加蒸馏水碾碎成浆配制成孢子悬浮液；③对基质进行消毒；④选用截根接种、注射、浸沾种子、浇洒幼苗、菌土接种的方法进行接种。

3.9.7　钻孔深栽

用钻孔机械在造林地上钻深为1.4～1.7 m的植树孔，人工插入苗干，然后填土捣实。该技术适宜在“三北”地区沙质土地和地下水位较高的地区杨树造林时采用。

3.9.8　容器苗造林

在大小规格适宜的容器内装填营养土，培育容器苗造林。容器苗出圃前如果袋内营养土缺水，应灌1次透水，待水稍干、容器袋内营养土稍硬时起苗。起苗时注意保持袋体完整，防止散袋和损伤苗木根系。运输途中要保鲜、保湿，防止风吹日晒。定植穴深度和宽度略大于袋体，栽植时将容器袋底部撕开，并保持苗木根团不散，栽植后整平穴面，穴面覆一层虚土，以利保墒。

与裸根苗相比，容器苗根系在起苗、运输和栽植时很少有机械损伤和风吹日晒，并且根系带有原来的土壤，减少了缓苗时间。容器内的营养土营养丰富，有利于幼苗生长发育，为苗木成活后幼林生长和提早郁闭成林创造了良好的条件。容器苗在春、夏、秋三季均可造林，能够延长造林时间，加快造林绿化速度。虽然容器苗造林的成本高于常规植苗造林，但其成活率高、郁闭早、成林快，避免了常规造林需要多次补植补造的缺陷，容器苗造林综合效益要高于常规植苗造林。

3.9.9　应用吸水剂

吸水剂具有高吸水性、保水性、缓释性、反复吸释性、供水性、选择性和可降解性等特点，应用吸水剂造林，可以提高土壤的最大持水量，增强土壤的贮水和保水性能，减少土壤水分耗散，延长向植物供水的时间。可以将干水凝胶盒放在植树穴内的苗木根际，或者让吸水剂吸足水成为凝胶状后进行蘸根。蘸根要均匀,并使水凝胶附着良好。蘸根后立即包装,不要晾晒,也可蘸混有保水剂的泥浆。直播造林可将保水剂和水按(0.75~1):100配成水凝胶,再把种子倒入水凝胶中,搅拌使种子表面均匀粘满水凝胶,然后薄层摊放在塑料布上晾干,形成一层薄膜后播种。

3.9.10 化学药剂处理苗木

用于处理苗木提高造林成活率的化学药剂主要包括有机酸类、无机化学药剂和蒸腾抑制剂。这些药剂的应用,可以减少植物体内的水分蒸发,增强苗木的抗旱能力。生产中常用的化学药剂有ABT生根粉、根宝、TCP植物蒸腾抑制剂、脱落酸、矮壮素、乙烯、细胞分裂素、多胺等。ABT生根粉、根宝的使用方法是配制成药液浸根、喷根或速蘸,以促进苗木生根和生长。浸根是将苗木根系较长时间浸泡在较低浓度的药液中,或用药液混在泥浆中蘸苗根,带泥浆造林。喷根是用较低浓度的药液喷湿苗根,要喷匀,喷至有药液滴下,然后用塑料薄膜覆盖根部保湿,待药液充分吸收后造林。速蘸法是用较高浓度的药液速蘸苗根,随即造林。脱落酸等植物蒸腾抑制剂的使用方法是用药液喷洒苗木的地上部分,以减少苗木蒸腾,保持苗木体内水分,促进苗木成活。

3.9.11 利用生产中总结的经验

已故全国劳动模范、“五一”劳动奖章获得者、山西壶关县农民王五全创造出了干旱阳坡造林技术。其要点是:①培育适地苗。阴坡育苗阴坡栽,阳坡育苗阳坡栽,就地育苗就地栽。②选用适龄苗。一般选用二年生优质壮苗。③随地形巧整地。石上积水,石下栽苗。石隙过水,石缝栽苗。石间洼地,中间栽苗。

3.10 效益评价

植被构建的效益包括经济效益、生态效益和社会效益三部分。

3.10.1 经济效益的构成

经济效益包括活立木年生长量价值和林副产品价值。

(1)活立木年生长量价值:

$$P_f(t) = \sum_{i=1}^{n} S_i(t) V_i(t) P_{wi}(t)$$

式中：P_f 为区域森林生态系统木材价值；S_i 为第 i 类林分类型的面积；V_i 为第 i 类林分单位面积的净生长量，m^3；P_{wi} 为 i 类林分的木材价值，元/m^3（阳含熙 等，1985）。

（2）林副产品价值：

$$P_\gamma(t) = \sum_{i=1}^{n} Q_l(t) P_l(t)$$

其中：$P_\gamma(t)$ 为林副产品年生产价值；l 为林副产品种类；Q_l 为 l 类林副产品年生产数量；P_l 为 l 类林副产品的价格。

3.10.2　生态效益的构成

（1）涵养水源的价值：

$$R(t) = \{P(t) - \sum_i [R_i(t) + E_i(t) S_i(t)]\} \times WP(t)$$

其中：R 为森林和森林土壤涵养水源价值；P 为年降水量；i 为森林群落类型；R_i 为第 i 类森林群落单位面积年径流量；E_i 为第 i 类森林群落单位面积年平均蒸发量；S_i 为第 i 类森林群落的面积；WP 为单位体积的水价。

（2）保持水土价值：

$$P_s(t) = \sum_j S_j(t) P_{sj}(t) + \sum_k N_k P_k(t)$$

其中：P_s 为水土保持价值；j 为森林土壤类型；S_j 为第 j 类土壤类型的面积；P_{sj} 为第 j 类土壤类型单位面积恢复因土壤侵蚀而荒废的经济价值；k 为营养元素的种类；N_k 为单位面积 k 类营养元素因无植被覆盖的流失量；P_k 为 k 类营养元素单位重量的化肥价值。

（3）固定二氧化碳价值：

$$Q(t) = A(t) - R_d(t) - R_s(t)$$

其中：Q 为 CO_2 固定量，t/（hm^2 · a）；A 为净第一性生产力所同化的 CO_2 量，t/（hm^2 · a）；R_d 为凋落物层呼吸释放的 CO_2 量，t/（hm^2 · a）；R_s 为土壤呼吸释放 CO_2 量，t/（hm^2 · a）。采用碳税法来评价森林生态系统固定 CO_2 的价值。

（4）营养元素积累价值：

$$P_e(t) = \sum_i \sum_k S_i(t) M_{ik}(t) P_k(t)$$

其中：P_e 为营养元素累积价值；S_i 为 i 类林分类型的面积；M_{ik} 为 i 类林分类型第 k 类营养元素的持留量；P_k 为第 k 类营养元素的价格。

(5)旅游服务价值：

$$P_a(t) = TV(t) + P_b(t) + \int_0^{P_m} Y(x)\mathrm{d}x(t)$$

其中：P_a 为森林生态系统生态旅游服务价值；TV 为旅行费用支出；P_b 为旅游时间价值；P_m 为增加费用最大值；$Y(x)$ 为费用与旅游人次的函数关系；Y 为增加费用；x 为旅游人次；t 为年度。

3.10.3 社会效益的构成

社会效益包括生态脆弱区面积的减少，森林覆盖率的增加，人均占有绿地面积的增加，单位面积土地产值的增加，带动相关产业产值的增加，农民就业岗位数量的增加，农民人均纯收入的增加。

第4章　鹤壁市郊区概况

4.1　自然地理条件

4.1.1　地理位置

鹤壁市郊区位于河南省北部、太行山东麓，属太行山区和华北平原的过渡地带。海拔高度 130 ~ 655 m，地理坐标为东经 114°00′ ~ 114°17′、北纬 35°43′ ~ 36°00′。北和安阳县毗邻，东望京广铁路与汤阴接壤，西靠乌山同林州搭界，南和淇县相连，东西宽 25.4 km，南北长 33.3 km，土地总面积 464.74 km^2。

4.1.2　地形地貌

境内地势西高东低，地貌多姿，山川、丘陵、平原兼有，西部、西北部和西南部均为低山区，系太行山余脉，面积 165.66 km^2，占全区总面积的 35.6%，地势陡峭，沟壑纵横，坡度一般在 30°以上，海拔 350 ~ 655 m，土层薄，植被少，水土流失严重。东部和中部是丘陵，面积 287.08 km^2，占总面积的 61.8%，海拔 150 ~ 350 m，坡度 10° ~ 25°，地势较缓，山体多为浑圆状，坡面陡、顶部缓，沟岭起伏不平，土层厚薄差异很大。东南部的淇河北岸是小平原，面积 12 km^2，占总面积的 2.6%，海拔高度在 130 m 以下，地势平坦，土层深厚。

4.1.3　气候特征

本区属暖温带大陆性季风气候，总的气候特征是春季干旱多风，夏季炎热多雨，秋季温凉少雨，冬季寒冷少雪。年平均气温 14.2℃，年降水量变幅很大，且季节分配不均，主要集中在夏季，冬春季雨雪稀少，历年平均降水量为 683.2 mm，冬春干旱，夏季暴雨引起严重的水土流失。日照充足，年平均日照时数为 2 374.9 小时，日照率 54%。无霜期 205 天。作物生长季节光照充足，但干旱发生频率大，重型干旱多，危害严重，是林业发展的主要限制因素。

4.1.4 水文状况

区内主要有淇河、汤河、姜河、永通河4条河流。淇河发源于山西省陵川县，流经辉县、林州、鹤壁郊区西南部，至浚县入卫河。流经本区长42 km，流域面积125.5 km^2，年平均流量4.43亿m^3，历年最大洪峰流量5 590 m^3/s。汤河发源于本区姬家山乡，境内流域面积184.4 km^2，境内长25 km。姜河在本区境内长20 km，流域面积66.87 km^2。永通河在本区境内长2 km，流域面积19.5 km^2。本区内有3座水库，杨邑水库总库容203万m^3，温家沟水库总库容104万m^3，龙宫水库总库容76万m^3。主要水资源有降水径流和引用过境水，提取深浅层地下水。其中降水径流0.93亿m^3，可利用过境水1.2亿m^3，浅层地下水0.42亿m^3，矿井水0.2亿m^3，共有水资源2.75亿m^3。但可利用水资源较少，大部分降水以地表径流形式流失，因河岸陡峭，提水困难，蓄水工程少，可利用的水资源不足总水资源的一半。

4.1.5 土壤种类

本区地貌类型复杂，土壤种类较多。成土母岩大部分地区为奥陶纪石灰岩，深灰至黑色厚层状石灰岩，少量分布有二叠系页岩，这些岩石风化慢、漏水性强、地表干旱、地下水贫乏，水土流失严重。部分山地岩石裸露，土层薄，且不成层次。所形成的土壤属褐土土类，多呈微碱性或中性反应，有机质平均含量1.582%，平均含氮量0.108%，速效磷平均含量23.5 mg/kg，速效钾平均值173 mg/kg。土壤种类依地貌类型而变化，西部低山区山高坡陡，主要分布着薄层褐土性黄土，沙砾质中层褐土性黄土和厚层褐土性黄土；中、东部丘陵区岭低坡缓，主要分布着壤质垆土和旱黄垆土；丘陵之间，土壤母质多为洪积或冲积母质，土壤分布有平黄土、壤质垆土、旱黄垆土和红垆土。

4.1.6 植被类型

本区植被类型属暖温带落叶阔叶林地带，天然植被遭到严重破坏，现有植被主要为栓皮栎、麻栎、黄连木等天然次生林，侧柏、刺槐等人工林。灌木树种主要有白蜡、荆条、酸枣、野皂角、胡枝子。草类以白羊草、狗尾草、冬凌草、蒿等为主。人工栽培的乔木树种以泡桐、杨、柳、刺槐、国槐、臭椿、苦楝为主。经济林树种主要有苹果、梨、柿、杏、桃、黄连木等。农作物和经济作物主要有小麦、玉米、红薯、谷子、高粱、棉花、芝麻、油菜等。

4.2　资源和环境特点

鹤壁市郊区土地类型多样，有山地、丘陵和平原，开发历史悠久，以低山丘陵石质山地为主，占全区总面积的97.4%，山岭起伏，沟谷纵横，降水量少而集中，旱灾较多，土壤瘠薄，植被稀少，而宜林荒山多，发展林业潜力大。

4.2.1　山地和丘陵区的特点

山地与丘陵发展耕作业的条件较差，尤其是山地，地势陡峻，多悬崖绝壁和深邃的峡谷，大部分地区不适宜耕作，但发展林牧业的潜力较大。丘陵地区坡度较缓，大部分已开垦为梯田，因干旱缺水，主要种植谷子、红薯、豆类等早秋耐旱作物。山地和丘陵地区的主要特点如下：

(1)植被稀少，水土流失严重。整个山地和丘陵区，除部分地段有小片天然次生林外，大部分地区天然林木已破坏殆尽，有些地区连天然灌丛和草本植物也比较稀疏。有林面积不到总土地的10%。植被破坏的直接结果，一是水土流失严重，侵蚀模数高达2 000 $t/(km^2 \cdot a)$左右；二是地下水补给减少，加以采用量过大，地下水位下降，有的地区下降8~12 m。有的山泉水量大减，有的甚至趋于枯竭。

(2)土薄石厚，水资源奇缺。由于水土流失严重，大部山地丘陵土层较薄，肥力很低，其中约4%的土地，基岩裸露，草木不生；加以地势起伏大，坡陡谷深，底层漏水，缺水问题十分严重，有些地区人畜饮水都很困难。

4.2.2　平原区的特点

平原发展耕作业的条件比较优越。土层深厚，土壤质地良好，肥力较高，光照和水热资源比较丰富。

4.3　社会经济条件

本区以低山丘陵为主，由于低山丘陵区地形地貌复杂，交通基础差，工业基础薄弱，加之人才、资金短缺，土地生产力和劳动生产率低下,经济发展水平较低。本区的矿产资源较多,煤炭储量丰富,燃料供应充足,减少了居民对薪材的需求,为本区林牧业发展提供了有利条件。

4.3.1 人口数量和结构

鹤壁郊区有 7 个乡(镇),总人口约 19.21 万人,其中农业人口16.95万人,农村劳动力 7.91 万人。

4.3.2 农林业生产情况

全区耕地面积 1.096 万 hm^2,农民人均耕地 0.065 hm^2,人多地少,劳动力充足,利于精耕细作。平原地区农业生产条件较好,有效灌溉面积高达 78%,旱涝保收面积高达 50%,机耕面积近 90%。目前农业生产中存在的主要问题是粮棉产量出现了徘徊不前的状况。造成这种状况的主要原因:一是水源不足,因灌溉制度不合理,耗水量过大,一般每亩耕地年耗水量在 600 ~ 700 m^3,对地下水过度开采,造成地下水位严重下降。每逢干旱年份,水库无水,有些河渠断流,机井出水量减少,发生旱灾,造成减产。二是地力不足。土壤有机质含量大部分在 1% 左右,土壤施肥主要靠化肥。一般土壤有机质含量达到 2% 以上比较适应高产的要求,所以只有提高土壤有机质,才能进一步提高粮食单产。三是品种不适宜,主要是小麦、玉米品种的生长期长。由于小麦成熟期晚,后期易受干热风危害,且影响了玉米适时播种;玉米后期正赶上低温少雨,产量一直较低。需要对现有品种进行提纯复壮和培育新的适宜高产品种。

全郊区林牧业生产落后,土地资源利用不合理。山丘地区农业总产值中,牧业约占 10%,林业仅占 4% 左右,种植业占 70% 以上。这种土地利用结构,不仅造成土地过度垦殖,加重了水土流失,而且使大面积林牧用地不能充分合理地利用。全区宜林地初步利用的不到 1/3;宜牧地也大部分未很好利用。造成这种状况的主要原因,一是历史上长期重视农耕而轻视林牧业;二是忽视山区特点,盲目追求粮食生产,不少地方为了扩大耕地,毁林开荒,甚至连核桃、黄连木、柿子等传统的经济林也被砍掉。

4.3.3　经济状况

本区农耕历史悠久,经济发展水平较低。至2005年底,农业总产值9.081 7亿元,其中农业产值4.132 9亿元,林业产值0.357 4亿元,牧业产值4.449 3亿元,渔业产值0.142 1亿元。经济收入低的主要原因:一是片面追求粮食高产,不计成本,对于节省人力、物力和科学施肥、科学用水等缺乏经济核算,导致生产成本增高;二是单纯追求粮食特别是小麦的高产,忽视多种经营,全面发展。

第5章 立地类型分类

林木的生长发育与立地条件有着密切的关系,所谓立地条件是指在一定的空间范围内对林木生长意义重大的环境条件,包括地貌、气候、土壤和生物。构成林地的立地条件组合不同,立地性质和质量则不同,适宜的树种和营林的技术措施也各异,故划分立地类型的实质是影响林木生产力的立地因子的分类组合,即立地条件相同或相近似的地段的组合。开展区域立地分类及其空间分异研究,是因地制宜、适地适树、合理利用林地,实现森林集约经营的重要手段,可为科学造林、合理开发利用区域林地资源、充分挖掘林地生产潜力、实现森林生态系统的平衡、改善区域生态环境、科学制定营林规划、实现林业经营的可持续发展等提供基础依据。

根据张万儒等(1992)建立的我国森林立地分类系统,研究区域鹤壁市郊区属于东部季风森林立地区域,暖温带森林立地带,华北山地森林立地区,太行山南段山地森林立地亚区。关于太行山立地类型分类,中国林科院林业研究所(1993)进行过全面系统的研究,提出太行山区立地分类系统,共5级:

太行山立地区
　立地亚区
　　立地类型小区
　　　立地类型组
　　　　立地类型(变型)

立地亚区:主要依据经纬度差异引起的气候变化情况,其次参考自然的及人工栽培的森林植被以及地貌的变化,具体以经度、纬度、海拔、年平均气温、≥10℃积温、日照时数、无霜期、降水量和干燥度等9项地理指标和气象指标作为划分依据。

立地类型小区:在各立地类型小区范围内,根据母质母岩、中地貌划分立地类型小区。

立地类型组：在各立地类型小区范围内，根据海拔带（地貌类型）和地形（坡向、坡位、坡度、坡形等）因子划分立地类型组。

立地类型（变型）：在各立地类型组内，依据土壤 pH 值、质地、土层厚度、表土层厚度等土壤因子来划分。

并且根据这一分类系统将太行山立地区划分为 4 个立地类型亚区、20 个立地类型小区、384 个立地类型组、703 个立地类型。

5.1　立地分类的原则

（1）地域分异原则：林地作为自然地理综合体之一，是长期自然地理发展过程的产物，立地类型是自然地理综合体不断分化的结果。为了真实地揭示立地类型在发生学上的差异，在进行立地类型划分时，必须考虑在不同地域条件下这个自然综合体的中小尺度地带性（主要是垂直地带性）和非地带性（如地貌、坡位、土壤特性）变化规律。

（2）有林地和无林地统一分类原则：立地分类的实质是自然本底分类，不存在有林地和无林地分开分类的问题。有林地和无林地是林业生产中对宜林地利用现状的差异或不同经营阶段的区分，是可以互相转化的，而森林立地作为森林生态系统中的客体单元是相对稳定的，具有其固有的特性或特征，它不因林业生产阶段的变化和林地利用方式的改变而变动。

（3）综合多因子与主导因子相结合原则：同时考虑多因子的共同作用效应及主导因子的作用，以主导因子作为分类依据。在综合考虑立地的各构成要素，找出立地分异特征，反映出立地的固有性质的基础上，找出其中一两个或多个起主导作用的并在生产应用时易于识别和掌握的因子，将各级立地单元区分出来。

（4）科学性和实用性相结合原则：立地分类要有科学性，能准确体现立地的自然属性，如实地反映出地理要素的客观分异规律，并在不同空间尺度体现不同的地域特征。从实用性考虑，划分立地类型的主导因子必须是相对稳定的，在当前条件下还应是直观且易正确鉴别的，故立地类型划分的主导因子必须是概念清楚，定义明确，便于统一掌握，且在野外能直观判断而又具有显著效应的立地因子。另外，由于自然界的复杂性和地域分异程度的不同,实际存在的立地类型可能很多,但从实用性出发,划分的立地类型要有一定的实用面积。立地类型的划分不宜过细,除少数特殊地段(如悬崖、陡岩、河漫滩、劣质地等)外,应能覆盖整个经营地区。

(5)满足多种用途需要的原则:立地条件是自然客体,是各种生态要素的有机组合。因此,立地类型的划分要避免单树种单林种分类的局限性,而应能满足小班区划、造林设计、经营规划等多种用途的需要。

5.2 立地分类的方法

5.2.1 立地因子的选择

立地分类应能准确如实地反映出地理要素的客观分异规律及其对利用方式的选择,划分立地类型的主导因子必须是相对稳定的,在当前条件下还应是直观且易正确鉴别的,所以立地类型划分的主导因子必须是概念清楚,定义明确,便于统一掌握,且在野外能直观判断而又具有显著效应的立地因子。

鹤壁市郊区是一个天然降水少,水土流失严重的地区,土壤干旱瘠薄是植被构建的主要客观制约因素,不仅影响造林成活成林,而且不利于林木生长,所以土壤水分和土层厚度应当作为立地类型划分的主要指标。但是,从实用性出发,土壤水分不宜作为立地类型划分的直接因子,可以用间接反映土壤水分状况的其他因子代替。所以,把土壤水分作为主要依据进行综合分析,选择出适当的立地因子进行立地分类。

(1)海拔:海拔高度的变化对气候条件影响很大,随着海拔的升高,年平均气温下降,降水量增加,年活动积温减少。随着气温的降低,空气相对湿度增加,蒸发量减少,土壤水分含量也相应增加,土壤肥力及其理化性质发生变化,适生的树种和植被类型的分布也有不同。因此,海拔对立地质量具有重要影响。

(2)母质母岩:母质母岩是土壤形成的物质基础,影响着土壤的形成过程和理化性质,对土壤形成及其质地和肥力都起着决定作用。首先,成土母质的成分可加速或延缓成土过程;其次,成土母质的矿物组成与化学成分在很大程度上决定着土壤的化学性质;再者,成土母质的性质也还影响着土壤的化学性质。所以,母质母岩应作为立地分类的主要因子。

(3)土层厚度:太行山区除黄土丘陵和山间盆地外,土层厚薄是造林条件好坏、林木生长快慢的关键因素之一。土层越厚,所保持的土壤水分和养分总量就越多,土体就能够为林木成活与生长提供更多的水分和养分。所以土层厚度是立地质量的主要指标。

(4)坡向:坡向对土壤温度和湿度的影响很大。由于阳坡太阳辐射较强,土体温度较高,土壤水分蒸发量较大。在其他条件相同的情况下,阴坡土壤湿度大于阳坡。土壤含水量的差异影响到林木的生长,阴坡林木生长量一般大于阳坡。所以,坡向是影响立地质量的又一重要因子。

(5)坡度:坡度对水土流失影响很大,坡度越大,径流速度越快,不仅表层土壤被侵蚀,也不利于土壤渗蓄水分,直接影响到土层厚度和土壤湿度,也是评价立地质量的重要因子。

5.2.2　立地因子的分级和级距划分

中国林业科学研究院林业研究所(1993)确定的太行山森林立地分类的主导因子及其分级标准见表5-1。

5.3　结果与分析

5.3.1　主导因子分级

鹤壁市郊区立地分类只进行到立地类型,不进行立地变型分类。按照立地因子分级标准,考虑到研究地区属于低山丘陵区,坡度不长,也不进行坡位的分级,研究地区主导立地因子实际等级见表5-2。

5.3.2　立地分类及立地类型表

根据主导立地因子和分级标准,按照主导因子分级组合确定立地单元。将表5-2中的5个主导因子的各个等级分别进行组合,则鹤壁市郊区主导因子的最大组合数为 $A_1{}^1 \times B_1{}^1 \times C_2^1 \times D_2{}^1 \times E_2{}^1 = 8$,即最多可能有8种立地单元。由于立地单元数量不多,不需要进行聚类分析做进一步的归类,而这8种立地单元在实际中都存在,所以按照立地分类的原则将每一个立地单元确定为一个立地类型,即鹤壁市郊区石质山地有8个立地类型,见表5-3。

表 5-1　立地类型划分依据和标准

立地分类单元	分类依据及标准
立地类型小区	中小地貌及岩性：土石山地、石质山片麻花岗岩类、石质山沙页岩类、石质山石灰岩类、黄土丘陵、山间盆地
	海拔：低山丘陵（<500 m）、低山（500～1 000 m）、低中山（1 000～1 500 m）、中山（1 500～2 000 m）、中亚高山（>2 000 m）
立地类型组	坡向：阴坡（西北、北、东北、东）、阳坡（东南、南、西南、西）
	坡位：坡上部、坡中下部、阶地、河谷、河滩、洪积扇
	坡度：平缓坡（≤15°）、斜陡坡（>15°）
立地类型	土层厚度：薄土（<30 cm）、中厚土（≥30 cm）
	表土层厚度：薄表土（<15 cm）、中厚表土（≥15 cm）
立地变型	土壤酸碱性：微酸性（pH<6.5）、中性（pH 6.5～7.5）、微碱性（pH>7.5）
	地下水位：高（<0.5 m）、中（0.5～1.5 m）、低（>1.5 m）

表 5-2　鹤壁郊区主导立地因子分级

主导因子	分级标准	代号
母岩	石灰岩类	A
海拔(m)	低山丘陵（<500 m）	B
坡向	阴坡（西北、北、东北、东）、阳坡（东南、南、西南、西）	C
坡度	平缓坡（≤15°）、斜陡坡（>15°）	D
土层厚度	薄土（<30 cm）、中厚土（≥30 cm）	E

表5-3　鹤壁市郊区石质山地立地类型

类型名称	编号	立地特征				
		母岩	海拔（m）	坡向	坡度（°）	土层厚度（cm）
阳坡平缓坡薄土	Ⅰ	石灰岩类	<500	东南、南、西南、西	≤15	<30
阳坡平缓坡中厚土	Ⅱ	石灰岩类	<500	东南、南、西南、西	≤15	≥30
阳坡斜陡坡薄土	Ⅲ	石灰岩类	<500	东南、南、西南、西	>15	<30
阳坡斜陡坡中厚土	Ⅳ	石灰岩类	<500	东南、南、西南、西	>15	≥30
阴坡平缓坡薄土	Ⅴ	石灰岩类	<500	西北、北、东北、东	≤15	<30
阴坡平缓坡中厚土	Ⅵ	石灰岩类	<500	西北、北、东北、东	≤15	≥30
阴坡斜陡坡薄土	Ⅶ	石灰岩类	<500	西北、北、东北、东	>15	<30
阴坡斜陡坡中厚土	Ⅷ	石灰岩类	<500	西北、北、东北、东	>15	≥30

5.4　各立地类型土壤肥力综合评价

经过取样测定，研究区域各立地类型土壤养分基本状况如表5-4所示。

表5-4　不同立地类型的土壤养分指标

立地类型名称	立地类型代码	全氮（%）	有机质（%）	速效磷（mg/kg）	速效钾（mg/kg）	pH值
阳坡平缓坡薄土	Ⅰ	0.27	4.69	4.4	265	8.3
阳坡平缓坡中厚土	Ⅱ	0.34	6.45	5.0	270	8.1
阳坡斜陡坡薄土	Ⅲ	0.24	4.11	1.9	215	8.3
阳坡斜陡坡中厚土	Ⅳ	0.42	7.38	1.7	225	8.2
阴坡平缓坡薄土	Ⅴ	0.27	5.00	3.4	275	8.4
阴坡平缓坡中厚土	Ⅵ	0.40	7.07	3.2	180	8.3
阴坡斜陡坡薄土	Ⅶ	0.20	3.81	6.3	178	8.4
阴坡斜陡坡中厚土	Ⅷ	0.32	5.43	1.4	265	8.3

根据表5-4中各种立地类型土壤养分指标的值计算其隶属度,由于土壤以pH值是7的中性为好,而研究区域每一种立地类型土壤的pH值均大于7,它们的pH值与土壤肥力水平高低呈负相关关系,用反隶属函数计算。其他指标与土壤肥力水平高低呈正相关关系,用隶属函数计算。各指标的隶属度和综合评判结果如表5-5所示。

由表5-5可以看出,8种立地类型土壤养分总体水平从高到低的排序是:阳坡平缓坡中厚土>阳坡斜陡坡中厚土>阴坡平缓坡中厚土>阳坡平缓坡薄土>阴坡斜陡坡中厚土>阴坡平缓坡薄土>阳坡斜陡坡薄土>阴坡斜陡坡薄土。阳坡平缓坡中厚土土壤养分总体水平最高,其次是阳坡斜陡坡中厚土,阴坡斜陡坡薄土最低。根据8种立地类型土壤养分指标的隶属度,采用聚类分析方法将其划分成若干类群。

表5-5 不同立地类型土壤养分指标的隶属度及综合评判结果

立地类型名称	立地类型代码	全氮	有机质	速效磷	速效钾	pH值	Δ
阳坡平缓坡薄土	Ⅰ	0.315 1	0.246 5	0.613 5	0.897 0	0.393 9	0.493 2
阳坡平缓坡中厚土	Ⅱ	0.634 7	0.739 5	0.736 2	0.948 5	1.000 0	0.811 8
阳坡斜陡坡薄土	Ⅲ	0.178 1	0.084 0	0.102 2	0.382 1	0.393 9	0.228 1
阳坡斜陡坡中厚土	Ⅳ	1.000 0	1.000 0	0.061 3	0.485 1	0.697 0	0.648 7
阴坡平缓坡薄土	Ⅴ	0.315 1	0.333 3	0.409 0	1.000 0	0.090 9	0.429 7
阴坡平缓坡中厚土	Ⅵ	0.908 7	0.913 2	0.368 1	0.021 6	0.393 9	0.521 1
阴坡斜陡坡薄土	Ⅶ	0.000 0	0.000 0	1.000 0	0.000 0	0.000 0	0.200 0
阴坡斜陡坡中厚土	Ⅷ	0.543 4	0.453 8	0.000 0	0.897 0	0.393 9	0.457 6

图5-1的聚类分析结果表明,8种立地类型土壤养分总体水平可以分成3类,阳坡平缓坡中厚土类型和阳坡斜陡坡中厚土类型属于土壤养分水平最高的一类,土壤养分水平属于中等的立地类型有阳坡平缓坡薄土、阴坡平缓坡薄土、阴坡平缓坡中厚土和阴坡斜陡坡中厚土,阳坡斜陡坡薄土和阴坡斜陡坡薄土两种立地土壤的养分水平属于最低的一类。

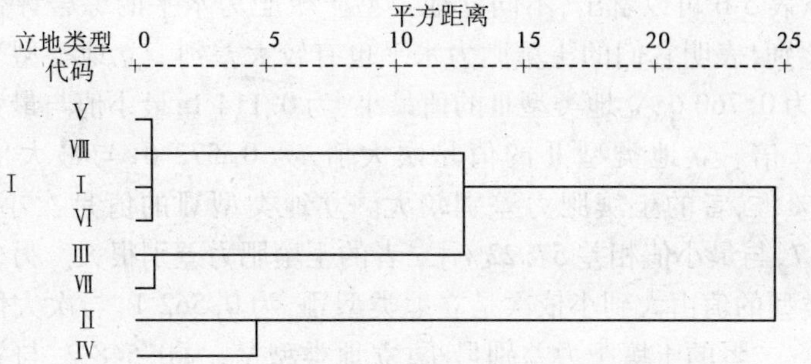

图 5-1　不同立地类型土壤养分总体水平系统聚类图

土壤肥力水平不仅由土壤养分含量决定，而且受立地因子的直接影响，这里采用土壤养分含量和立地因子综合评定各种立地类型的土壤肥力水平。根据立地因子分级和研究区域自然气候特点，对立地因子进行评分，取每一种立地类型中各立地因子分值之和作为该立地类型的总得分，用隶属函数计算其隶属度。用该隶属度与对应立地类型养分综合评判值的平均值作为同一立地类型土壤肥力水平的综合评价值，结果见表 5-6。

表 5-6　各立地类型土壤肥力水平的综合评价值

立地类型代码	坡向得分	坡度得分	土层厚度得分	立地因子总得分	立地因子隶属度	养分综合评价值	肥力水平综合评价值
Ⅰ	1	2	1	4	0.333 3	0.493 2	0.413 3
Ⅱ	1	2	2	4	0.333 3	0.811 8	0.572 6
Ⅲ	1	1	1	3	0.000 0	0.228 1	0.114 1
Ⅳ	1	1	2	4	0.333 3	0.648 7	0.491 0
Ⅴ	2	2	1	5	0.666 7	0.429 7	0.548 2
Ⅵ	2	2	2	6	1.000 0	0.521 1	0.760 6
Ⅶ	2	1	1	4	0.333 3	0.200 0	0.266 7
Ⅷ	2	1	2	5	0.666 7	0.457 6	0.562 1

从表5-6可以看出,不同立地类型土壤肥力水平的综合评价值有较大差别,表明它们的土壤肥力水平也有较大差别。立地类型Ⅵ的值最大,为0.760 6;立地类型Ⅲ的值最小,为0.114 1;最小值与最大值相差5.67倍。立地类型Ⅱ的值是次大值,为0.572 6,与最大值相差32.83%,二者的土壤肥力差别较大。立地类型Ⅶ的值是次小值,为0.266 7,与最小值相差57.22%,二者的土壤肥力差别很大。另外几种立地类型的值由大到小依次是立地类型Ⅷ,为0.562 1,与次大值相差1.87%,二者的土壤肥力差别最小;立地类型Ⅴ,为0.548 2,与立地类型Ⅷ相差2.54%,二者的土壤肥力差别较小;立地类型Ⅳ,为0.491 0,与立地类型Ⅴ相差11.65%,二者的土壤肥力差别居于中等水平;立地类型Ⅰ,为0.413 3,与立地类型Ⅳ相差18.80%,它们的土壤肥力差别也居于中等水平,与次小值立地类型Ⅶ的值相差35.47%,二者的土壤肥力差别较大。

根据8种立地类型土壤肥力水平的综合评价值,采用聚类分析方法对其进行分类,如图5-2所示。

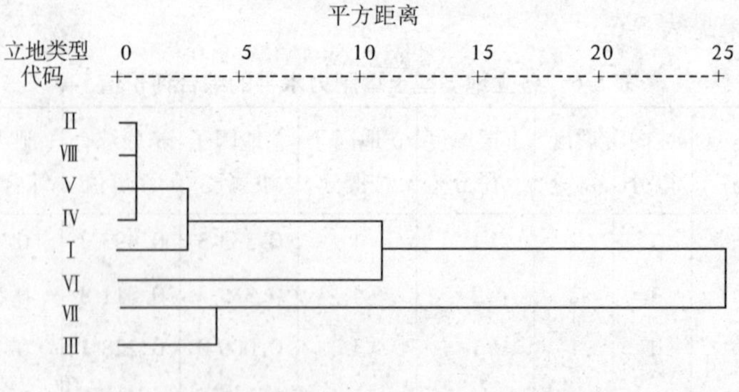

图5-2 不同立地类型土壤肥力水平系统聚类图

聚类分析结果表明,不同立地类型的土壤肥力可以分成3类,第1类的土壤肥力最高,只有立地类型Ⅵ一种立地类型;第2类的土壤肥力中等,所包括的立地类型种类最多,有Ⅱ、Ⅷ、Ⅴ、Ⅳ、Ⅰ共5种立地类型;第3类的土壤肥力最低,包括立地类型Ⅶ和Ⅲ等两种立地类型。将土壤肥力聚类分析结果与土壤养分聚类分析结果进行比较,可以看出,二者有相同之处，即立地类型Ⅶ和Ⅲ的土壤肥力是最低的一类，土壤养分也是最低的一类。但是，二者也有不同之处，土壤肥力最高一类的立地类型只有立地类型Ⅵ一种，而土壤养分最高一类的立地类型包括立地类型Ⅱ和Ⅳ两种，不仅所包括的立地类型种类不同，而且所包括的立地类型种类数也不同。所以，同一立地类型的土壤肥力水平和土壤养分水平之间有区别，二者不能互相替代。

5.5　鹤壁市郊区各立地类型的特点及利用现状

经小班立地类型的全面调查，鹤壁市郊区山地小班总数 758 个，总面积 13 854.13 hm^2，各立地类型特点及利用现状分述如下。

Ⅰ. 阳坡平缓坡薄土类型：该立地类型在全区内的分布范围中等，小班数共 63 个，占小班总数的 8.3%；类型面积 794.13 hm^2，占山地总面积的 5.7%。坡度一般在 10°~15°，土层厚度 20~25 cm，岩石裸露地所占比例一般为 10%~30%，土壤石砾含量多数在 2%~5%。现有的利用方式多样，有牧坡，农地，封山育林地，天然灌木林地，人工营造的用材林、防护林地和经济林地。

Ⅱ. 阳坡平缓坡中厚土类型：该立地类型在全区的分布范围较小，共有 28 个小班，占小班总数的 3.7%；类型面积 432 hm^2，占山地总面积的 3.1%。坡度一般为 5°~15°，土层厚度 30~35 cm，裸岩所占比例一般为 10%~40%，土壤石砾含量 5%~25%。现有利用方式多样，有农地，牧坡，封山育林地，野皂角和荆条灌丛，泡桐人工用材林，侧柏、五角枫和刺槐人工防护林，花椒油料经济林，核桃干果经济林，苹果、山楂、刺梨、杏等鲜果经济林。

Ⅲ. 阳坡斜陡坡薄土类型：该类型在全区的分布最多，共有 284 个小班，占小班总数的 37.5%；类型面积 5 412 hm^2，占山地总面积的 39.1%。坡度一般为 25°~35°，土层厚度 10~25 cm，裸岩面积比例多为 20%~45%，土壤石砾含量 10%~35%。现有的利用方式多样，有农地，牧坡，封山育林地，泡桐人工用材林，侧柏、五角枫等人工防护林，天然野皂角灌丛，次生黄连木和人工花椒油料经济林，核桃人工干果经济林，梨树人工水果经济林。

Ⅳ. 阳坡斜陡坡中厚土类型：该立地类型在全区的分布面积较小，小班数 30 个，占小班总数的 4.0%；类型面积 545 hm^2，占山地总面积的 3.9%。坡度一般为 20°~25°，土层厚度 30~35 cm，裸岩面积比例 15%~55%，土壤石砾含量 5%~15%。现有的利用方式有农地，牧坡，天然荆条、野皂角灌丛，以及人工侧柏防护林和花椒、苹果经济林。

Ⅴ. 阴坡平缓坡薄土类型：该类型在全区分布面积中等，小班数 51 个，占小班总数的 6.7%；类型面积 791 hm^2，占山地总面积的 5.7%。坡度一般在 10°~15°，土层厚度多为 25~30 cm，裸岩面积比例 15%~40%，土壤石砾含量变化较大，由 3% 至 40% 不等。现有利用方式有农地，牧坡，杂灌丛，泡桐人工用材林，侧柏、刺槐人工防护林，花椒、杏、山楂等经济林。

Ⅵ. 阴坡平缓坡厚土类型：该类型在全区的分布最少，小班数 14 个，占小班总数的 1.8%；类型面积 235 hm^2，占山地总面积的 1.7%。坡度一般在 10°~12°，土层厚度 30~40 cm，裸岩面积比例 5%~8%，土壤石砾含量 5%~25%。现有利用方式有牧坡，杂灌丛，侧柏、刺槐人工防护林，花椒、梨人工经济林。

Ⅶ. 阴坡斜陡坡薄土类型：该类型在全区的分布较多，小班数和面积仅次于阳坡斜陡坡薄土类型。小班数 252 个，占小班总数的33.2%；类型面积 5 034 hm^2，占山地总面积的 36.3%。坡度 20°~40°，土层厚度 15~25 cm，裸岩面积比例 15%~45%，土壤石砾含量 5%~45%。现有利用方式多样，有农地，牧坡，天然野皂角灌丛，侧柏、五角枫人工防护林，次生黄连木、人工花椒油料经济林，核桃人工干果经济林，苹果、梨人工水果经济林。

Ⅷ. 阴坡斜陡坡中厚土类型：该类型在全区的分布较少，小班数 36 个，占小班总数的 4.7%；类型面积 611 hm^2，占山地总面积的4.4%。坡度 20°~30°，土层厚度 30~35 cm，岩石裸露地面积比例 5%~30%，土壤石砾含量 5%~35%。现有利用方式有牧坡，野皂角天然灌丛，侧柏、五角枫人工防护林，花椒、核桃人工经济林。

从以上各种立地类型的具体立地条件看，鹤壁市郊区山地岩石裸露情况普遍，并且裸岩面积比例斜陡坡一般大于平缓坡，薄土类型一般大于中厚土类型。土壤普遍含有石砾,并且含量较高。土层厚度不大,即使是中厚土类型也都不超过 40 cm。立地质量总体较低。每一种立地类型的土地现有利用方式都有多种,明显存在着不合理利用问题。根据鹤壁市郊区山地立地质量总体较低的特点,对土地现有利用方式进行优化调整,使其实现合理利用是很有必要的。

第6章 土地利用结构优化

优化土地利用结构,综合协调各业用地之间的矛盾,是土地利用规划的核心工作。土地是构建植被的基础条件,植被构建是土地的利用方式之一,作为土地利用的组成部分,一定区域内用于构建植被的土地面积存在着优化的问题。寻求最佳的土地利用结构是土地利用规划的最终目的,由于土地利用规划涉及的因素复杂,难以进行定量分析,随着相关学科的发展,人们开始借助各种数学规划的方法来优化土地利用结构。数学规划方法很多,其中线性规划是一种重要的方法(张豪等,2000)。

6.1 土地利用现状

根据鹤壁市郊区土地资源调查结果,其土地资源利用现状如表6-1所示。

表6-1 鹤壁市郊区土地资源现状

土地类型	土地类型编号	面积(hm^2)
水浇地	①	4 527.57
旱地	②	9 754.65
山地	③	13 854.00
其他	④	18 338.11
合计		46 474.33

其中,山地不同立地类型的利用现状如表6-2所示,立地类型用代码表示。

表6-2　不同立地类型山地的利用现状　（单位：hm^2）

土地利用方式	Ⅰ	Ⅱ	Ⅲ	Ⅳ	Ⅴ	Ⅵ	Ⅶ	Ⅷ	合计
乔木用材林			24.07		7.40	23.52		5.27	60.26
乔木防护林	15.93	12.93		11.00			14.73	37.07	91.66
灌木防护林	19.33	32.57	260.93	9.93	69.32	31.26	525.00	97.36	1 045.7
经济林	26.40	21.53	41.93	121.35	26.37	29.20	45.80	17.00	329.58
牧坡	298.87	52.43	967.35	98.20	180.18	28.21	840.01	29.67	2 494.92
荒山荒地	433.47	312.54	4 117.72	304.52	507.73	122.81	3 608.46	424.63	9 831.88
合计	794.00	432.00	5 412.00	545.00	791.00	235.00	5 034.00	611.00	13 854.00

按照土地利用方式，将农林牧各业的土地利用现状列于表6-3。

由表6-3可以看出，鹤壁市郊区总体土地利用结构中，农林牧比例配置不合理，特别是林地所占比例过小，造成区域水土流失严重，生态环境脆弱，农业生产抵御自然灾害的能力很弱。

表6-3　农林牧各业土地利用现状

项目	面积（hm^2）	比例（%）	子项目	面积（hm^2）	比例（%）
耕地	13 792.02	49.02			49.02
林地	2 017.40	7.17	用材林	60.26	0.22
			防护林	1 137.36	4.04
			经济林	819.78	2.91
牧坡	2 494.92	8.87			8.87
荒山荒地	9 831.88	34.94			34.94
合计	28 136.22	100			100

6.2 优化结果与分析

6.2.1 优化方案中决策变量的选择

组成生态经济系统的结构单位是优化过程中的变量，根据鹤壁市郊区农林牧系统的现状，在充分考虑各变量的重要性及在系统中的作用的条件下，根据植被类型优化布局的研究结果，从众多结构单位中选取16个活动变量作为决策变量（见表6-4）。

表6-4 决策变量及其物理意义

决策变量	物理意义	决策变量	物理意义
X_1	水浇地小麦（玉米）面积	X_{15}	Ⅴ发展水源涵养林面积
X_2	水浇地果园面积	X_{16}	Ⅴ发展薪炭林面积
X_3	旱地小麦（玉米）面积	X_{17}	Ⅶ发展用材林面积
X_4	旱地花生面积	X_{18}	Ⅶ发展水土保持林面积
X_5	旱地谷子面积	X_{19}	Ⅶ发展水源涵养林面积
X_6	旱地红薯面积	X_{20}	Ⅶ发展薪炭林面积
X_7	旱地豆类面积	X_{21}	Ⅷ发展用材林面积
X_8	水浇地农田防护林面积	X_{22}	Ⅷ发展水土保持林面积
X_9	旱地农田防护林面积	X_{23}	Ⅷ发展水源涵养林面积
X_{10}	Ⅲ发展水土保持林面积	X_{24}	Ⅷ发展薪炭林面积
X_{11}	Ⅲ发展水源涵养林面积	X_{25}	Ⅱ发展经济林面积
X_{12}	Ⅲ发展薪炭林面积	X_{26}	Ⅳ发展经济林面积
X_{13}	Ⅴ发展用材林面积	X_{27}	Ⅵ发展经济林面积
X_{14}	Ⅴ发展水土保持林面积	X_{28}	Ⅰ发展牧草面积

6.2.2 农林牧土地利用优化模型建立

6.2.2.1 约束条件建立及参数确定

约束条件及相关参数是通过对全区的自然资源系统和社会资源系统的实地调查与分析的基础上，同时参照相关方面的研究成果（刘启慎，1991，1995；中国林业科学研究院林业研究所，1993；李怀甫，1989）来确定的。规划模型参数列于表6-5。

表 6-5　规划模型参数

土地利用方式	产量 (kg/(hm² · a))	纯收入 (元/(hm² · a))	用工量 (工日/(hm² · a))	侵蚀模数 (t/(km² · a))
①小麦(玉米)	10 500	3 150	480	1 840
②果园	45 000	45 000	325	1 840
③小麦(玉米)	9 000	2 700	375	7 370
③花生(芝麻)	900	900	150	7 980
③谷子	3 750	1 500	150	7 370
③薯类	4 500	1 350	225	7 370
③豆类	1 350	1 350	75	8 600
①农田防护林		600	3	1 840
③农田防护林		450	3	1 840
Ⅲ水土保持林		0	21	5 420
Ⅲ水源涵养林		0	21	5 420
Ⅲ薪炭林	2 600	2 420	57	7 590
Ⅴ用材林		3 710	26	5 490
Ⅴ水土保持林		0	26	3 430
Ⅴ水源涵养林		0	26	3 430
Ⅴ薪炭林	2 400	3 710	73	4 800
Ⅶ用材林		3 070	21	6 620
Ⅶ水土保持林		0	21	4 140
Ⅶ水源涵养林		0	21	4 140
Ⅶ薪炭林	2 000	3 070	64	5 800
Ⅷ用材林		3 610	26	5 800
Ⅷ水土保持林		0	26	3 630
Ⅷ水源涵养林		0	26	3 630
Ⅷ薪炭林	2 300	3 610	92	5 080
Ⅱ经济林	35 390	35 390	168	10 450
Ⅳ经济林	31 930	31 930	183	11 300
Ⅵ经济林	30 790	30 790	169	10 740
Ⅰ牧草	20 000	1 070	26	6 250

(1)土地约束。

R_1:水浇地种植小麦(玉米)和营造农田防护林约束。

$X_1 + X_8 \leqslant 4\,037.37$

R_2:水浇地农田防护林面积约束。

$X_8 \geqslant 44.01$

R_3:果园面积约束。

$X_2 \leqslant 490.20$

R_4:旱地种小麦(玉米)、花生、谷子、豆类和营造农田防护林,其面积不超过旱地总面积9 754.65 hm^2。

$X_3 + X_4 + X_5 + X_6 + X_7 + X_9 \leqslant 9\,754.65$

R_5:旱地农田防护林面积约束。

$X_9 \geqslant 106.33$

R_6:立地类型Ⅲ营造水土保持林、水源涵养林和薪炭林,其面积不超过该立地类型的总面积。

$X_{10} + X_{11} + X_{12} \leqslant 5\,412$

R_7:立地类型Ⅴ营造用材林、水土保持林、水源涵养林和薪炭林,其面积不超过该立地类型的总面积。

$X_{13} + X_{14} + X_{15} + X_{16} \leqslant 791$

R_8:立地类型Ⅶ营造用材林、水土保持林、水源涵养林和薪炭林,其面积不超过该立地类型的总面积。

$X_{17} + X_{18} + X_{19} + X_{20} \leqslant 5\,034$

R_9:立地类型Ⅷ营造用材林、水土保持林、水源涵养林和薪炭林,其面积不超过该立地类型的总面积。

$X_{21} + X_{22} + X_{23} + X_{24} \leqslant 611$

R_{10}:立地类型Ⅱ、Ⅳ、Ⅵ营造经济林,面积不超过各自立地类型的面积。

$X_{25} \leqslant 432 \quad X_{26} \leqslant 545 \quad X_{27} \leqslant 235$

R_{11}:立地类型Ⅰ培育牧草,面积不超过该立地类型的面积。

$X_{28} \leqslant 794$

R_{12}:各项措施的用地面积不能超过全郊区可利用土地面积。

$X_1+X_2+X_3+X_4+X_5+X_6+X_7+X_8+X_9+X_{10}+X_{11}+X_{12}+X_{13}+X_{14}+X_{15}+X_{16}+X_{17}+X_{18}+X_{19}+X_{20}+X_{21}+X_{22}+X_{23}+X_{24}+X_{25}+X_{26}+X_{27}+X_{28}\leqslant 28\ 136.22$

(2)粮食约束。

R_{13}:为保证国家征购、留足口粮和提供一定量的饲料,按人均每年 500 kg 计算,到 2010 年共需产粮 10 250 万 kg(人口按 12‰增长,到 2010 年为 20.5 万人)。

$10\ 500X_1+9\ 000X_3+3\ 750X_5+4\ 500X_6+1\ 350X_7\geqslant 102\ 500\ 000$

(3)油料约束。

R_{14}:为保证人口需油、国家征购,按人均每年需要油料 10 kg 计算,到 2010 年需油料 205 万 kg。

$900X_4\geqslant 2\ 050\ 000$

(4)薪材约束。

R_{15}:该地区为煤炭基地,交通便利,群众主要以煤为燃料,对薪材需求不大,按人均每年需要薪材 50 kg 计算,到 2010 年共需薪材 1 025 万 kg。

$2\ 600X_{12}+2\ 400X_{16}+2\ 000X_{20}+2\ 300X_{24}\geqslant 10\ 250\ 000$

(5)劳力约束。

R_{16}:按每个劳力年出工 270 d 计算,全区劳动力 7.91 万人一年能投工总数为 2 136 万个工日。

$480X_1+325X_2+375X_3+150X_4+150X_5+225X_6+75X_7+3X_8+3X_9+21X_{10}+21X_{11}+57X_{12}+26X_{13}+26X_{14}+26X_{15}+73X_{16}+21X_{17}+21X_{18}+21X_{19}+64X_{20}+26X_{21}+26X_{22}+26X_{23}+92X_{24}+168X_{25}+183X_{26}+169X_{27}+26X_{28}\leqslant 21\ 360\ 000$。

R_{17}:林业用劳力不超过农村总劳力的 30%。

$3X_8+3X_9+21X_{10}+21X_{11}+57X_{12}+26X_{13}+26X_{14}+26X_{15}+73X_{16}+21X_{17}+21X_{18}+21X_{19}+64X_{20}+26X_{21}+26X_{22}+26X_{23}+92X_{24}+168X_{25}+183X_{26}+169X_{27}\leqslant 6\ 408\ 000$

(6)山地造林面积最大约束。

R_{18}:$X_{10}+X_{11}+X_{12}+X_{13}+X_{14}+X_{15}+X_{16}+X_{17}+X_{18}+X_{19}+X_{20}+$

$X_{21}+X_{22}+X_{23}+X_{24}+X_{25}+X_{26}+X_{27}\leqslant 13\ 060$。

(7)农田防护林面积约束。

R_{19}:农田防护林面积不超过农田面积10%。

$X_8+X_9\leqslant 1\ 379.2$

(8)山地森林覆盖率约束。

R_{20}:按照本区森林发展总体目标,从生态环境建设要求,山地森林覆盖率到2010年要超过30%。

$X_{10}+X_{11}+X_{12}+X_{13}+X_{14}+X_{15}+X_{16}+X_{17}+X_{18}+X_{19}+X_{20}+X_{21}+X_{22}+X_{23}+X_{24}+X_{25}+X_{26}+X_{27}\geqslant 4\ 156.2$

(9)果品需求约束。

R_{21}:为满足居民生活水平提高对果品的社会需求,到2010年人均年果品用量为10 kg,总需求量205万kg以上。

$45\ 000X_2+35\ 390X_{25}+31\ 930X_{26}+30\ 790X_{27}\geqslant 2\ 050\ 000$

(10)水源涵养林约束。

R_{22}:依河流和水库涵养水源的需要,水源涵养林面积不低于636 hm^2。

$X_{11}+X_{15}+X_{19}+X_{23}\geqslant 636$

6.2.2.2 目标函数的建立

区域生态经济建设既要使经济增长,又要使环境得到改善。根据经济建设要取得最高收益的要求,选取了纯收入最大作为目标函数处理。生态指标与经济指标的作用是等同的,按照生态建设要促进环境改善的要求,根据当地环境问题中最突出的是水土流失问题的实际,选取了土壤侵蚀量最小作为目标函数处理。

经济指标目标函数:$f_1(x)=\sum c_i x_i=\max[i=1,2,3,\cdots,28]$

其中:c_i 为各结构单元的单位收益系数;x_i 为各结构单元的面积。将参数代入得到:

$$\begin{aligned}\mathrm{Max}f_1(x) = {} & 3\ 150X_1+45\ 000X_2+2\ 700X_3+900X_4+1\ 500X_5+\\ & 1\ 350X_6+1\ 350X_7+600X_8+450X_9+0X_{10}+0X_{11}+\\ & 2\ 420X_{12}+3\ 710X_{13}+0X_{14}+0X_{15}+3\ 710X_{16}+3\ 070X_{17}+\\ & 0X_{18}+0X_{19}+3\ 070X_{20}+3\ 610X_{21}+0X_{22}+0X_{23}+\end{aligned}$$

$$3\,610X_{24}+35\,390X_{25}+31\,930X_{26}+30\,790X_{27}+1\,070X_{28}$$

生态指标目标函数：$f_2(x)=\sum c_j x_j=\min[j=1,2,3,\cdots,28]$

其中：c_j 为各结构单元的单位侵蚀模数；x_j 为各结构单元的面积。将参数代入得到：

$$\begin{aligned}\mathrm{Min}f_2(x)=&1\,840X_1+1\,840X_2+7\,370X_3+7\,980X_4+7\,370X_5+\\&7\,370X_6+8\,600X_7+1\,840X_8+1\,840X_9+5\,420X_{10}+\\&5\,420X_{11}+7\,590X_{12}+5\,490X_{13}+3\,430X_{14}+3\,430X_{15}+\\&4\,800X_{16}+6\,620X_{17}+4\,140X_{18}+4\,140X_{19}+5\,800X_{20}+\\&5\,800X_{21}+3\,630X_{22}+3\,630X_{23}+5\,080X_{24}+10\,450X_{25}+\\&11\,300X_{26}+10\,740X_{27}+6\,250X_{28}\end{aligned}$$

取各目标函数的权重相同，根据上述目标函数和约束条件，利用DPS软件求解得到2010年的最优解为

$X_1=3\,993.36$；$X_2=490.2$；$X_3=6\,729.97$；$X_4=0$；$X_5=0$；$X_6=0$；$X_7=0$；$X_8=44.01$；$X_9=106.33$；$X_{10}=0$；$X_{11}=281.82$；$X_{12}=0$；$X_{13}=0$；$X_{14}=0$；$X_{15}=0$；$X_{16}=791$；$X_{17}=0$；$X_{18}=0$；$X_{19}=354.18$；$X_{20}=4\,679.82$；$X_{21}=0$；$X_{22}=0$；$X_{23}=0$；$X_{24}=611$；$X_{25}=432$；$X_{26}=545$；$X_{27}=235$；$X_{28}=0$。$f_1=112\,316\,607.28$；$f_2=108\,360\,464.72$。

根据最优解整理得到表6-6中的结果。

表6-6　鹤壁郊区土地利用优化结构

土地类型	合计	农业		林业		牧业	
		面积(hm^2)	比例(%)	面积(hm^2)	比例(%)	面积(hm^2)	比例(%)
水浇地	4 527.57	3 993.36	14.19	534.21	1.90	0	0
旱地	9 754.65	6 729.97	23.92	3 024.68	10.75	0	0
山地	13 854.00	0	0	13 854.00	49.24	0	0

比较表6-3和表6-6可以看出，农、林、牧三业用地比例由7.54:

1.10∶1.36 调整到 3.81∶6.19∶0,林业用地比例增加了 4.63 倍,农业用地比例下降了 49.47%,牧坡调整为 0。整个区域由以农业用地为主调整到以林业用地为主,这符合本区域生态环境脆弱、需要增加林地改善环境的要求。牧坡调整为 0 说明了生态环境脆弱的区域不适宜在山地发展畜牧业。林业用地结构中各林种用地比例,用材林由 3% 调整为 0,防护林由 56.45% 调整为 9.18%,经济林由 40.55% 调整为 19.86%,薪炭林由 0 调整为 70.96%,表明该区域不适宜发展用材林,而适合发展一定比例的经济林,兼顾经济效益。薪炭林在具有较高收益的同时还具有较好的水土保持效果,又为群众生活所需要,因而占有最大的比例。

6.3 现有土地利用结构调整方案

根据土地利用现状和优化结果,应在水浇地、旱地分别营造农田防护林 44.01 hm^2 和 106.33 hm^2,保留水浇地现有果园。立地类型Ⅱ、Ⅳ、Ⅵ全部发展为经济林,立地类型Ⅴ、Ⅷ的全部和立地类型Ⅶ92.96% 的面积发展薪炭林,立地类型Ⅲ的 5.21% 和立地类型Ⅶ的 7.04% 发展水源涵养林,立地类型Ⅰ的全部和立地类型Ⅲ的 94.79% 维持现状,以后根据新的需要再进行利用。

第7章　植被类型优化布局

7.1　研究方法

研究区域鹤壁市郊区每一种立地类型的土地利用现状多样，都分布有天然荒草坡、灌木林，以及人工营造的用材林、防护林和经济林。对各种立地类型上现有的乔木林、灌木林、草本和经济林等不同植被类型，分别在典型的地块内设立标准地进行详细调查。

7.1.1　生物量水平的确定

采用标准地调查法，对每一种植被类型设立标准地，林地调查林木生长量和地上部分生物量，乔木地上部分生物量以平均木的树干、侧枝和叶量三部分推算单位面积的生物量。灌木生物量采用样方调查法，在标准地内沿对角线均匀布设三个样方，样方规格2 m×2 m，取每个样方灌木生物量的平均数推算单位面积灌木生物量。在布设的灌木样方内沿对角线均匀布设三个1 m×1 m的草本样方，调查草本样方的生物量，推算单位面积草本生物量。乔木、灌木年生物产量是总生物量的年平均值，草本生物量是当年的产草量。

7.1.2　收入水平的确定

乔木林收入指单位面积乔木林内草本、灌木和立木年产值之和；灌木林收入是单位面积灌木林内灌木和草本的年产值之和；草坡收入指单位面积草的年产值；经济林收入水平指单位面积经济林果实年产出收入。

7.1.3　投入水平的确定

草坡投入包括管护费和割草用工费；灌木林投入包括管护费、割草用工费和割灌用工费；乔木林投入包括造林苗木费和用工费、管护费、割草用工费、割灌用工费等；经济林投入包括造林苗木费和用工费、肥料、管理用工等费用。

7.1.4 侵蚀模数的确定

根据试验观测结果,太行山适地适树与评价研究确定的侵蚀系数(中国林业科学研究院林业研究所,1993),以及草地与林地间的水土流失差异(李怀甫,1989)推算出各种立地类型上的乔木林、灌木林、草本和经济林的侵蚀模数。

7.2 结果与分析

通过对各种立地类型上的乔木林、灌木林、草本和经济林的生物量水平、收入水平、投入水平和侵蚀模数的调查和测算,得到的结果如表 7-1 ~ 表 7-4 所示。

7.2.1 决策目标的选择

立地类型种类数是决策的事件个数,共 8 个;植被类型种类数是决策的对策个数,包括乔木林、灌木林、草本植被和经济林共 4 个;不同立地类型的生物、经济和生态指标是决策的目标个数,包括各植被类型单位面积年植被生物产量、产值、投资水平和侵蚀模数等 4 个方面,共 4 个。见表 7-1 ~ 表 7-4。

表 7-1 不同立地类型各植被类型年植物生物产量

立地类型名称	立地类型代码	年植被生物产量(kg/(hm^2 · a))			
		草本植被	灌木林	乔木林	经济林
阳坡平缓坡薄土	Ⅰ	3 590	2 460	1 700	600
阳坡平缓坡中厚土	Ⅱ	3 810	2 980	2 060	730
阳坡斜陡坡薄土	Ⅲ	2 370	2 010	1 390	490
阳坡斜陡坡中厚土	Ⅳ	3 780	2 530	1 750	620
阴坡平缓坡薄土	Ⅴ	3 070	2 610	1 800	640
阴坡平缓坡中厚土	Ⅵ	3 420	2 910	2 010	710
阴坡斜陡坡薄土	Ⅶ	2 540	2 160	1 490	530
阴坡斜陡坡中厚土	Ⅷ	2 900	2 470	1 710	610

表 7-2　不同立地类型各植被类型年产值

立地类型名称	立地类型代码	年产值(元/(hm^2·a))			
		草本植被	灌木林	乔木林	经济林
阳坡平缓坡薄土	Ⅰ	2 420	3 730	3 800	35 830
阳坡平缓坡中厚土	Ⅱ	2 760	4 290	4 490	42 120
阳坡斜陡坡薄土	Ⅲ	1 660	3 560	3 390	35 880
阳坡斜陡坡中厚土	Ⅳ	2 090	3 800	4 240	39 230
阴坡平缓坡薄土	Ⅴ	2 050	3 330	4 230	35 120
阴坡平缓坡中厚土	Ⅵ	2 390	3 730	4 440	37 540
阴坡斜陡坡薄土	Ⅶ	1 780	2 770	3 490	34 960
阴坡斜陡坡中厚土	Ⅷ	2 130	3 110	4 130	36 260

表 7-3　不同立地类型各植被类型投资水平

立地类型名称	立地类型代码	年投入费用(元/(hm^2·a))			
		草本植被	灌木林	乔木林	经济林
阳坡平缓坡薄土	Ⅰ	1 350	1 630	630	9 000
阳坡平缓坡中厚土	Ⅱ	1 570	1 890	700	6 730
阳坡斜陡坡薄土	Ⅲ	830	1 140	420	9 180
阳坡斜陡坡中厚土	Ⅳ	1 150	1 460	520	7 300
阴坡平缓坡薄土	Ⅴ	1 140	1 460	520	8 880
阴坡平缓坡中厚土	Ⅵ	1 370	1 690	630	6 750
阴坡斜陡坡薄土	Ⅶ	1 270	1 270	420	8 740
阴坡斜陡坡中厚土	Ⅷ	1 550	1 830	520	8 080

表 7-4 不同立地类型各植被类型侵蚀模数

立地类型名称	立地类型代码	侵蚀模数（$t/(km^2 \cdot a)$）			
		草本植被	灌木林	乔木林	经济林
阳坡平缓坡薄土	Ⅰ	6 250	4 430	3 630	11 710
阳坡平缓坡中厚土	Ⅱ	5 150	3 650	2 990	10 450
阳坡斜陡坡薄土	Ⅲ	7 620	5 420	4 440	12 570
阳坡斜陡坡中厚土	Ⅳ	6 060	4 300	3 520	11 300
阴坡平缓坡薄土	Ⅴ	5 880	4 170	3 430	11 920
阴坡平缓坡中厚土	Ⅵ	5 280	3 740	3 070	10 740
阴坡斜陡坡薄土	Ⅶ	7 110	5 040	4 140	14 390
阴坡斜陡坡中厚土	Ⅷ	6 250	4 430	3 630	12 710

7.2.2 各种立地类型上每一种植被类型效果值

由于各项指标具体值的量纲不同，需要使其无量纲化，这里采用隶属函数数值化的方法进行无量纲化。

生物产量和年产值指标的值是越大越好，用隶属函数计算出隶属度作为效果值，具体计算公式为

$$\mu(x_i)=\frac{x_i-x_{\min}}{x_{\max}-x_{\min}} \qquad \mu(x_i)\in[0,1]$$

投资和侵蚀模数指标的值越小越好，用反隶属函数计算出隶属度作为效果值，具体计算公式为

$$\mu(x_i)=1-\frac{x_i-x_{\min}}{x_{\max}-x_{\min}} \qquad \mu(x_i)\in[0,1]$$

式中：x_i 表示各个指标的具体值；$x_{\max}$ 表示各种立地类型上某一类指标的最大值；$x_{\min}$ 表示各种立地类型上某一类指标的最小值。各项效果值如表 7-5 ~ 表 7-8 所示。

表 7-5　每一种立地类型上各种植被类型年植物生物产量效果值

立地类型	草本植被	灌木林	乔木林	经济林
Ⅰ	0.847 2	0.463 9	0.462 7	0.458 3
Ⅱ	1.000 0	1.000 0	1.000 0	1.000 0
Ⅲ	0.000 0	0.000 0	0.000 0	0.000 0
Ⅳ	0.979 2	0.536 1	0.537 3	0.541 7
Ⅴ	0.486 1	0.618 6	0.611 9	0.625 0
Ⅵ	0.729 2	0.927 8	0.925 4	0.916 7
Ⅶ	0.118 1	0.154 6	0.149 3	0.166 7
Ⅷ	0.368 1	0.474 2	0.477 6	0.500 0

表 7-6　每一种立地类型上各种植被类型年产值效果值

立地类型	草本植被	灌木林	乔木林	经济林
Ⅰ	0.690 9	0.631 6	0.372 7	0.121 5
Ⅱ	1.000 0	1.000 0	1.000 0	1.000 0
Ⅲ	0.000 0	0.519 7	0.000 0	0.128 5
Ⅳ	0.390 9	0.677 6	0.772 7	0.596 4
Ⅴ	0.354 5	0.368 4	0.763 6	0.022 3
Ⅵ	0.663 6	0.631 6	0.954 5	0.360 3
Ⅶ	0.109 1	0.000 0	0.090 9	0.000 0
Ⅷ	0.427 3	0.223 7	0.672 7	0.181 6

表 7-7　每一种立地类型上各种植被类型年投入效果值

立地类型	草本植被	灌木林	乔木林	经济林
Ⅰ	0.511 6	0.346 7	0.250 0	0.073 5
Ⅱ	0.000 0	0.000 0	0.000 0	1.000 0
Ⅲ	1.720 9	1.000 0	1.000 0	0.000 0
Ⅳ	0.976 7	0.573 3	0.642 9	0.767 3
Ⅴ	1.000 0	0.573 3	0.642 9	0.122 4
Ⅵ	0.465 1	0.266 7	0.250 0	0.991 8
Ⅶ	0.697 7	0.826 7	1.000 0	0.179 6
Ⅷ	0.046 5	0.080 0	0.642 9	0.449 0

表 7-8　每一种立地类型上各种植被类型侵蚀模数效果值

立地类型	草本植被	灌木林	乔木林	经济林
Ⅰ	0.554 7	0.559 3	0.558 6	0.680 2
Ⅱ	1.000 0	1.000 0	1.000 0	1.000 0
Ⅲ	0.000 0	0.000 0	0.000 0	0.461 9
Ⅳ	0.631 6	0.632 8	0.634 5	0.784 3
Ⅴ	0.704 5	0.706 2	0.696 6	0.626 9
Ⅵ	0.947 4	0.949 2	0.944 8	0.926 4
Ⅶ	0.206 5	0.214 7	0.206 9	0.000 0
Ⅷ	0.554 7	0.559 3	0.558 6	0.426 4

7.2.3　多目标综合效果测度

取每一个目标的权重都是 0.25，每一种立地类型上各种植被类型的效果值是各植被类型生物、经济和生态指标的隶属度。根据以上效果值，利用 DPS 数据处理系统（唐启义 等，2007）进行多目标局势决策分析计算，得到综合效果测度矩阵 $M^{(\Sigma)}$。

$$M^{(\Sigma)}=\begin{bmatrix}0.0470 & 0.0374 & 0.0225 & 0.0207\\0.0265 & 0.0273 & 0.0266 & 0.0495\\0.0436 & 0.0538 & 0.0144 & 0.0207\\0.0354 & 0.0254 & 0.0277 & 0.0387\\0.0347 & 0.0311 & 0.0434 & 0.0172\\0.0263 & 0.0295 & 0.0331 & 0.0378\\0.0366 & 0.0388 & 0.0556 & 0.0051\\0.0221 & 0.0220 & 0.0560 & 0.0302\end{bmatrix}$$

7.2.4　最优局势的选择

据综合效果测度矩阵按行决策

最大值 = 0.047 0(1,1)

最大值 = 0.049 5(2,4)

最大值 = 0.053 8(3,2)

最大值 = 0.038 7(4,4)

最大值 = 0.043 4(5,3)

最大值 = 0.037 8(6,4)

最大值 = 0.055 6(7,3)

最大值 = 0.056 0(8,3)

即阳坡平缓坡薄土适宜的植被类型是草本植被,阳坡平缓坡中厚土、阴坡斜陡坡中厚土和阴坡平缓坡中厚土都适宜经济林,阴坡平缓坡薄土、阴坡斜陡坡薄土和阴坡斜陡坡中厚土等 3 种立地类型都适宜乔木林,阳坡斜陡坡薄土适宜灌木林。

根据综合效果测度矩阵按列决策,

最大值 = 0.047 0(1,1)

最大值 = 0.053 8(3,2)

最大值 = 0.056 0(8,3)

最大值 = 0.049 5(2,4)

即阳坡平缓坡薄土适宜的植被类型是草本植被,阳坡斜陡坡薄土适宜灌木林,阴坡斜陡坡中厚土适宜乔木林,阳坡平缓坡中厚土适宜经济林。

综合按行和按列的决策结果,研究区域植被类型布局的优化方案是:阳坡平缓坡薄土立地类型发展草本植被,阳坡平缓坡中厚土、阳坡斜陡坡中厚土和阴坡平缓坡中厚土类型发展经济林,阴坡平缓坡薄土、阴坡斜陡坡薄土和阴坡斜陡坡中厚土等 3 种立地类型发展乔木林,阳坡斜陡坡薄土类型发展灌木林。

根据这一决策结果,研究区域的植被类型布局经济林和乔木林的比重过大,草本植被和灌木林的比重过小,这不完全符合该区域生态环境比较脆弱,应当大力改善环境的要求,因此需要对综合矩阵做归一化处理后,再进行灰靶决策。

7.2.5　归一化决策

对综合效果测度矩阵进行行归一化,得到行归一化矩阵 $M_1^{(\Sigma)}$。

$$M_1^{(\Sigma)}=\begin{bmatrix}0.3684 & 0.2930 & 0.1762 & 0.1623\\ 0.2040 & 0.2103 & 0.2049 & 0.3808\\ 0.3291 & 0.4059 & 0.1089 & 0.1561\\ 0.2784 & 0.1998 & 0.2177 & 0.3042\\ 0.2747 & 0.2457 & 0.3432 & 0.1364\\ 0.2076 & 0.2331 & 0.2610 & 0.2983\\ 0.2691 & 0.2850 & 0.4086 & 0.0373\\ 0.1697 & 0.1685 & 0.4300 & 0.2319\end{bmatrix}$$

对行归一化矩阵 $M_1^{(\Sigma)}$ 按列决策

最大值 =0.386 4(1,1)

最大值 =0.405 9(3,2)

最大值 =0.430 0(8,3)

最大值 =0.479 6(2,4)

对综合效果测度矩阵进行列归一化,得到列归一化矩阵 $M_2^{(\Sigma)}$。

$$M_2^{(\Sigma)}=\begin{bmatrix}0.1727 & 0.1410 & 0.0805 & 0.0942\\ 0.0974 & 0.1031 & 0.0953 & 0.2251\\ 0.1602 & 0.2027 & 0.0517 & 0.0941\\ 0.1300 & 0.0957 & 0.0990 & 0.1758\\ 0.1276 & 0.1172 & 0.1554 & 0.0784\\ 0.0966 & 0.1114 & 0.1184 & 0.1719\\ 0.1344 & 0.1461 & 0.1989 & 0.0230\\ 0.0812 & 0.0828 & 0.2006 & 0.1374\end{bmatrix}$$

对列归一化矩阵 $M_2^{(\Sigma)}$ 按行决策

最大值 =0.172 7(1,1)

最大值 =0.225 1(2,4)

最大值 =0.202 7(3,2)

最大值 =0.175 8(4,4)

最大值 =0.155 4(5,3)

最大值 =0.171 9(6,4)

最大值 =0.198 9(7,3)

最大值=0.200 6(8,3)

综合行归一化矩阵和列归一化矩阵的决策结果,研究区域分别立地类型的植被类型布局决策是:在阳坡平缓坡薄土类型上构建草本植被,在阳坡平缓坡中厚土、阳坡斜陡坡中厚土和阴坡平缓坡中厚土等3种立地类型上营造经济林,在阳坡斜陡坡薄土营造灌木林,在阴坡平缓坡薄土、阴坡斜陡坡薄土和阴坡斜陡坡中厚土类型上营造乔木林。

利用行归一化矩阵和列归一化矩阵选择次优局势。

对行归一化矩阵按列决策

次大值=0.329 1(3,1)

次大值=0.293 0(1,2)

次大值=0.408 6(7,3)

次大值=0.304 2(4,4)

对列归一化矩阵按行决策

次大值=0.141 0(1,2)

次大值=0.103 1(2,2)

次大值=0.160 2(3,1)

次大值=0.130 0(4,1)

次大值=0.127 6(5,1)

次大值=0.118 4(6,3)

次大值=0.146 1(7,2)

次大值=0.137 4(8,4)

综合行归一化矩阵和列归一化矩阵的次优局势决策,研究区域植被类型布局的次优方案是:阳坡平缓坡薄土类型发展灌木林,阳坡平缓坡中厚土发展灌木林,阳坡斜陡坡薄土发展草本植被,阳坡斜陡坡中厚土发展草本植被或经济林,阴坡平缓坡薄土发展草本植被,阴坡平缓坡中厚土发展乔木林,阴坡斜陡坡薄土发展灌木林或乔木林,阴坡斜陡坡中厚土类型发展经济林。

7.3 植被类型布局方案

在上述决策基础上,按照全面协调的原则进行灰靶决策,其结果是阳坡平缓坡薄土适宜发展草本植被或灌木林,阳坡平缓坡中厚土适宜发展灌木林或经济林,阳坡斜陡坡薄土适宜发展草本植被或灌木林,阳坡斜陡坡中厚土适宜发展草本植被或经济林,阴坡平缓坡薄土适宜发展草本植被或乔木林,阴坡平缓坡中厚土适宜发展乔木林或经济林,阴坡斜陡坡薄土适宜发展灌木林或乔木林,阴坡斜陡坡中厚土适宜发展乔木林或经济林。

灰靶决策结果体现了研究区域适宜发展的植被类型包括了草本植被、灌木林、乔木林和经济林等各种植被类型,并且各种植被类型在各立地类型上的分配比例相同,还体现了区域植被结构的多样性和均衡性。在发展草本植被、灌木林和乔木林,重点改善生态环境的同时,也要发展一定比例的经济林,达到生态、经济效益的全面协调发展。并且每一种立地类型上可选用的植被类型都不是唯一的,这为生产实际提供了适度的选择空间。

这一决策结果从其自身看是科学合理的,但是还要服从于宏观层次上的土地利用优化结构的要求。将这一决策结果与土地利用优化结构结合起来得到的鹤壁郊区不同立地类型上的植被类型布局方案是:阳坡平缓坡薄土优先发展草本植被或灌木林,阳坡平缓坡中厚土优先发展经济林,阳坡斜陡坡薄土优先发展灌木林,阳坡斜陡坡中厚土优先发展经济林,阴坡平缓坡薄土优先发展乔木林,阴坡平缓坡中厚土优先发展经济林,阴坡斜陡坡薄土优先发展灌木林或乔木林,阴坡斜陡坡中厚土优先发展乔木林。

第 8 章　树种选择生理生态依据与适地适树

树种选择首先要以立地类型为基础,选择与立地条件相适应的树种,同时还要符合植被构建的目的,并且要达到生态、经济、社会三方面效益的综合最大化。因为在生产实际中,一种立地类型可能适合于不同植被类型的多个树种生长,要准确地选定具体的树种,需综合考虑立地条件、培育目标、经济可行性、经营水平、综合效益等方面的因素。在一个具体地域内,由于当地天然植被的优势种或称建群种对所属生态区的生态条件有最好的适应性,具有较强的繁殖更新能力,是适宜群居的种群,用它们作为主要造林种草的种类进行种植易获成功,从相邻生态区或国外相应生态区引种的优势种或次优势种作为主要造林树种种植也易成功,所以,用于植被构建的树种应以当地天然植被的优势种为主,以从相邻生态区或国外相应生态区引种取得成功的优势种或次优势种为辅。

适地适树决策的方法有立地类型划分决策法、指标量化决策法、模糊决策法和综合决策法。立地类型划分决策法是对宜林荒山荒坡布点取样进行全面调查和综合分析后,对森林立地进行评价,划分立地类型,并按其立地质量及适生树种进行适地适树布局。指标量化决策法是应用现有人工林的大量专业调查材料,编制出树种决策标准表,然后应用概率法、极值法及条件指数法对适地适树做出初步选择研究,最后根据差异显著性检验作最终决策。模糊决策法通过特尔菲法(Delphi)模糊评定各生态因子对林木生长的限制程度,从而获得决策信息,然后通过模糊决策得出各种立地条件下的最佳适地适树方案。综合决策法是根据气候、土壤等因子,综合判定各树种适应范围,从而解决人工造林适地适树问题,具体方法是根据某一树种对某一生态因子的适应性,从这一生态因子等值线图画出适应该树种的范围,然后根据该树种对另一生态因子的适应性,用相应的等值线图对前一判定范围进行修正,以此类推,使其范围内的各项因子均符合该树种适应性要求(杨鹏等,2003)。此外,在抗旱树种的选择方面,或者通过苗木的形态结构定性选择抗旱树种,或者通过树木生长指标定量选择抗旱树种,或者通过对林木生理指标的测定,评价其抗旱性选择抗旱树种。本文是采用研究区域内主要树种的保持膨压能力、抗旱耐贫瘠综合能力和叶片的 $\delta^{13}C$ 值等三个方面的生态生理指标值,结合每一种立地类型土壤肥力综合评价值,应用多目标局势决策的数学方法定量确定适地适树优化方案。

8.1 主要树种的保持膨压能力

8.1.1 试验材料

以鹤壁市郊区主要乡土阔叶乔灌木树种和新引进的树种为研究对象,共选取臭椿(*Ailanthus altissima*)、栓皮栎(*Quercus variabilis*)、黄连木(*Pistacia chinensis*)、黑樱桃(*Prunus serotina*)、花椒(*Zanthoxylum bumgeanum*)、金银花(*Flos loniceras*)、连翘(*Forsythia suspensea*)、荆条(*Vitex chinensis*)等 8 个树种,将生长良好的苗木盆栽培育。其中金银花是 3 年生扦插苗,其他 7 种树木是 3 年生实生苗。测试均选用当年生枝条。盆栽土壤为潮土,土壤为轻壤土,容重 1.62 g/cm^3,孔隙度 39%,饱和含水量 35.9%,田间持水量 22.1%,有效水含量 17.1%。

8.1.2 试验方法

8.1.2.1 $P \sim V$ 曲线的制作

王万里(1984)、李吉跃(1989)、郭连生(1989)、苏印泉等(1989)对 $P \sim V$ 曲线的制作及应用方法都做过阐述。参照他们采用的方法,本实验的具体方法是在测试的前一天早晨,在苗木的中部向阳面采集当年生小枝,装入黑色塑料袋带回实验室,将其基部浸入水中,上覆黑色塑料袋,浸泡至第二天早晨。将水分已恢复到近饱和状态的小枝取出,用锋利的硬刀片将小枝断面切成光滑的斜面,迅速用吸水纸吸净枝叶上的水分,装入事先称重的塑料袋中,在精密天平上称枝条饱和鲜重,随后立即将枝条装入压力室(ZLZ-4 型植物水分状况测定仪,兰州大学制造)的钢筒中,将小枝基部外露 1 cm 左右,旋紧筒盖,然后以0.2

MPa/min 的速度加压,在枝条切口出现液流的一刹那,关闭进气阀,读取压力表指针所指的数值,就是枝条达到饱和状态时的水势。然后在枝条切口上,放置一个长约 5 cm、直径约 0.8 cm、内有干燥脱脂棉、预先称重的硅胶管。以测定枝条达到饱和状态时的水势对应的平衡压为起点,用 Hammal 逐步升压法升压,在每一个平衡压先停留 10 min,然后减压 0.05 MPa,再恢复到平衡压停留 5 min,更换硅胶管,称量并计算出在每一个平衡压时的出水量,继续升压重复上述操作,至平衡压达到 5 MPa 左右。在测定 10 ~ 14 次后,取出样枝装入预先称重的塑料袋中再次测定其鲜重,并于 80 ℃下烘干 24 h 后测定干重。最后以各次平衡压值的倒数($1/P$)为纵坐标,以对应的被压出的水分体积累加值为横坐标,绘制 $P \sim V$ 曲线。

8.1.2.2　水分参数的计算

根据李吉跃(1989)、安锋等(2006)的研究,采用以下方法计算水分参数。

(1)充分紧张组织中的渗透水总量(V_0):渗透水是指存在于细胞原生质和液泡中的水分,其在外加压力下可被压出,也称为共质体水(Symplastic water)。V_0 可由 $P \sim V$ 曲线中直线部分的延长线与横坐标轴的交点求得,其占总水量的百分比为相对渗透水含量(RWC_s)。

(2)非渗透水量:树体中渗透水之外的水分,这些水分在无限加压条件下也不能从组织被挤出,是束缚水和质外体水量之和,被称为非渗透水(Apoplastic water),可由总水量与渗透水量之差计算,其占总水量的百分比用 RWC_a 表示,$RWC_a = 1 - RWC_s$。

(3)充分紧张组织中的原始渗透势(ψ_π^{100}):$P \sim V$ 曲线的直线部分的延长线与纵坐标轴的交点,即为充分紧张组织中细胞原初渗透压的倒数,其负值为 ψ_π^0。

(4)初始质壁分离的渗透势(ψ_π^0)和渗透水含量(RWC^0):在树种组织从饱和至萎蔫的失水过程中,细胞液泡内的水分不断被挤出,细胞也失水收缩,由于细胞壁与细胞质收缩强度不一致,失水到一定程度时将出现质壁分离现象,此时对应的组织水势即为初始质壁分离时的渗透势(ψ_π^0),对应的相对含水量即为初始质壁分离时的渗透水含量

(RWC^0)。在 $P\sim V$ 曲线上则为曲线转变为直线的转折点,可以通过图解法或者求解由曲线部分和直线部分方程所组成的方程组的方法求得,本文用解方程组的方法求出。

(5)体积弹性模量(ε):体积弹性模量(Cell flexibility modulus)是指单位相对含水量变化所引起的细胞膨压的变化,可用于表示细胞壁弹性的好坏。用公式表示为

$$\varepsilon = \mathrm{d}\psi_p / \mathrm{d}RWC$$

通常认为,当组织含水量和水势下降时,弹性较大的组织比弹性小的能保持较大的膨压。ε 可以通过膨压与相对含水量间的关系求出。在苗木组织失水过程中,ε 处于不断变化中。为了分析方便,一般用苗木处于水分饱和状态下的最大体积弹性模量 ε^{max} 来比较苗木的细胞弹性模量。本文中 ε^{max} 的计算公式为

$$\varepsilon^{max} = (\psi_\pi^{100} - \psi_\pi^0) \times (RWC_s - RWC^0) / RWC_s$$

8.1.3 结果与分析

8.1.3.1 不同树种的 $P\sim V$ 曲线

根据测试数据,绘制出所选用的 8 种树种种类的 $P\sim V$ 曲线,见图 8-1 ~ 图 8-8。

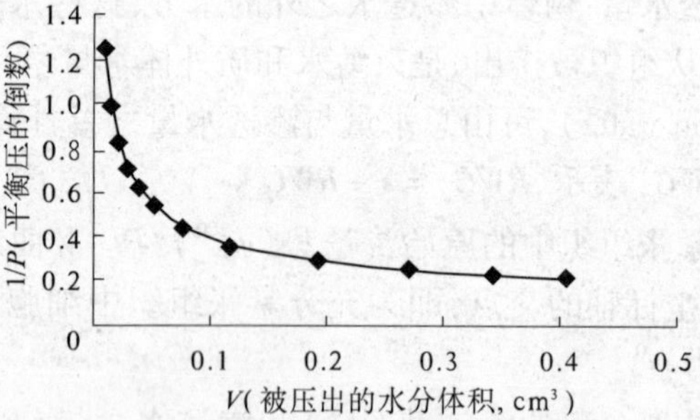

图 8-1 栓皮栎的 $P\sim V$ 曲线

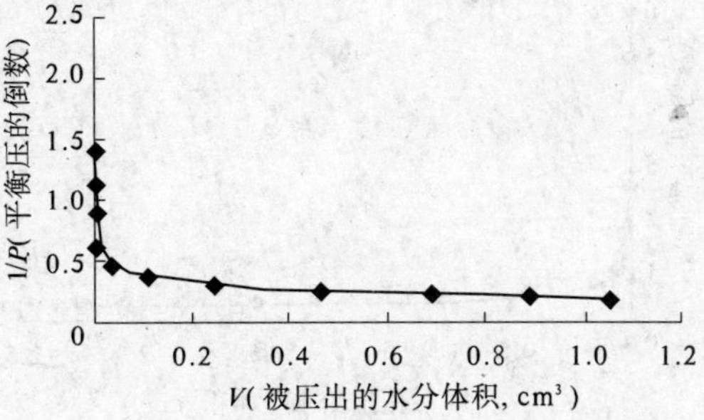

图 8-2　黄连木的 $P \sim V$ 曲线

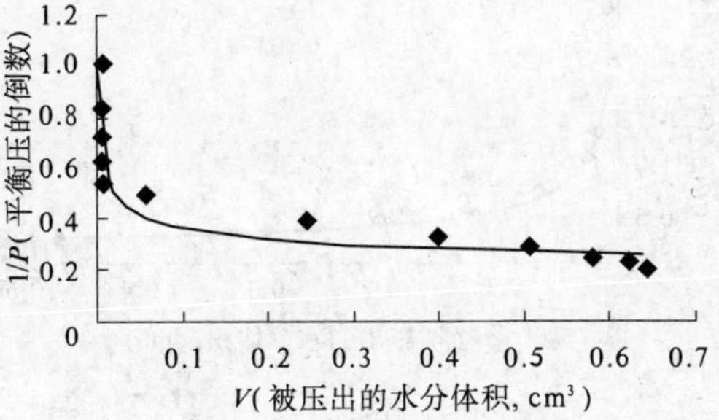

图 8-3　臭椿的 $P \sim V$ 曲线

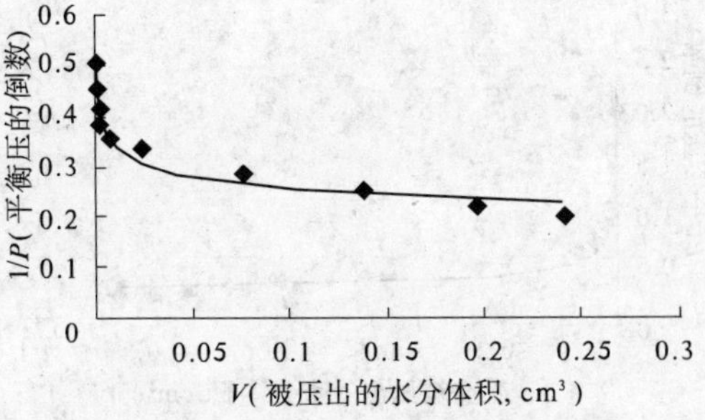

图 8-4　黑樱桃的 $P \sim V$ 曲线

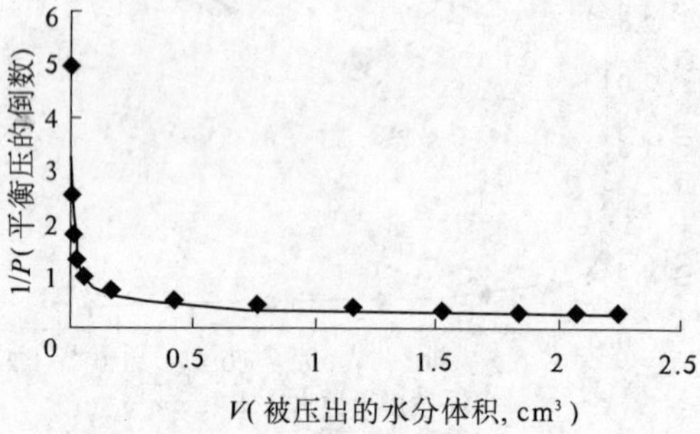

图 8-5　花椒的 $P \sim V$ 曲线

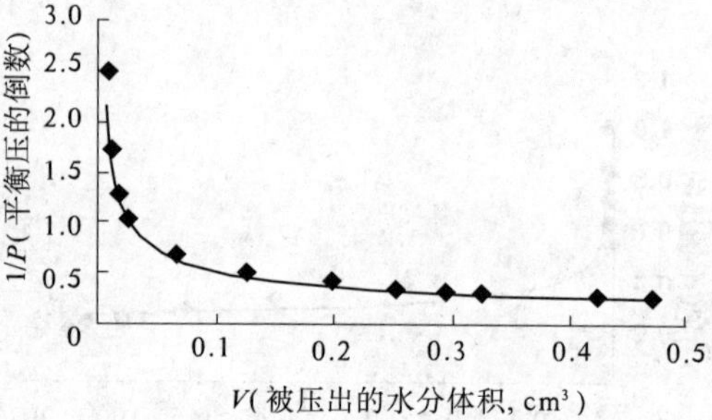

图 8-6　金银花的 $P \sim V$ 曲线

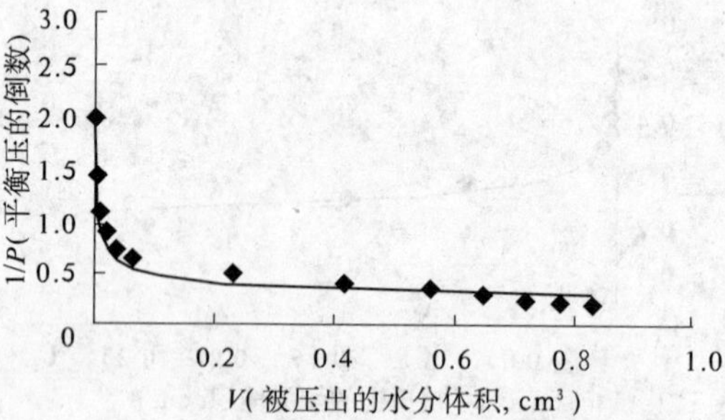

图 8-7　连翘的 $P \sim V$ 曲线

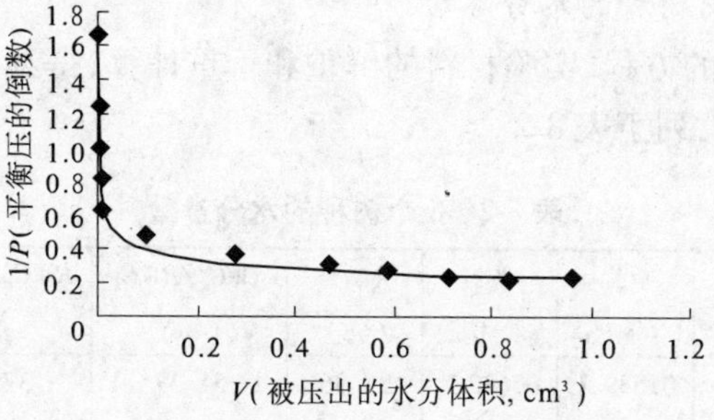

图 8-8　荆条的 $P \sim V$ 曲线

根据 8 个树种的 $P \sim V$ 曲线，建立了回归方程，见表 8-1。

由表 8-1 可以看出，参试的各种树种 $P \sim V$ 曲线的曲线部分可用幂函数 $y = ax^{-b}$ 回归，R^2 可以达到 0.91 以上，效果较好；线性方程也较好地反映了 $P \sim V$ 曲线的直线部分，R^2 在 0.93 以上。所以，用该方程推算出的水分参数能够较好地反映它们的水分特征。

表 8-1　8 种树种种类的 $P \sim V$ 曲线方程式

树种种类	曲线部分		直线部分	
	方程	R^2	方程	R^2
栓皮栎	$y = 0.1387x^{-0.4598}$	0.997 3	$y = -0.4427x + 0.3855$	0.995 7
黄连木	$y = 0.2064x^{-0.2770}$	0.958 1	$y = -0.1377x + 0.3401$	0.998 5
臭椿	$y = 0.2420x^{-0.1756}$	0.917 9	$y = -0.5137x + 0.6327$	0.991 8
黑樱桃	$y = 0.1914x^{-0.1212}$	0.950 6	$y = -0.5101x + 0.3225$	0.998 3
花椒	$y = 0.3228x^{-0.3421}$	0.961 5	$y = -0.1199x + 0.4692$	0.999 1
金银花	$y = 0.1565x^{-0.4922}$	0.982 6	$y = -0.4273x + 0.4005$	0.932 0
连翘	$y = 0.2743x^{-0.2447}$	0.914 3	$y = -0.5725x + 0.6610$	0.981 5
荆条	$y = 0.2363x^{-0.2187}$	0.943 2	$y = -0.2152x + 0.4015$	0.985 6

8.1.3.2　不同树种的水分参数

用表 8-1 的方程、实验材料的鲜重和干重计算,得到参试的 8 种树种的水分参数,列于表 8-2。

表 8-2　8 个树种的水分参数

树种种类	RWC_s (%)	Ψ_π^{100} (-MPa)	ψ_π^0 (-MPa)	RWC^0 (%)	RWC^0/RWC_s (%)	RWC_a/RWC_s (%)	ε^{max} (MPa)
臭椿	72.72	0.539 2	0.632 7	37.36	51.37	37.50	0.045
栓皮栎	60.77	0.296 6	0.385 5	20.70	34.06	64.55	0.059
黄连木	70.85	0.255 7	0.340 1	7.34	10.35	41.14	0.076
黑樱桃	68.71	0.262 2	0.322 5	28.23	41.09	45.54	0.036
花椒	81.28	0.308 0	0.469 2	6.40	7.87	23.03	0.149
金银花	67.74	0.286 6	0.400 5	20.71	30.58	47.62	0.079
连翘	72.01	0.304 7	0.661 0	19.00	26.39	38.88	0.262
荆条	66.83	0.264 9	0.401 5	9.49	14.20	49.64	0.117

(1)不同树种的 RWC_s 比较:RWC_s 是充分紧张组织中的相对渗透水含量,其数值越小,则树种抗脱水的能力越强,越有利于增强树种的抗旱性。栓皮栎的 RWC_s 值最小,为 60.77%,表明栓皮栎的抗脱水能力最强;次小值的是荆条,为 66.83%,与最小值相差 6.06%,高出的幅度明显,抗脱水能力明显降低;接下来依次是金银花和黑樱桃,RWC_s 值分别为 67.74% 和 68.71%,金银花的值大于荆条 0.91%,黑樱桃的值大于金银花 0.97%,相互间的差值都不大,3 个树种抗脱水的能力差别不大;RWC_s 值更大的依次是黄连木和连翘,分别为 70.85% 和 72.01%,二者相差 1.16%,相互间的差值也不大,因而抗脱水的能力差别也不大;RWC_s 的次大值为 72.72%,出现在臭椿上,与较小的出现在连翘上的值相差 0.71%,相差的幅度很小,而与出现在花椒上的最大值 81.28% 相差 8.56%,相差的幅度最大。花椒的 RWC_s 值明显大于其他 7 个树种,其抗脱水的能力明显低于其他 7 个树种。根据表 8-2,RWC_s 值从大到小的树种顺序为:花椒 > 臭椿 > 连翘 > 黄连木 > 黑樱桃 > 金银花 > 荆条 > 栓皮栎。

根据 8 个供试树种 RWC_s 值,采用聚类分析方法对其进行分类,(见图 8-9)。聚类分析结果表明,按照 RWC_s 值,供试植物可以分成 3 类,第 1 类是栓皮栎,RWC_s 值最小,抗脱水的能力最强;第 2 类包括荆条、金银花、黑樱桃、黄连木、连翘和臭椿,RWC_s 值中等,是抗脱水能力中等的类群,种类最多;第 3 类是花椒,RWC_s 值最大,抗脱水的能力最弱。

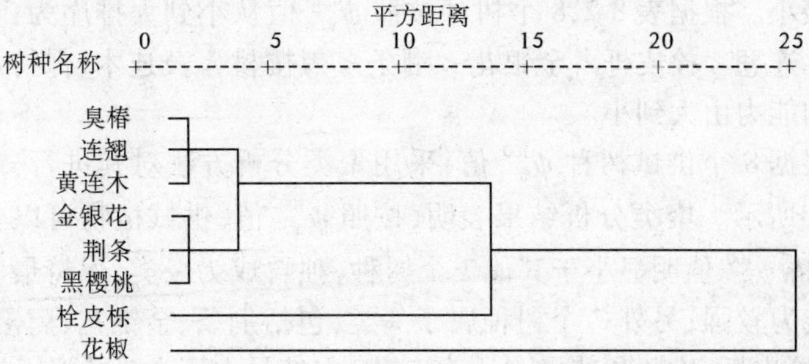

图 8-9　供试树种 RWC_s 值系统聚类图

(2)不同树种的 ψ_π^{100} 和 ψ_π^{0} 比较:ψ_π^{100} 和 ψ_π^{0} 是反映树种渗透调节能力的重要指标,ψ_π^{0} 的大小则说明树木处于最低膨压时的极限渗透势。ψ_π^{0} 值越低,表明树种维持膨压的能力越强(Tyree,1972)。ψ_π^{100} 取决于细胞中可溶性溶质的数量和种类,以及细胞体积的变化,主要指细胞中自由水和束缚水的变化,其大小表明了树种保持最大压力势的能力(冯玉龙等,2003)。只有当渗透势在 ψ_π^{100} 和 ψ_π^{0} 变化范围内,树种才具有渗透调节能力,超出这一变化范围,树木的渗透调节功能便消失(杨敏生等,1997)。

臭椿的 ψ_π^{100} 值最小,为 -0.539 2 MPa,表明臭椿保持最大压力势的能力最强;次小值的是花椒,为 -0.308 0 MPa,与最小值相差 0.231 2 MPa,高出的幅度明显,保持最大压力势的能力明显降低;接下来依次是连翘和栓皮栎,ψ_π^{100} 值分别为 -0.304 7 MPa 和 -0.296 6 MPa,连翘的值大于花椒 0.003 3 MPa,栓皮栎的值大于连翘 -0.008 1 MPa,相互间的差值都不大,3 个树种保持最大压力势的能力差别不大;

ψ_{π}^{100} 值更大的依次是金银花和荆条，分别为 -0.286 6 MPa 和 -0.264 9 MPa，二者相差0.021 7 MPa，相互间的差值也不大，因而保持最大压力势的能力差别也不大；ψ_{π}^{100} 的次大值为 -0.262 2 MPa，出现在黑樱桃上，与较小的出现在荆条上的值相差 0.002 7 MPa，相差的幅度很小，而与出现在黄连木上的最大值 -0.255 7 MPa 相差 0.006 5 MPa，相差的幅度也不大。黄连木的 ψ_{π}^{100} 值最大，其保持最大压力势的能力最小。根据表 8-2，8 个树种按照 ψ_{π}^{100} 值从小到大排序为：臭椿 < 花椒 < 连翘 < 栓皮栎 < 金银花 < 荆条 < 黑樱桃 < 黄连木，保持最大压力势的能力由大到小。

根据 8 个供试树种 ψ_{π}^{100} 值，采用聚类分析方法对其进行分类，如图 8-10所示。聚类分析结果表明，按照 ψ_{π}^{100} 值，供试植物可以分成两类，臭椿 ψ_{π}^{100} 值明显小于其他 7 个树种，独自成为一类，保持最大压力势的能力较强；另外 7 个树种属于一类，包括荆条、金银花、黑樱桃、黄连木、栓皮栎、连翘和花椒，ψ_{π}^{100} 值较大，保持最大压力势的能力较弱。

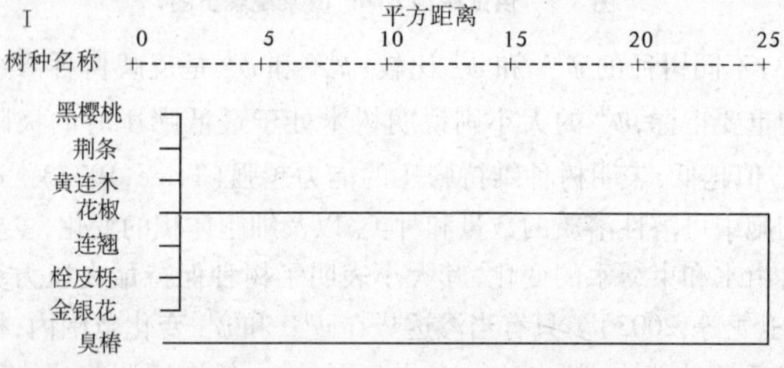

图 8-10　供试树种 ψ_{π}^{100} 值系统聚类图

连翘的 ψ_{π}^{0} 值最小，为 -0.661 0 MPa，表明栓皮栎的维持膨压的能力最强；次小值的是臭椿，为 -0.632 7 MPa，与最小值相差 0.028 3 MPa，高出的幅度不大，维持膨压的能力差别不大；接下来依次是花椒和荆条，ψ_{π}^{0} 值分别为 -0.469 2 MPa 和 -0.401 5 MPa，花椒的值大于臭椿0.163 5 MPa，高出的幅度明显，维持膨压的能力明显降低；荆条的值大于花椒0.067 7 MPa，相互间的差值不大，维持膨压的能力差别也不大；ψ_{π}^{0} 值更大的依次是金银花和栓皮栎，分别为 -0.400 5 MPa 和 -0.385 5 MPa，二者相差 0.015 MPa，相互间的差值也不大，因而维持膨压的能力差别也不大；ψ_{π}^{0} 的次大值为 -0.340 1 MPa，出现在黄连木上，与较小的出现在栓皮栎上的值相差 0.045 4 MPa，相差的幅度较大，而与出现在黑樱桃上的最大值 -0.322 5 MPa 相差 0.017 6 MPa，相差的幅度不大。按照 ψ_{π}^{0} 值从小到大的树种排序为：连翘 < 臭椿 < 花椒 < 荆条 < 金银花 < 栓皮栎 < 黄连木 < 黑樱桃，维持膨压的能力由大到小。

根据 8 个供试树种 ψ_{π}^{0} 值，采用聚类分析方法对其进行分类，如图 8-11所示。聚类分析结果表明，按照 ψ_{π}^{0} 值，供试植物可以分成 3 类，第 1 类包括连翘和臭椿，ψ_{π}^{0} 值较小，属于维持膨压能力较强的树种；第 2 类仅花椒一个树种，维持膨压能力处于中等水平；第 3 类包括荆条、金银花、栓皮栎、黄连木和黑樱桃等 5 个树种，属于维持膨压能力较弱的类群。

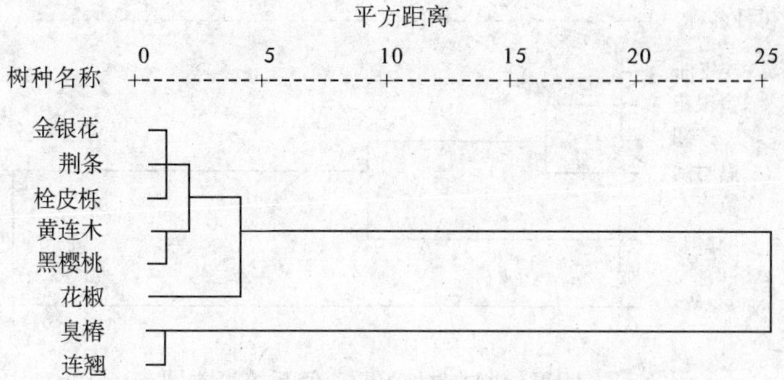

图 8-11　供试树种 ψ_{π}^{0} 值系统聚类图

(3)不同树种的 RWC^{0} 比较：组织细胞初始质壁分离时的相对渗透水含量(RWC^{0})是判断树种耐旱性的重要指标，一般认为，RWC^{0} 值越低，表明组织细胞在很低的渗透水含量下才发生质壁分离，因此树种的耐旱性越强(杨敏生等，1997)。

花椒的 RWC^{0} 值最小，为 6.40%，表明花椒的耐旱性最强；次小值的是黄连木，为 7.34%，与最小值相差 0.94%，差别很小，耐旱性差异也很小；接下来依次是荆条和连翘，RWC^{0} 值分别为 9.49% 和 19.00%，荆条的值大于黄连木 2.15%，连翘的值大于荆条 9.51%，差值最大，耐旱性差别也最大；RWC^0 值更大的依次是栓皮栎和金银花，分别为 20.70% 和 20.71%，二者数值基本相同，因而耐旱性也基本相同；RWC^0 的次大值为 28.23%，出现在黑樱桃上，与较小的出现在金银花上的值相差 7.52%，相差的幅度较大，与出现在臭椿上的最大值 37.36% 相差 9.13%，相差的幅度也较大，这 3 个树种耐旱性差别较大。臭椿的 RWC^0 值明显大于其他 7 个树种，其耐旱性明显低于其他 7 个树种。按照表 8-2 中 RWC^0 值，各个树种耐旱性由强到弱的顺序为：花椒 > 黄连木 > 荆条 > 连翘 > 栓皮栎 > 金银花 > 黑樱桃 > 臭椿，即花椒的耐旱性最强，臭椿的耐旱性最弱。

根据 8 个供试树种 RWC^0 值，采用聚类分析方法对其进行分类，如图 8-12 所示。

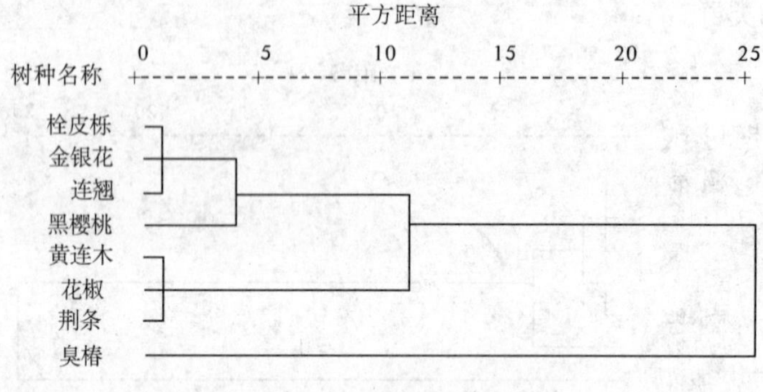

图 8-12　供试树种 RWC^0 值系统聚类图

聚类分析结果表明，按照 RWC^0 值，供试植物可以分成 3 类，第 1 类包括花椒、黄连木和荆条等 3 个树种，RWC^0 值较小，属于耐旱性较强的树种；第 2 类包括连翘、栓皮栎、金银花和黑樱桃等 4 个树种，耐旱性处于中等水平；第 3 类只有臭椿一个树种，耐旱性较弱。

（4）不同树种的 RWC^0/RWC_s 比较：RWC^0/RWC_s 值反映的是组织细胞初始质壁分离时的相对渗透水含量占充分紧张组织中相对渗透水含量比例的大小，这一比值越大，该树种组织细胞抗脱水能力越强。

臭椿的 RWC^0/RWC_s 值最大，为 51.37%，表明臭椿的抗脱水能力最强;次大值的是黑樱桃,为 41.09%,与最大值相差 10.28%,明显低于最大值,抗脱水能力明显降低;接下来依次是栓皮栎和金银花,RWC^0/RWC_s 值分别为 34.06% 和 30.58%,栓皮栎的值小于黑樱桃 7.03%,金银花的值小于栓皮栎 3.48%,相互间的差值都不大,3 个树种抗脱水的能力差别不大;RWC^0/RWC_s 值更小的依次是连翘和荆条,分别为 26.39% 和 14.20%,二者相差 12.19%,相互间的差值最大,因而抗脱水的能力差别也最大;RWC^0/RWC_s 的次小值为 10.35%,出现在黄连木上,与较大的出现在荆条上的值相差 3.85%,相差的幅度较小,而与出现在花椒上的最小值 7.87% 相差 2.48%,相差的幅度较小。按照表 8-2 中 RWC^0/RWC_s 值,各个树种抗脱水的能力从强到弱排序为:臭椿 > 黑樱桃 > 栓皮栎 > 金银花 > 连翘 > 荆条 > 黄连木 > 花椒,即 8 种树种中臭椿抗脱水能力最强,花椒抗脱水能力最弱。

根据 8 个供试树种 RWC^0/RWC_s 值,采用聚类分析方法对其进行分类,如图 8-13 所示。

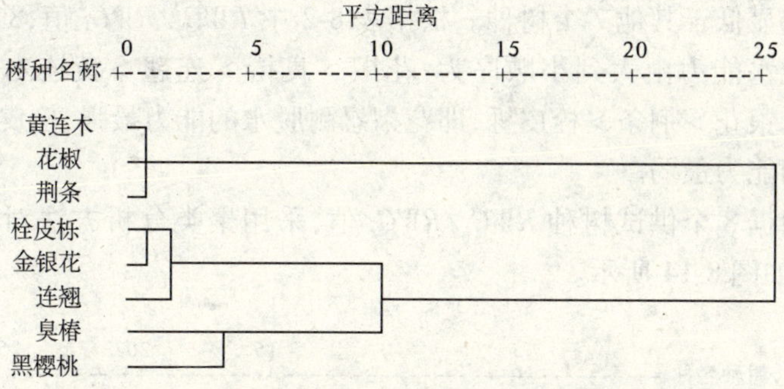

图 8-13　供试树种 RWC^0/RWC_s 值系统聚类图

聚类分析结果表明,按照 RWC^0/RWC_s 值,供试植物可以分成 3 类,第 1 类包括臭椿和黑樱桃两个树种,RWC^0/RWC_s 值较大,细胞抗脱水能力较强;第 2 类包括栓皮栎、金银花和连翘等 3 个树种,RWC^0/RWC_s 值属于中等水平,细胞抗脱水能力属于中等;第 3 类包括黄连木、花椒和荆条等 3 个树种,RWC^0/RWC_s 值较小,属于抗脱水能力较弱的类群。

(5)不同树种的 RWC_a/RWC_s 比较：RWC_a/RWC_s 值反映的是树种组织中的相对非渗透水含量占充分紧张组织中相对渗透水含量比例的大小，这一比值越小，该树种组织细胞忍耐脱水的能力越强。

花椒的 RWC_a/RWC_s 值最小，为 23.03%，表明花椒的忍耐脱水能力最强；次小值的是臭椿，为 37.05%，与最小值相差 14.02%，高出的幅度明显，忍耐脱水能力明显降低；接下来依次是连翘和黄连木，RWC_a/RWC_s 值分别为 38.88% 和 41.14%，连翘的值大于臭椿 1.83%，黄连木的值大于连翘 2.26%，相互间的差值都不大，3 个树种忍耐脱水的能力差别不大；RWC_a/RWC_s 值更大的依次是黑樱桃和金银花，分别为 45.54% 和 47.62%，二者相差 2.08%，相互间的差值也不大，因而忍耐脱水的能力差别也不大；RWC_a/RWC_s 的次大值为 49.64%，出现在荆条上，与较小的出现在金银花上的值相差 2.02%，相差的幅度很小，而与出现在栓皮栎上的最大值 64.55% 相差 14.91%，相差的幅度最大。栓皮栎的 RWC_a/RWC_s 值明显大于其他 7 个树种，其忍耐脱水的能力明显低于其他 7 个树种。根据表 8-2 中 RWC^0/RWC_s 值，8 个树种忍耐脱水能力由大到小顺序为：花椒 > 臭椿 > 连翘 > 黄连木 > 黑樱桃 > 金银花 > 荆条 > 栓皮栎，即花椒忍耐脱水的能力最强，栓皮栎忍耐脱水的能力最弱。

根据 8 个供试树种 RWC_a/RWC_s 值，采用聚类分析方法对其进行分类，如图 8-14 所示。

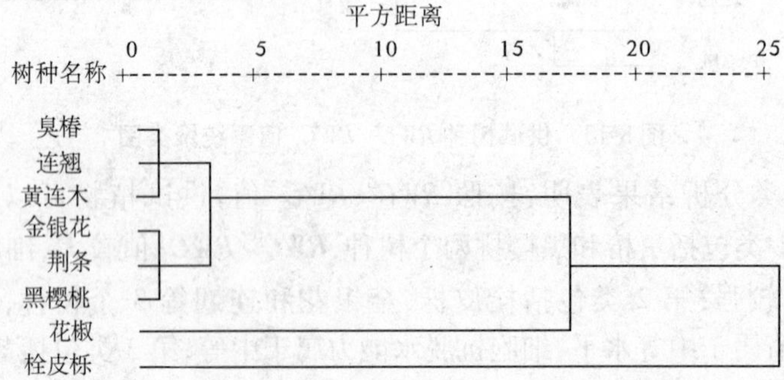

图 8-14　供试树种 RWC_a/RWC_s 值系统聚类图

聚类分析结果表明，按照 RWC_a/RWC_s 值，供试植物可以分成 3 类，第 1 类只有花椒一个树种，RWC_a/RWC_s 值最小，细胞忍耐脱水的能力最强；第 2 类包括臭椿、连翘、黄连木、金银花、荆条和黑樱桃等 6 个树种，RWC_a/RWC_s 值居于中等水平，忍耐脱水的能力属于中等；第 3 类只有栓皮栎一个树种，RWC_a/RWC_s 值最大，属于忍耐脱水能力最弱的树种。

(6)不同树种的 ε^{max} 比较：细胞弹性模量(ε)反映了细胞膨压随体积而变化的速率，由于 ε 不是一个常数，因此一般分析中以最大体积弹性模量 ε^{max} 来表示细胞的物理性质。ε^{max} 值越高，表示细胞壁越坚硬，弹性越小，反之，则说明细胞越柔软，弹性越大；随着组织含水量和水势的下降，高弹性组织具有比低弹性组织更大的保持膨压能力。由于组织弹性可以决定相应压力势变化，因而 ε 在评价树木耐旱性中占有重要的地位(李吉跃，1991；Bowman，1985)。

黑樱桃的 ε^{max} 值最小，为 0.036 MPa，表明黑樱桃的保持膨压能力最强；次小值的是臭椿，为 0.045 MPa，与最小值相差 0.009 MPa，高出的幅度很小，保持膨压能力降低很少；接下来依次是栓皮栎和黄连木，ε^{max} 值分别为 0.059 MPa 和 0.076 MPa，栓皮栎的值大于臭椿 0.014 MPa，黄连木的值大于栓皮栎 0.017 MPa，相互间的差值较小，3 个树种保持膨压能力差别不大；ε^{max} 值更大的依次是金银花和荆条，分别为 0.079 MPa和 0.117 MPa，二者相差 0.038 MPa，相互间的差值较大，因而保持膨压能力差别也较大；ε^{max} 的次大值为 0.149 MPa，出现在花椒上，与较小的出现在荆条上的值相差 0.032 MPa，相差的幅度较大，与出现在连翘上的最大值 0.262 MPa 相差 0.113 MPa，相差的幅度最大。连翘的 ε^{max} 值明显大于其他 7 个树种，其保持膨压能力明显低于其他 7 个树种。表 8-2 中 8 个树种按照 ε^{max} 值由大到小的顺序为：连翘 > 花椒 > 荆条 > 金银花 > 黄连木 > 栓皮栎 > 臭椿 > 黑樱桃。即黑樱桃细胞最柔软，弹性最大，保持膨压能力最强，连翘细胞壁最坚硬，弹性最小，保持膨压能力最弱。

根据 8 个供试树种 ε^{max} 值，采用聚类分析方法对其进行分类，如图 8-15所示。

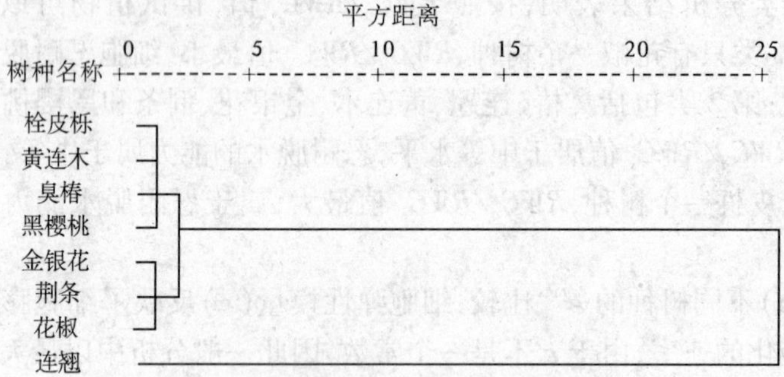

图 8-15 供试树种 ε^{max} 值系统聚类图

聚类分析结果表明，按照 ε^{max} 值，供试植物可以分成 3 类，第 1 类包括臭椿、栓皮栎、黄连木和黑樱桃等 4 个树种，ε^{max} 值较小，属于保持膨压能力较强的类群；第 2 类包括花椒、荆条、金银花等 3 个树种，ε^{max} 值居于中等水平，属于保持膨压能力中等的类群；第 3 类只有连翘一个树种，ε^{max} 值最大，保持膨压能力最弱。

以上分别以不同水分参数对 8 个供试树种进行了排序和分类，但是依据不同水分参数对树种做出的排序和分类不尽相同。可见，不同树种在适应水分胁迫时，有其不同的适应机制，有些树种在适应干旱环境时可以通过多种适应机制共同起作用，以达到在干旱条件下得以生存的目的。实际上耐旱性是受形态、解剖和生理生化特性控制的复合遗传性状，并且不同的形态特征、解剖构造和生理生化特性之间既相互联系，又相互制约，所以用任何单一的指标对树木的耐旱性进行评价都有可能失之偏颇（张建国等，1994）。因而，有必要应用多个水分参数进行树种耐旱性的综合评价。

8.1.3.3 不同树种保持膨压能力的综合评价

选取表 8-2 中全部 7 个水分参数，对供试树种保持膨压能力进行综合评价。水分参数 RWC_s、ψ_π^0、ψ_π^{100}、RWC^0、RWC^0/RWC_s、RWC_a/RWC_s、ε^{max} 分别用 $x_1 \sim x_7$ 表示。由于各种水分参数的量纲不同，很难给出一个综合数值来反映树木耐旱性大小。具体方法是将水分参数隶属函数数值化，这样既可使水分参数无量纲化，又可对水分参数在保持膨压方面的贡献直接度量。参加评价的 7 个水分参数中，RWC^0/RWC_s 与保持膨压的能力呈正相关关系，用隶属函数的方法来计算其在保持膨压方面的贡献大小。具体计算公式为(杨广等，2004)：

$$\mu(x_i)=\frac{x_i-x_{\min}}{x_{\max}-x_{\min}}\qquad \mu(x_i)\in[0,1]$$

其余 6 个水分参数与保持膨压的能力呈负相关关系，所以用反隶属函数的方法来计算每个水分参数在保持膨压方面的贡献大小。其具体计算公式为(张建国 等，1994)

$$\mu(x_i)=1-\frac{x_i-x_{\min}}{x_{\max}-x_{\min}}\quad \mu(x_i)\in[0,1]$$

式中：x_i 表示某一树种的水分参数；$x_{\max}$ 表示所有供试树种某一水分参数的最大值；$x_{\min}$ 表示所有供试树种某一水分参数的最小值。

把每一种树种的 7 个水分参数的保持膨压能力隶属函数值累加，并求其平均值。平均值越大，保持膨压能力就越强。计算公式为

$$\Delta=\frac{1}{7}\sum_{i=1}^{7}\mu(x_i)$$

根据这一综合评判法，8 种供试树种的综合评判结果如表 8-3 所示。

表 8-3　供试树种水分参数隶属度及综合评判结果

树种种类	RWC_s	Ψ_π^{100}	ψ_π^0	RWC^0	RWC^0/RWC_s	RWC_a/RWC_s	$\varepsilon^{\max}$	Δ	保持膨压能力
臭椿	0.417 1	0.000 0	0.083 6	0.000 0	1.000 0	0.651 5	0.887 8	0.434 3	⑦
栓皮栎	1.000 0	0.855 7	0.813 9	0.538 1	0.602 1	0.000 0	0.903 4	0.673 3	③
黄连木	0.508 5	1.000 0	0.948 0	0.969 6	0.057 2	0.563 8	0.918 6	0.709 4	②
黑樱桃	0.613 0	0.977 1	1.000 0	0.291 7	0.766 9	0.457 9	1.000 0	0.729 5	①
花椒	0.000 0	0.815 5	0.566 6	1.000 0	0.000 0	1.000 0	0.659 1	0.577 3	⑥
金银花	0.660 1	0.891 0	0.769 6	0.537 8	0.521 8	0.407 8	0.818 9	0.658 1	④
连翘	0.452 3	0.827 2	0.000 0	0.593 0	0.425 7	0.618 3	0.000 0	0.416 6	⑧
荆条	0.704 7	0.967 5	0.766 6	0.900 2	0.145 5	0.359 1	0.742 2	0.655 1	⑤

表8-3的综合评判结果表明，8种供试树种保持膨压的能力由强到弱的顺序为：黄连木 > 荆条 > 花椒 > 黑樱桃 > 金银花 > 栓皮栎 > 连翘 > 臭椿，即黄连木保持膨压的能力最强，其次为荆条，保持膨压能力最弱的是臭椿。8种供试树种中，包含了乔木、灌木两类树种。其中，黑樱桃、黄连木、栓皮栎、臭椿属于乔木，荆条、金银花、花椒、连翘属于灌木。分别不同树种类型比较，乔木树种保持膨压能力综合评价值平均为0.636 6 ± 0.136 9，灌木树种保持膨压能力综合评价值平均为0.576 8 ± 0.113 1，由此可以看出，总体上乔木的保持膨压能力综合评价值较大，灌木的较小，并且保持膨压能力综合评价值最大值出现在乔木类型上。将乔木与灌木两类树种保持膨压能力综合评价值进行单因子方差分析，见表8-4。其多重比较结果如表8-5所示。

由表8-5可以看出，乔木与灌木两类树种保持膨压能力综合评价值之间没有显著差异。

表8-4 乔木和灌木两类树种保持膨压能力综合评价值方差分析

变异来源	平方和	自由度	均方	*F*值	显著水平
处理间	0.007 2	1	0.007 2	0.454	0.525 4
处理内	0.094 6	6	0.015 8		
总变异	0.101 8	7			

表8-5 乔木和灌木两类树种保持膨压能力综合评价值多重比较

树木种类	平均值	5%显著水平	1%极显著水平
乔木	0.636 6	a	A
灌木	0.576 8	a	A

由于8种供试树种中除黑樱桃是近几年从国外引进的树种外，其余7种都是太行山南段山地立地亚区石灰岩立地类型小区的乡土树种，由此可以认为，在同一立地小区内分布的树种，总体上乔木树种保

持膨压能力较强，灌木较弱。由于树种保持膨压能力的强弱不是一个绝对概念，其排序也只是相对而言，尤其对生境条件差异不大的同一立地小区内分布的树种，它们的保持膨压能力比较接近，因此根据保持膨压能力的强弱，把供试树种划分成若干类群更有实际应用价值。

聚类分析结果(图 8-16)表明：所有供试树种可明显分成 4 类，第 1 类是黄连木，保持膨压能力最强；第 2 类包括荆条、花椒、黑樱桃、金银花、栓皮栎等 5 个树种，属于保持膨压能力较强的类群；第 3 类是连翘，其保持膨压能力相对较弱；第 4 类是臭椿，保持膨压能力最弱。

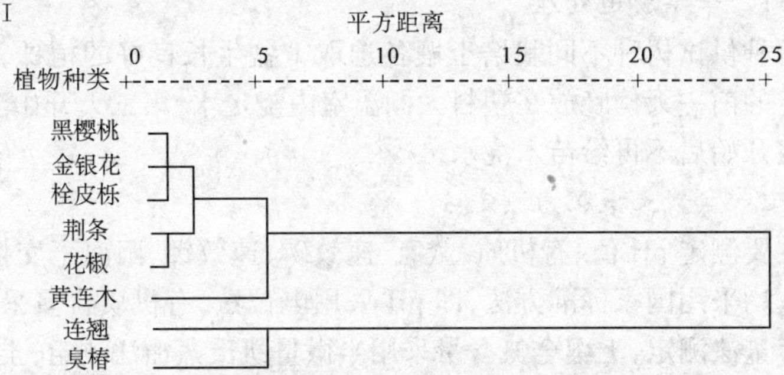

图 8-16　不同树种保持膨压能力系统聚类图

8.2　主要树种抗旱耐贫瘠综合能力

8.2.1　试验材料

在不同土壤水肥耦合条件下进行的树种光合和蒸腾测定所用试验材料有臭椿、栓皮栎、黄连木、黑樱桃、花椒、金银花、连翘、荆条等 8 个树种。将生长良好的苗木盆栽培育，其中金银花是 3 年生扦插苗，其他 7 个树种是 3 年生实生苗。

8.2.2　试验方法

试验采用盆栽苗木，在塑料大棚温室内控制给水。盆栽采用 3 种土壤，分别是草炭土、潮土和砂土，以形成肥力上的差异，3 种土壤的物理性质如表 8-6 所示。

表 8-6 各处理土壤物理性状

土壤类型	质地	容重 (g/cm^3)	总孔隙度 (%)	饱和含水量 (%)	田间持水量 (%)
潮土	壤土	1.62	39	35.9	22.1
草炭土	轻壤土	1.16	56	37.6	28.7
沙土	面砂土	1.36	48	29.3	19.6

8.2.2.1 干旱胁迫处理

每种供试树种不同栽培土壤各选取 1 盆生长良好的植株，在第一次测定的前一天傍晚放在塑料大棚温室内浇足水，第二天开始测定，实验测定开始后不再给苗木浇水。

8.2.2.2 盆栽土壤肥力测定

主要测定 pH 值、有机质、全氮、速效磷、速效钾、阳离子交换量，分析方法均采用国家标准方法，即 pH 采用电位法，有机质含量采用重铬酸钾容量法测定，土壤全氮含量采用半微量凯氏蒸馏法测定，土壤速效磷采用盐酸氟化铵浸提钼蓝比色法测定，土壤速效钾含量采用中性醋酸铵浸提火焰光度法测定，阳离子交换量采用氯化铵－乙酸铵法（鲁如坤，2000）。

8.2.2.3 苗木净光合速率、气孔导度和蒸腾速率测定

用便携式光合作用系统测定仪（LI－6400）进行测定。测定分 3 次进行，每次测定从早晨 8 时开始，每隔 2 小时测定一次（陆钊华等，2003），至下午 4 时结束，共测定 5 次。每次在每株苗木朝向南面的中上部选择生长正常的叶子 3 片，在自然条件下活体快速测定（傅大立等，2003）。测定指标有净光合速率、气孔导度、蒸腾速率等，各项指标每次测定时每个样品重复读取 3 个数据（孙谷畴等，2004）。分别在充分浇水后的第 2 天、第 5 天和第 17 天测定各个树种苗木净光合速率、气孔导度和蒸腾速率。

8.2.2.4 土壤水分测定

用 TDR100 土壤水分速测仪测定。每一次进行光合测定的同时测

定土壤水分，每盆土壤重复测定 3 次，平均值代表其土壤含水率。在进行不同栽培土壤充分供水和水分胁迫条件下树种光合测定时，每一次同一类型各盆土壤含水率的平均值代表该次该类型土壤的水分梯度值。在进行同一供试树种不同栽培土壤和不同水分条件下光合测定时，每一盆的含水率代表一个水分梯度值。

8.2.3　结果与分析

8.2.3.1　盆栽土壤肥力的综合评价

测定得到的 3 种盆栽土壤基本养分状况列于表 8-7。

表 8-7　盆栽土壤养分指标

土壤类型	全氮（%）	有机质（%）	速效磷（mg/kg）	速效钾（mg/kg）	pH	阳离子交换量（cmol/kg）
草炭土	0.113	1.98	8.65	77.4	8.7	11.0
潮土	0.067	0.53	9.83	65.0	8.9	8.6
沙土	0.051	0.60	11.00	46.8	9.0	5.3

表 8-7 的养分指标之间是不可加和的，应进行标准化，以消除各参数间量纲的差别。采用下列方式计算（付巧玲等，2004）：

当因子的测定值属于“极差”级时，即 $Xi \leqslant Xi_{\min}$　$Pi = Xi/Xi_{\min}$（$Pi \leqslant 1$）；

当因子的测定值属于“差”级时，即 $Xi_{\min} < Xi \leqslant Xi_{\text{mid}}$　$Pi = 1 + (Xi - Xi_{\min})/(Xi_{\text{mid}} - Xi_{\min})$（$1 < Pi \leqslant 2$）；

当因子的测定值属于“中等”级时，即 $Xi_{\text{mid}} < Xi \leqslant Xi_{\max}$　$Pi = 2 + (Xi - Xi_{\text{mid}})/(Xi_{\max} - Xi_{\text{mid}})$（$2 < Pi < 3$）；

当因子的测定值属于“良好”级时，即 $Xi > Xi_{\max}$　$Pi = 3$。

属性值的分级标准主要参照第二次土壤普查标准（见表 8-8）。

综合肥力系数的计算采用内梅罗（Nemoro）公式，加以修正：

$$P = \sqrt{\frac{(Pi_{\text{平均}})^2 + (Pi_{\text{最小}})^2}{2}} \times \frac{n-1}{n}$$

式中:P 为土壤肥力系数;$Pi_{平均}$ 为土壤各属性分肥力系数的平均值;$Pi_{最小}$ 为土壤各属性分肥力系数的最小值;$(n-1)/n$ 为修正项。根据求得的土壤综合肥力系数及土壤普查资料,可将土壤肥力分为5级:优、良、中、差、极差。如表8-9所示。

表8-8 土壤肥力因子分级标准

参评因子	Xi_{max}	Xi_{mid}	Xi_{min}
全氮(%)	0.100	0.075	0.050
有机质(%)	2.0	1.0	0.6
速效磷(mg/kg)	10	5	3
速效钾(mg/kg)	100	50	30
pH	7.0	8.0	9.0
阳离子交换量(cmol/kg)	20	10	5

表8-9 土壤肥力等级

肥力等级	Ⅰ	Ⅱ	Ⅲ	Ⅳ	Ⅴ
肥力描述	优	良	中	差	极差
肥力系数范围	≥2.5	2.5~2.0	2.0~1.5	1.5~1.0	<1.0

土壤肥力综合评价结果见表8-10。

表8-10 盆栽土壤肥力综合评价结果

土壤类型	全氮(%)	有机质(%)	速效磷(mg/kg)	速效钾(mg/kg)	pH	阳离子交换量(cmol/kg)	P
草炭土	3	2.98	2.73	2.55	1.3	2.1	1.63
潮土	1.69	0.88	2.97	2.3	1.1	1.72	1.23
沙土	1.04	1	3	1.84	1	1.06	0.98

根据表 8-10 的综合评价结果,对照表 8-9 的分级标准,试验选用的草炭土属于中等肥力土壤,潮土肥力差,沙土肥力极差,3 种土壤在肥力上具有明显差别,能够代表不同的土壤肥力等级。

8.2.3.2　土壤水分充足条件下树种净光合速率和蒸腾速率比较

测定时的土壤水分状况列于表 8-11。

表 8-11　盆栽土壤水分充足时的土壤含水率

土壤类型	草炭土	潮土	沙土
土壤含水率(%)	37.2	34.9	29.0

(1)中等肥力土壤上不同树种的光合和蒸腾:草炭土盆栽培养的各种供试树种在充分供水时的光合和蒸腾日变化见图 8-17 ~ 图 8-19,日平均水平见图 8-20 ~ 图 8-22。

从图 8-17 可以看出,不同树种净光合速率的日变化过程是不同的。臭椿净光合速率的日变化过程呈单峰曲线,峰值都出现在中午 12 时。栓皮栎的净光合速率的日变化也呈单峰曲线,但是其峰值出现的时间是在上午 10 时。连翘和黑樱桃的日变化过程相同,都呈双峰曲线,并且第一个峰值都出现在上午 10 时,第二个峰值都出现在下午 14 时。金银花和荆条的净光合速率日变化过程相同,在一天中也都有两个峰值,但是第一个峰值出现在上午 8 时,然后持续下降,到中午 12 时又上升,到下午 14 时又出现第二个峰值。花椒和黄连木净光合速率的日变化过程相同,都呈双峰曲线,并且第一个峰值都出现在上午 8 时,第二个峰值都出现在中午 12 时。

从图 8-18 可以看出,不同树种气孔导度的日变化过程也是不同的。栓皮栎、臭椿气孔导度的日变化过程都呈单峰曲线,但是,峰值出现的时间不同,栓皮栎气孔导度的峰值出现在上午 10 时,臭椿气孔导度的峰值出现在中午 12 时。其他 6 个树种气孔导度的日变化过程都呈双峰曲线,但是,峰值出现的时间不完全相同,连翘和黄连木的第一个峰值都出现在上午 10 时,第二个峰值都出现在下午 14 时。荆条的第一个峰值出现在上午 8 时,第二个峰值都出现在下午 16 时。黑樱桃

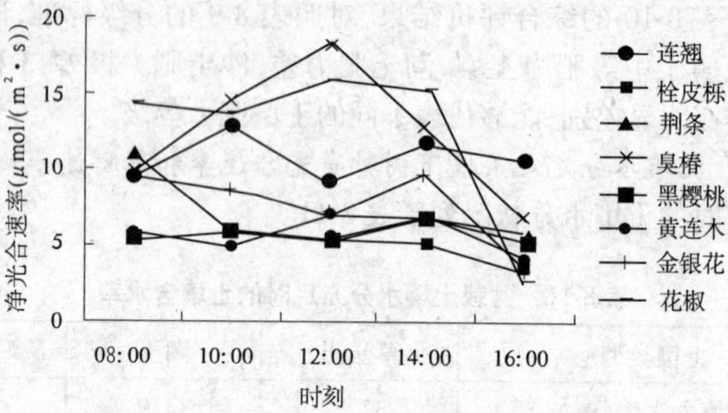

图 8-17　草炭土上不同树种净光合速率日变化

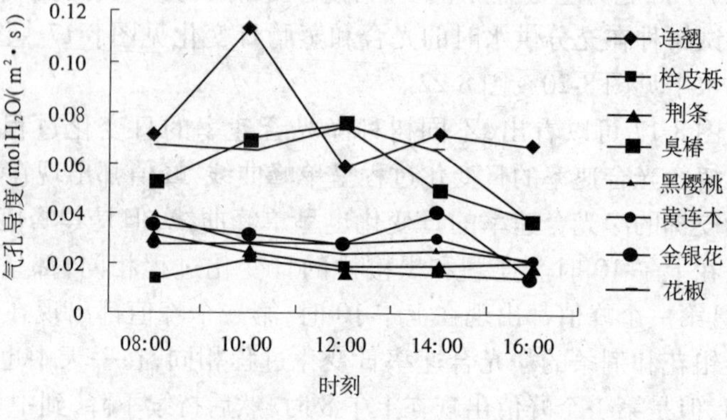

图 8-18　草炭土上不同树种气孔导度日变化

和金银花的第一个峰值都出现在上午 8 时，第二个峰值都出现在下午 14 时。花椒的第一个峰值出现在上午 8 时，第二个峰值都出现在中午 12 时。

从图 8-19 可以看出，不同树种蒸腾速率的日变化过程是不同的。连翘、栓皮栎、荆条、黑樱桃和金银花的日变化过程虽然都呈双峰曲线，但是峰值出现的时间不完全一致，连翘、栓皮栎、荆条和金银花的第一个峰值都出现在上午 10 时，第二个峰值都出现在下午 14 时，而黑樱桃的第一个峰值出现在上午 8 时，第二个峰值都出现在中午 12 时。臭

从表 8-13 可以看出,8 个供试树种光合速率日平均值存在显著差异和极显著差异。

各个供试树种气孔导度的日平均值由大到小分别为连翘0.077 3 ± 0.010 9 $molH_2O/(m^2 \cdot s)$,花椒 0.061 2 ± 0.006 6 $molH_2O/(m^2 \cdot s)$,臭椿 0.056 7 ± 0.007 1 $molH_2O/(m^2 \cdot s)$,金银花 0.029 6 ± 0.004 5 $molH_2O/(m^2 \cdot s)$,黑樱桃 0.027 9 ± 0.003 1 $molH_2O/(m^2 \cdot s)$,黄连木 0.026 6 ± 0.001 9 $molH_2O/(m^2 \cdot s)$,荆条 0.022 6 ± 0.002 6 $molH_2O/(m^2 \cdot s)$,栓皮栎 0.016 8 ± 0.001 3 $molH_2O/(m^2 \cdot s)$,如图 8-21 所示。

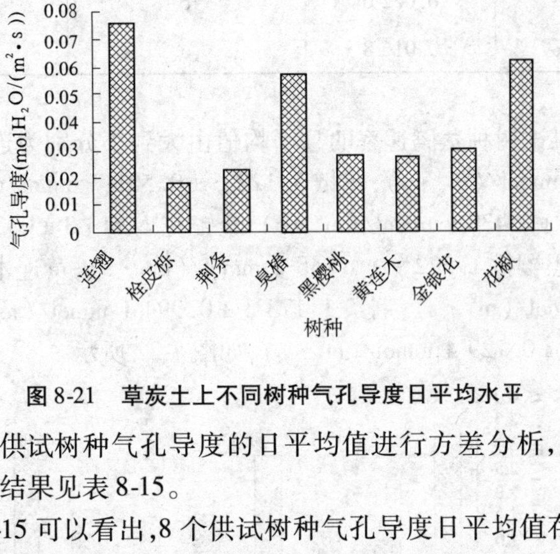

图 8-21　草炭土上不同树种气孔导度日平均水平

对 8 个供试树种气孔导度的日平均值进行方差分析,见表 8-14。其多重比较结果见表 8-15。

从表 8-15 可以看出,8 个供试树种气孔导度日平均值存在显著差异和极显著差异。

表 8-14　8 个供试树种气孔导度日平均值方差分析

变异来源	平方和	自由度	均方	*F* 值	显著水平
处理间	0.017 0	7	0.002 4	15.123 0	0.000 1
处理内	0.005 1	32	0.000 2		
总变异	0.022 1	39			

表 8-15 8 个树种气孔导度日平均值多重比较

树种名称	平均值	5%显著水平	1%极显著水平
连翘	0.077 3	a	A
花椒	0.061 2	ab	A
臭椿	0.056 7	b	A
金银花	0.029 6	c	B
黑樱桃	0.027 9	c	B
黄连木	0.026 6	c	B
荆条	0.022 6	c	B
栓皮栎	0.016 8	c	B

各个供试树种蒸腾速率的日平均值由大到小分别为连翘 3.326 1 ±0.470 2 mmol/(m^2·s)，花椒 3.128 6 ±0.501 7 mmol/(m^2·s)，臭椿 2.745 7 ±0.438 4 mmol/(m^2·s)，金银花 1.713 3 ±0.295 6 mmol/(m^2·s)，黑樱桃 1.522 9 ±0.145 2 mmol/(m^2·s)，黄连木 1.492 4 ±0.176 6 mmol/(m^2·s)，荆条 1.173 1 ±0.994 1 mmol/(m^2·s)，栓皮栎 0.953 9 ±0.129 4 mmol/(m^2·s)，如图 8-22 所示。

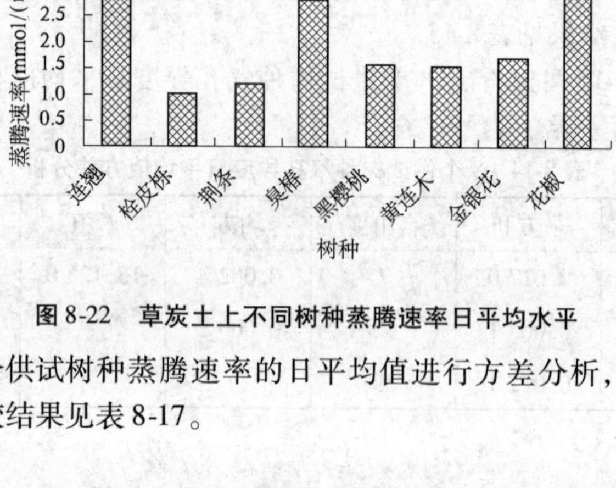

图 8-22 草炭土上不同树种蒸腾速率日平均水平

对 8 个供试树种蒸腾速率的日平均值进行方差分析，见表 8-16。其多重比较结果见表 8-17。

从表 8-17 可以看出,8 个供试树种蒸腾速率日平均值存在显著差异和极显著差异。

表 8-16　8 个供试树种蒸腾速率日平均值方差分析

变异来源	平方和	自由度	均方	*F* 值	显著水平
处理间	29.667 2	7	4.238 2	8.214 0	0.000 1
处理内	16.511 9	32	0.516 0		
总变异	46.179 1	39			

表 8-17　8 个树种蒸腾速率日平均值多重比较

树种名称	平均值	5% 显著水平	1% 极显著水平
连翘	3.326 1	a	A
花椒	3.128 6	a	A
臭椿	2.745 7	a	AB
金银花	1.713 3	b	BC
黑樱桃	1.522 9	b	BC
黄连木	1.492 4	b	BC
荆条	1.173 1	b	C
栓皮栎	0.953 9	b	C

(2)较低肥力土壤上不同树种的光合和蒸腾:潮土盆栽培养的各种供试树种在充分供水时的光合和蒸腾日变化见图 8-23 ~ 图 8-25,日平均水平见图 8-26 ~ 图 8-28。

从图 8-23 可以看出,不同树种净光合速率的日变化过程是不同的。臭椿和花椒净光合速率的日变化过程都呈单峰曲线,并且峰值都出现在中午 12 时。黑樱桃和金银花的日变化过程虽然也呈单峰曲线,但是峰值分别出现在上午 10 时和中午 14 时。荆条、黄连木、栓皮栎和

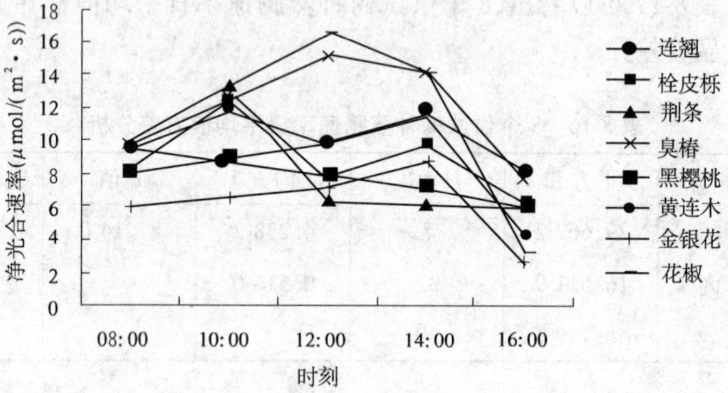

图 8-23　潮土上不同树种净光合速率日变化

连翘净光合速率的日变化过程尽管都呈双峰曲线，但是，只有黄连木和栓皮栎峰值出现时间一致。连翘的第一个峰值都出现在上午 8 时，第二个峰值都出现在下午 14 时。荆条的第一个峰值出现在上午 10 时，到下午 16 时才出现第二个峰值。

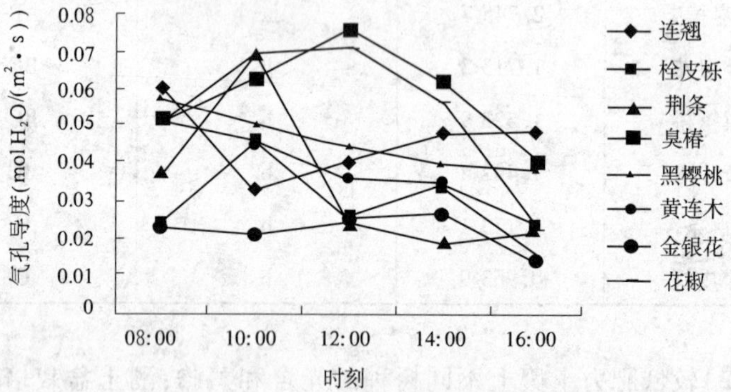

图 8-24　潮土上不同树种气孔导度日变化

从图 8-24 可以看出，不同树种气孔导度的日变化过程也是不同的。臭椿、花椒、黄连木和黑樱桃气孔导度的日变化过程都呈单峰曲线，但是，峰值出现的时间不完全相同，臭椿和花椒的峰值都出现在中午 12 时，而黄连木和黑樱桃的峰值都出现在上午 8 时。荆条、金银花、栓皮栎和连翘气孔导度的日变化过程都呈双峰曲线，但是，峰值出现的时间都不同，荆条的峰值出现在上午 10 时和下午 16 时，金银花的峰值出现在上午 8 时和下午 14 时，栓皮栎的峰值出现在上午 10 时和下午 14 时，连翘的峰值出现在上午 8 时和下午 16 时。

从图 8-25 可以看出，不同树种蒸腾速率的日变化过程是不同的。连翘、栓皮栎的日变化过程虽然都呈双峰曲线，但是峰值出现的时间不完全一致，连翘的第一个峰值都出现在上午 8 时，第二个峰值都出现在下午 14 时，而栓皮栎的第一个峰值出现在上午 10 时，第二个峰值都出现在下午 14 时。其他 6 个树种的日变化过程虽然都呈单峰曲线，但是峰值出现的时间不完全一致，黄连木和荆条峰值出现在上午 10 时，臭椿、花椒、黑樱桃和金银花的峰值出现在中午 12 时。

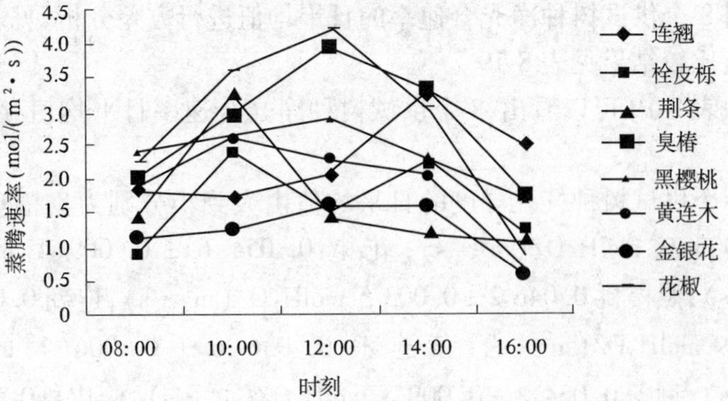

图 8-25　潮土上不同树种蒸腾速率日变化

对比图 8-23 ~ 图 8-25 可以看出，同一树种的净光合速率、气孔导度和蒸腾速率等 3 种指标的日变化过程也不是完全相同的。只有花椒和臭椿 3 种指标的日变化过程完全相同，另外 6 个树种 3 种指标的日变化过程都不同。

各个供试树种净光合速率的日平均值由大到小分别为臭椿 11.903 4 ± 1.395 6 μmol/(m^2 · s)，花椒 11.433 1 ± 2.386 3 μmol/(m^2 · s)，连翘 9.682 8 ± 0.479 8 μmol/(m^2 · s)，黄连木 9.413 8 ± 1.360 9 μmol/(m^2 · s)，栓皮栎 8.956 6 ± 1.054 0 μmol/(m^2 · s)，荆

条 8.351 9 ± 1.478 1 μmol/(m^2 · s)，黑樱桃 7.670 2 ± 0.562 0 μmol/(m^2 · s)，金银花 6.254 0 ± 1.067 1 μmol/(m^2 · s)，如图 8-26 所示。

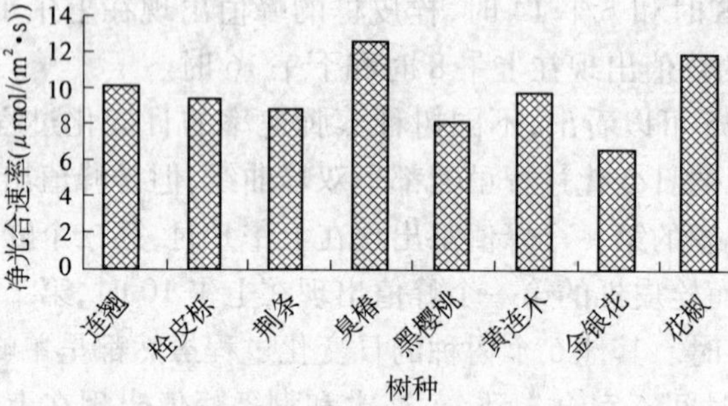

图 8-26　潮土上不同树种净光合速率日平均水平

对 8 个供试树种净光合速率的日平均值进行方差分析，见表 8-18。其多重比较结果见表 8-19。

从表 8-19 可以看出，8 个供试树种净光合速率日平均值存在显著差异。

各个供试树种气孔导度的日平均值由大到小分别为臭椿 0.058 5 ± 0.005 9 molH_2O/(m^2 · s)，花椒 0.054 6 ± 0.009 1 molH_2O/(m^2 · s)，黑樱桃 0.046 2 ± 0.003 5 molH_2O/(m^2 · s)，连翘 0.045 4 ± 0.004 9 molH_2O/(m^2 · s)，黄连木 0.036 6 ± 0.006 1 molH_2O/(m^2 · s)，荆条 0.034 2 ± 0.009 3 molH_2O/(m^2 · s)，栓皮栎 0.031 2 ± 0.004 5 molH_2O/(m^2 · s)，金银花 0.021 5 ± 0.002 1 molH_2O/(m^2 · s)，如图 8-27 所示。

表 8-18　8 个供试树种净光合速率日平均值方差分析

变异来源	平方和	自由度	均方	*F* 值	显著水平
处理间	121.857 8	7	17.408 3	1.924 0	0.098 1
处理内	289.497 2	32	9.046 8		
总变异	411.355 0	39			

表 8-19　8 个树种净光合速率日平均值多重比较

树种名称	平均值	5% 显著水平	1% 极显著水平
臭椿	11.903 4	a	A
花椒	11.433 1	a	A
连翘	9.682 8	ab	A
黄连木	9.413 8	ab	A
栓皮栎	8.956 6	ab	A
荆条	8.351 9	ab	A
黑樱桃	7.670 2	ab	A
金银花	6.254 0	b	A

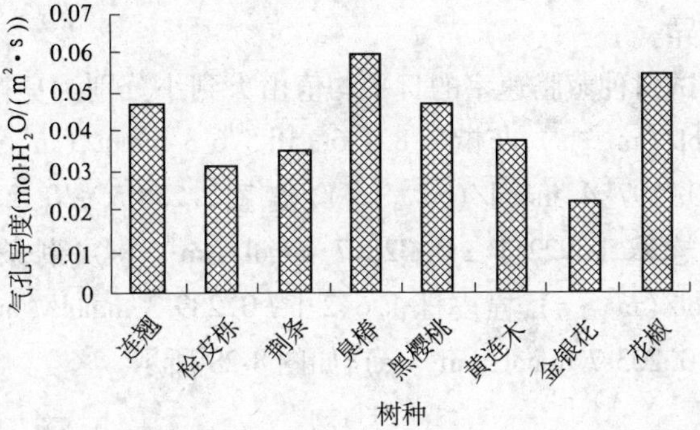

图 8-27　潮土上不同树种气孔导度日平均水平

对 8 个供试树种气孔导度的日平均值进行方差分析，见表 8-20。其多重比较结果见表 8-21。

表 8-20　8 个供试树种气孔导度日平均值方差分析

变异来源	平方和	自由度	均方	F 值	显著水平
处理间	0.005 4	7	0.000 8	4.076 0	0.002 7
处理内	0.006 1	32	0.000 2		
总变异	0.011 5	39			

表 8-21 8 个树种气孔导度日平均值多重比较

树种名称	平均值	5% 显著水平	1% 极显著水平
臭椿	0.058 5	a	A
花椒	0.054 6	ab	AB
黑樱桃	0.046 2	abc	ABC
连翘	0.045 4	abc	ABC
黄连木	0.036 6	bcd	ABC
荆条	0.034 2	cd	ABC
栓皮栎	0.031 2	cd	BC
金银花	0.021 5	d	C

从表 8-21 可以看出,8 个供试树种气孔导度日平均值存在显著差异和极显著差异。

各个供试树种蒸腾速率的日平均值由大到小分别为臭椿 2.873 9 ± 0.413 8 mmol/(m^2·s),花椒 2.821 6 ± 0.576 3 mmol/(m^2·s),黑樱桃 2.377 0 ± 0.197 4 mmol/(m^2·s),连翘 2.288 5 ± 0.276 0 mmol/(m^2·s),黄连木 1.922 1 ± 0.328 7 mmol/(m^2·s),荆条 1.681 6 ± 0.433 5 mmol/(m^2·s),栓皮栎 1.642 1 ± 0.289 3 mmol/(m^2·s),金银花 1.237 2 ± 0.203 7 mmol/(m^2·s),如图 8-28 所示。

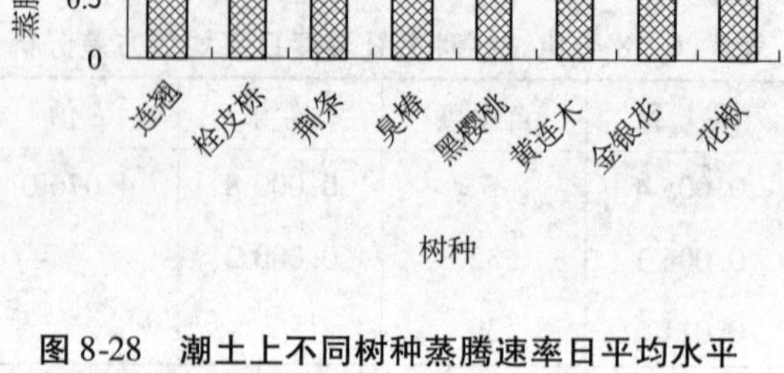

图 8-28 潮土上不同树种蒸腾速率日平均水平

对8个供试树种蒸腾速率的日平均值进行方差分析,见表8-22。其多重比较结果见表8-23。

表8-22　8个供试树种蒸腾速率日平均值方差分析

变异来源	平方和	自由度	均方	*F*值	显著水平
处理间	11.962 3	7	1.708 9	2.630 0	0.028 9
处理内	20.791 1	32	0.649 7		
总变异	32.753 4	39			

表8-23　8个树种蒸腾速率日平均值多重比较

树种名称	平均值	5%显著水平	1%极显著水平
臭椿	2.873 9	a	A
花椒	2.821 6	ab	A
黑樱桃	2.377 0	abc	AB
连翘	2.288 5	abc	AB
黄连木	1.922 1	abc	AB
荆条	1.681 6	bc	AB
栓皮栎	1.642 1	c	AB
金银花	1.237 2	c	B

从表8-23可以看出,8个供试树种蒸腾速率日平均值存在极显著差异。

(3)贫瘠土壤上不同树种的光合和蒸腾:沙土盆栽培养的各种供试树种在充分供水时的光合和蒸腾日变化见图8-29~图8-31,日平均水平见图8-32~图8-34。

从图8-29可以看出,不同树种净光合速率的日变化过程是不同的。荆条和黑樱桃净光合速率的日变化过程都呈单峰曲线,并且峰值都出现在上午10时。黄连木的日变化过程虽然也呈单峰曲线,但是峰值出现在中午 12 时。其他 5 个树种净光合速率的日变化过程尽管都呈双峰曲线，但是，两个峰值出现的时间不完全一致，连翘和臭椿的两个峰值出现的时间是一致的，都是上午 10 时和下午 14 时，而栓皮栎、金银花和花椒的两个峰值出现的时间是一致的，都是上午 8 时和下午 14 时。

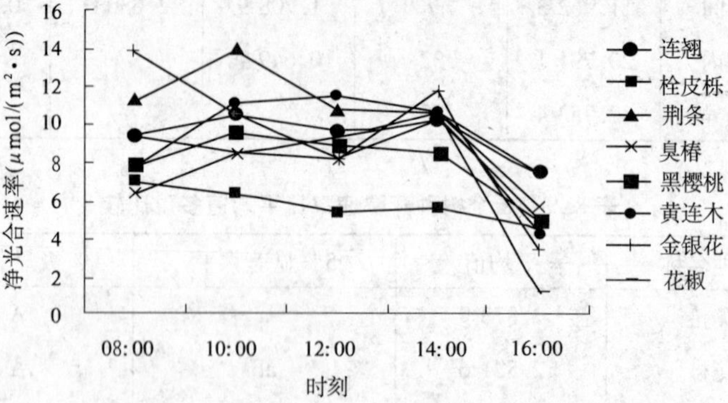

图 8-29 沙土上不同树种净光合速率日变化

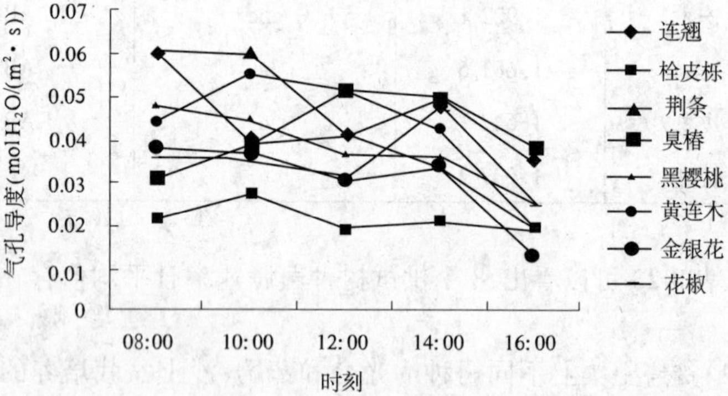

图 8-30 沙土上不同树种气孔导度日变化

从图 8-30 可以看出，不同树种气孔导度的日变化过程也是不同的。臭椿、黄连木和黑樱桃气孔导度的日变化过程都呈单峰曲线，但是，峰值出现的时间不同，臭椿的峰值都出现在中午 12 时，黑樱桃的峰值出现在上午8时，黄连木的峰值出现在上午10时。荆条、金银花、栓皮栎、花椒和连翘气孔导度的日变化过程都呈双峰曲线，但是，峰值出现的时间不完全相同，金银花、花椒和连翘的峰值出现在上午8时和下午14时，栓皮栎的峰值出现在上午10时和下午14时，荆条的峰值出现在上午8时和中午12时。

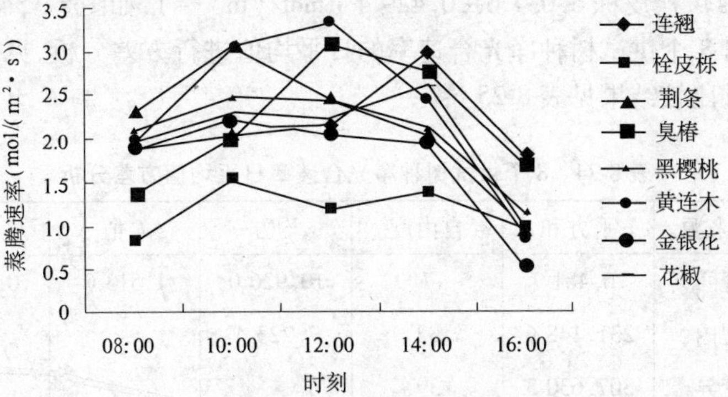

图8-31　沙土上不同树种蒸腾速率日变化

从图8-31可以看出，不同树种蒸腾速率的日变化过程也不完全相同。栓皮栎蒸腾速率的日变化过程呈单峰曲线，其他7个树种都呈双峰曲线，但是，峰值出现的时间不同，荆条、黑樱桃、黄连木和金银花的峰值都出现在上午10时，花椒和连翘的峰值都出现在下午14时，而臭椿的峰值则出现在中午12时。

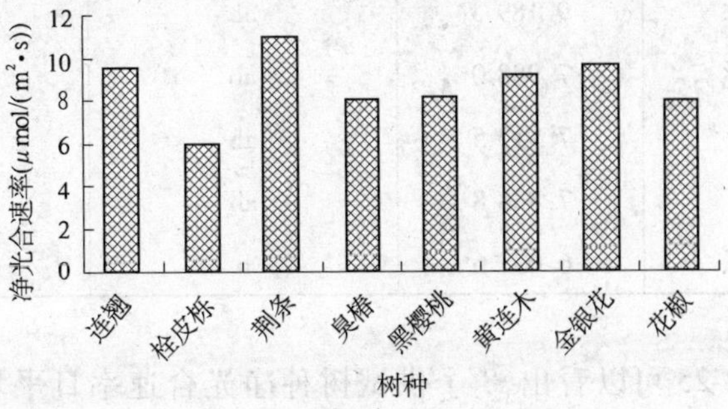

图8-32　沙土上不同树种净光合速率日平均水平

各个供试树种净光合速率的日平均值由大到小分别为荆条 10.864 8 ±1.030 0 μmol/(m^2·s)，连翘 9.632 6 ±0.639 6 μmol/(m^2·s)，金银花 9.474 7 ±1.822 8 μmol/(m^2·s)，黄连木 9.189 3 ±1.504 2 μmol/(m^2·s)，黑樱桃 7.988 0 ±0.798 8 μmol/(m^2·s)，臭椿 7.913 5 ±0.844 1 μmol/(m^2·s)，花椒 7.838 8 ±1.722 7 μmol/(m^2·s)，栓皮栎 6.037 6 ±0.429 4 μmol/(m^2·s)，如图 8-32 所示。

对 8 个供试树种净光合速率的日平均值进行方差分析，见表8-24。其多重比较结果见表 8-25。

表 8-24　8 个供试树种净光合速率日平均值方差分析

变异来源	平方和	自由度	均方	F 值	显著水平
处理间	76.481 7	7	10.926 0	1.513 0	0.198 5
处理内	231.148 6	32	7.223 4		
总变异	307.630 3	39			

表 8-25　8 个树种净光合速率日平均值多重比较

树种名称	平均值	5% 显著水平	1% 极显著水平
荆条	10.864 8	a	A
连翘	9.632 6	ab	A
金银花	9.474 7	ab	A
黄连木	9.189 3	ab	A
黑樱桃	7.988 0	ab	A
臭椿	7.913 5	ab	A
花椒	7.838 8	ab	A
栓皮栎	6.037 6	b	A

从表 8-25 可以看出，8 个供试树种净光合速率日平均值有显著差异。

各个供试树种气孔导度的日平均值由大到小分别为连翘0.044 2 ±0.004 3 $molH_2O/(m^2 \cdot s)$，荆条 0.043 1 ±0.008 0 $molH_2O/(m^2 \cdot s)$，黄连木 0.042 8 ± 0.006 0 $molH_2O/(m^2 \cdot s)$，臭椿 0.041 8 ± 0.003 8 $molH_2O/(m^2 \cdot s)$，黑樱桃 0.038 6 ± 0.004 1 $molH_2O/(m^2 \cdot s)$，花椒 0.034 0 ±0.003 3 $molH_2O/(m^2 \cdot s)$，金银花0.030 7 ±0.004 6 $molH_2O/(m^2 \cdot s)$，栓皮栎 0.021 5 ±0.001 5 $molH_2O/(m^2 \cdot s)$，如图 8-33 所示。

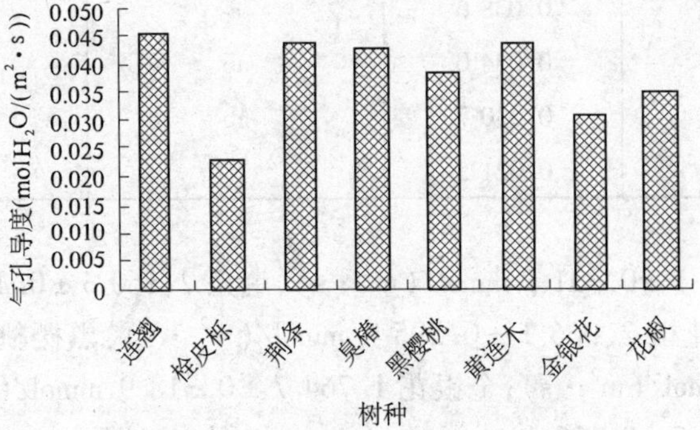

图 8-33　沙土上不同树种气孔导度日平均水平

对 8 个供试树种气孔导度的日平均值进行方差分析，见表 8-26。其多重比较结果见表 8-27。

从表 8-27 可以看出，8 个供试树种气孔导度日平均值存在显著差异和极显著差异。

各个供试树种蒸腾速率的日平均值由大到小分别为黄连木 2.346 1 ±0.427 8 $mmol/(m^2 \cdot s)$，连翘 2.207 2 ±0.243 8 $mmol/(m^2 \cdot s)$，

表 8-26　8 个供试树种气孔导度日平均值方差分析

变异来源	平方和	自由度	均方	*F* 值	显著水平
处理间	0.002 2	7	0.000 3	2.729 0	0.024 4
处理内	0.003 7	32	0.000 1		
总变异	0.005 9	39			

表 8-27 8 个树种气孔导度日平均值多重比较

树种名称	平均值	5% 显著水平	1% 极显著水平
连翘	0.044 2	a	A
荆条	0.043 1	a	A
黄连木	0.042 8	a	A
臭椿	0.041 8	a	A
黑樱桃	0.038 6	a	AB
花椒	0.034 0	ab	AB
金银花	0.030 7	ab	AB
栓皮栎	0.021 5	b	B

臭椿 2.192 1 ±0.331 1 mmol/(m^2·s),荆条 2.160 3 ±0.331 4 mmol/(m^2·s),花椒 2.066 1 ±0.295 4 mmol/(m^2·s),黑樱桃 2.048 2 ±0.248 1 mmol/(m^2·s),金银花 1.764 7 ±0.318 9 mmol/(m^2·s),栓皮栎 1.191 5 ±0.132 1 mmol/(m^2·s),如图 8-34 所示。

对 8 个供试树种蒸腾速率的日平均值进行方差分析,见表 8-28。其多重比较结果见表 8-29。

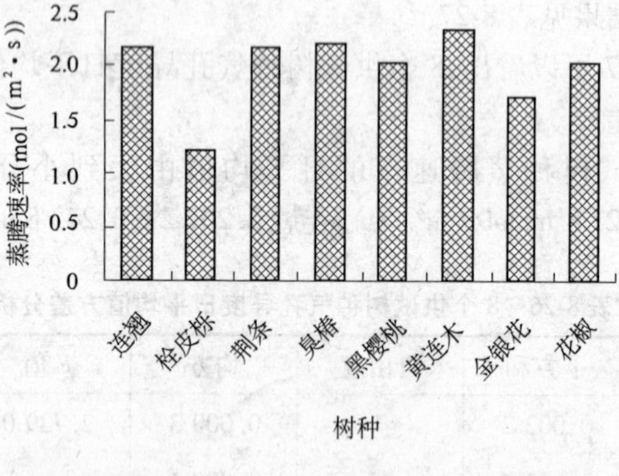

图 8-34 沙土上不同树种蒸腾速率日平均水平

表 8-28　8 个供试树种蒸腾速率日平均值方差分析

变异来源	平方和	自由度	均方	F 值	显著水平
处理间	4.704 7	7	0.672 1	1.473 0	0.211 9
处理内	14.596 2	32	0.456 1		
总变异	19.301 0	39			

表 8-29　8 个树种蒸腾速率日平均值多重比较

树种名称	平均值	5% 显著水平	1% 极显著水平
黄连木	2.346 1	a	A
连翘	2.207 2	a	A
臭椿	2.192 1	a	A
荆条	2.160 3	a	A
花椒	2.066 1	ab	A
黑樱桃	2.048 2	ab	A
金银花	1.764 7	ab	A
栓皮栎	1.191 5	b	A

从表 8-29 可以看出，8 个供试树种蒸腾速率日平均值之间存在显著差异。

8.2.3.3　土壤水分中度胁迫条件下树种净光合速率和蒸腾速率的比较

测定时的土壤水分状况列于表 8-30。

表 8-30　盆栽土壤中度水分胁迫时的土壤含水率

土壤类型	草炭土	潮土	沙土
土壤含水率(%)	8.7	10.3	3.3

(1) 中等肥力土壤上不同树种的光合和蒸腾：草炭土盆栽培养的各种供试树种在中度水分胁迫时的光合和蒸腾日变化见图 8-35 ~

图 8-37,日平均水平见图 8-38 ~ 图 8-40。

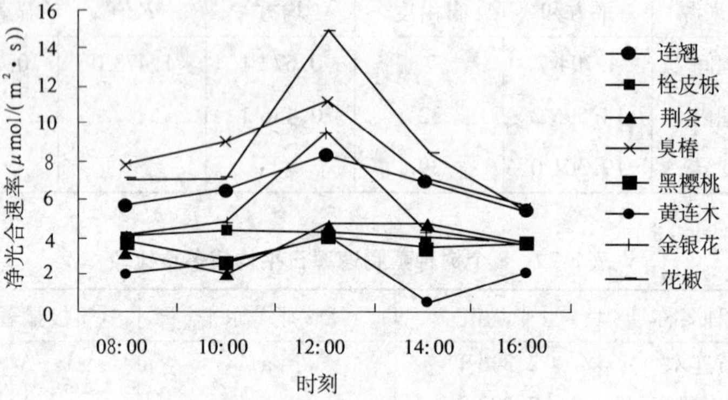

图 8-35　草炭土上不同树种净光合速率日变化

从图 8-35 可以看出,不同树种净光合速率的日变化过程是不同的。连翘、臭椿、金银花和花椒净光合速率的日变化过程都呈单峰曲线,峰值都出现在中午 12 时。栓皮栎的净光合速率的日变化也呈单峰曲线,但是其峰值出现的时间是在上午 10 时。荆条、黑樱桃和黄连木的日变化过程都呈双峰曲线,并且峰值出现时间也不完全一致,荆条和黑樱桃的第一个峰值都出现在上午 8 时,第二个峰值都出现在中午 12 时,而黄连木的第一个峰值出现在中午 12 时,第二个峰值都出现在下午 16 时。

从图 8-36 可以看出,不同树种气孔导度的日变化过程也是不同的。栓皮栎、黄连木、金银花和花椒的日变化过程都呈单峰曲线,但是,峰值出现的时间不同,栓皮栎和花椒气孔导度的峰值出现在上午 10 时,而黄连木和金银花的峰值出现在上午 8 时。连翘、荆条、臭椿和黑樱桃气孔导度的日变化过程都呈双峰曲线,但是,峰值出现的时间不完全相同,连翘和臭椿的第一个峰值都出现在上午 10 时,第二个峰值都出现在下午 14 时,而荆条和黑樱桃的第一个峰值都出现在上午 8 时,第二个峰值都出现在下午 14 时。

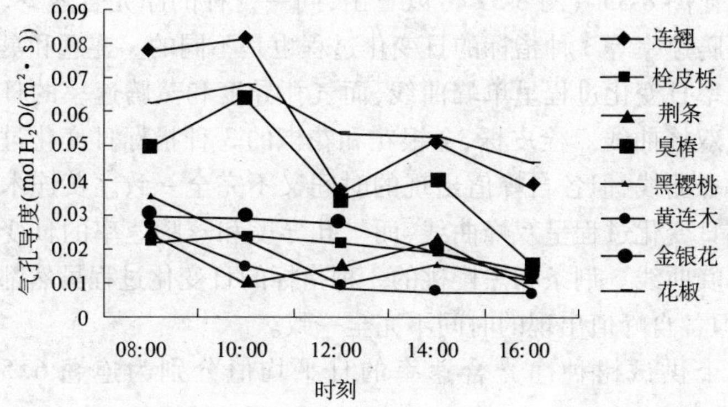

图 8-36　草炭土上不同树种气孔导度日变化

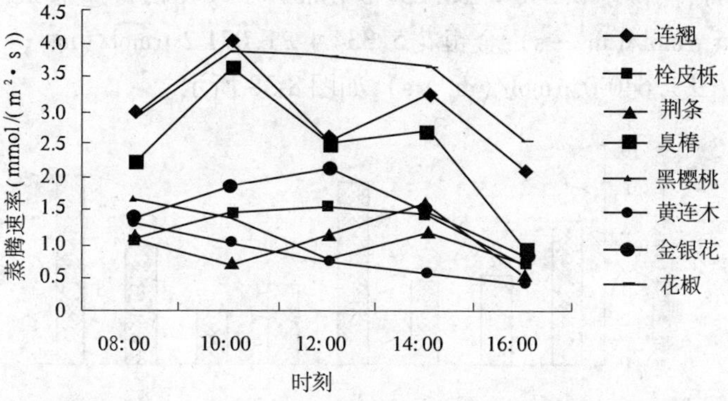

图 8-37　草炭土上不同树种蒸腾速率日变化

从图 8-37 可以看出，不同树种蒸腾速率的日变化过程也是不完全相同的。栓皮栎、黄连木、金银花和花椒的日变化过程都呈单峰曲线，但是，峰值出现的时间并不一致，栓皮栎和金银花都出现在中午 12 时，而黄连木的峰值出现在上午 8 时，花椒的峰值出现在上午 10 时。连翘、荆条、臭椿和黑樱桃蒸腾速率的日变化过程虽然都呈双峰曲线，但是峰值出现的时间也不完全一致，连翘和臭椿的第一个峰值都出现在上午 10 时，第二个峰值则都出现在下午 14 时，而荆条和黑樱桃的第一个峰值都出现在上午 8 时，第二个峰值则都出现在下午 14 时。

对比图 8-35 ~ 图 8-37 可以看出，同一树种的净光合速率、气孔导度和蒸腾速率等 3 种指标的日变化过程也是不同的。连翘和臭椿的净光合速率日变化过程呈单峰曲线，而气孔导度和蒸腾速率的日变化过程却呈双峰曲线。栓皮栎、金银花和花椒的 3 种指标日变化过程虽然都呈单峰曲线，但各自峰值出现的时间又不完全一致。黄连木的净光合速率日变化过程呈双峰曲线，而气孔导度和蒸腾速率的日变化过程却呈单峰曲线。荆条和黑樱桃的 3 种指标的日变化过程虽然都呈双峰曲线，但各自峰值出现的时间不完全一致。

各个供试树种净光合速率的日平均值分别为连翘 6.596 0 ± 0.529 6 μmol/(m^2·s)，栓皮栎 4.116 0 ± 0.162 7 μmol/(m^2·s)，荆条 3.755 2 ± 0.509 0 μmol/(m^2·s)，臭椿 8.194 7 ± 0.916 5 μmol/(m^2·s)，黑樱桃 3.598 6 ± 0.237 3 μmol/(m^2·s)，黄连木 2.273 7 ± 0.598 5 μmol/(m^2·s)，金银花 5.334 4 ± 1.071 2 μmol/(m^2·s)，花椒 8.640 6 ± 1.640 0 μmol/(m^2·s)，如图 8-38 所示。

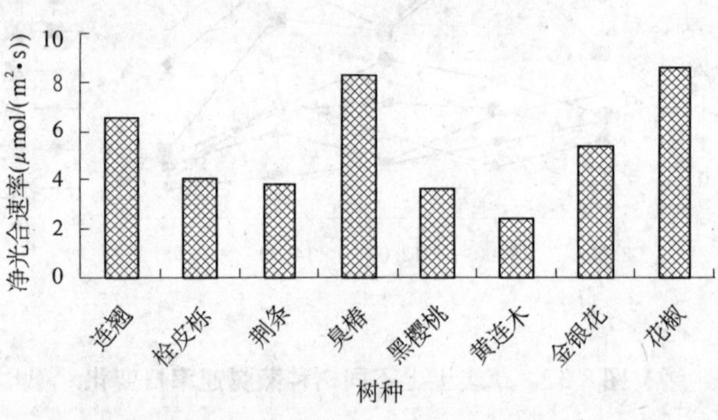

图 8-38　草炭土上不同树种净光合速率日平均水平

对 8 个供试树种净光合速率的日平均值进行方差分析，见表 8-31。其多重比较结果见表 8-32。

从表 8-32 可以看出，8 个供试树种光合速率日平均值之间存在显著差异和极显著差异。

各个供试树种气孔导度的日平均值分别为连翘 0.057 0 ± 0.009 7 μmol·H_2O/(m^2·s)，栓皮栎 0.019 4 ± 0.002 1 μmol·H_2O/(m^2·s)，

表 8-31　8 个供试树种光合速率日平均值方差分析

变异来源	平方和	自由度	均方	F 值	显著水平
处理间	185.298 2	7	26.471 2	7.486 0	0.000 1
处理内	113.153 5	32	3.536 0		
总变异	298.451 7	39			

表 8-32　8 个树种光合速率日平均值多重比较

树种名称	平均值	5% 显著水平	1% 极显著水平
花椒	8.640 6	a	A
臭椿	8.194 7	a	A
连翘	6.596 0	ab	AB
金银花	5.334 4	bc	ABC
栓皮栎	4.116 0	bcd	BC
荆条	3.755 2	cd	BC
黑樱桃	3.598 6	cd	BC
黄连木	2.273 7	d	C

荆条 0.015 9 ± 0.003 2 μmolH_2O/(m^2 · s)，臭椿 0.040 9 ± 0.008 1 μmolH_2O/(m^2 · s)，黑樱桃 0.018 6 ± 0.004 8 μmolH_2O/(m^2 · s)，黄连木 0.012 3 ± 0.003 4 μmolH_2O/(m^2 · s)，金银花 0.023 9 ± 0.003 2 μmolH_2O/(m^2 · s)，花椒 0.057 0 ± 0.004 4 μmolH_2O/(m^2 · s)，如图 8-39所示。

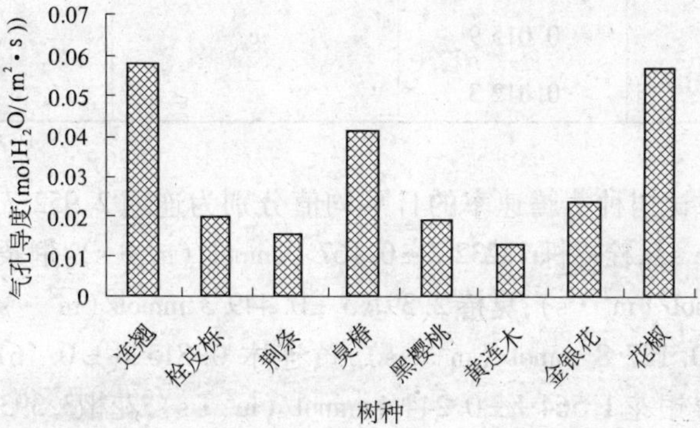

图 8-39　草炭土上不同树种气孔导度日平均水平

对8个供试树种气孔导度的日平均值进行方差分析,见表8-33。其多重比较结果见表8-34。

从表8-34可以看出,8个供试树种气孔导度日平均值之间存在显著差异和极显著差异。

表8-33　8个供试树种气孔导度日平均值方差分析

变异来源	平方和	自由度	均方	*F* 值	显著水平
处理间	0.011 8	7	0.001 7	11.327 0	0.000 1
处理内	0.004 8	32	0.000 1		
总变异	0.016 6	39			

表8-34　8个树种气孔导度日平均值多重比较

树种名称	平均值	5%显著水平	1%极显著水平
花椒	0.057 0	a	A
连翘	0.057 0	a	A
臭椿	0.040 9	ab	AB
金银花	0.023 9	c	BC
栓皮栎	0.019 4	c	BC
黑樱桃	0.018 6	c	BC
荆条	0.015 9	c	C
黄连木	0.012 3	c	C

各个供试树种蒸腾速率的日平均值分别为连翘2.952 7 ±0.332 1 mmol/(m^2·s),栓皮栎1.232 2 ±0.167 1 mmol/(m^2·s),荆条1.021 9 ±0.196 9 mmol/(m^2·s),臭椿2.391 3 ±0.449 3 mmol/(m^2·s),黑樱桃1.139 4 ±0.187 8 mmol/(m^2·s),黄连木0.815 6 ±0.161 9 mmol/(m^2·s),金银花1.564 1 ±0.244 4 mmol/(m^2·s),花椒3.393 4 ±0.315 6 mmol/(m^2·s),如图8-40所示。

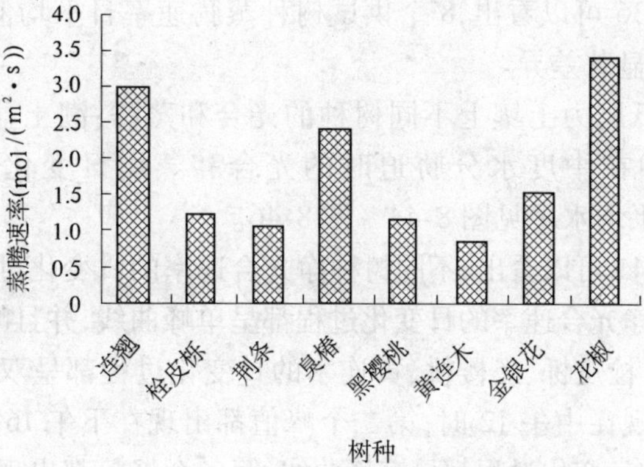

图 8-40　草炭土上不同树种蒸腾速率日平均水平

对 8 个供试树种蒸腾速率的日平均值进行方差分析,见表 8-35。其多重比较结果见表 8-36。

表 8-35　8 个供试树种蒸腾速率日平均值方差分析

变异来源	平方和	自由度	均方	*F* 值	显著水平
处理间	33.022 6	7	4.717 5	12.588 0	0.000 1
处理内	11.992 8	32	0.374 8		
总变异	45.015 4	39			

表 8-36　8 个树种蒸腾速率日平均值多重比较

树种名称	平均值	5% 显著水平	1% 极显著水平
花椒	3.393 4	a	A
连翘	2.952 7	ab	A
臭椿	2.391 3	b	AB
金银花	1.564 1	c	BC
栓皮栎	1.232 2	c	C
黑樱桃	1.139 4	c	C
荆条	1.021 9	c	C
黄连木	0.815 6	c	C

从表 8-36 可以看出,8 个供试树种蒸腾速率日平均值之间存在显著差异和极显著差异。

(2)较低肥力土壤上不同树种的光合和蒸腾:潮土盆栽培养的各种供试树种在中度水分胁迫时的光合和蒸腾日变化见图 8-41 ~ 图 8-43,日平均水平见图 8-44 ~ 图 8-46。

从图 8-41 可以看出,不同树种净光合速率的日变化过程是不同的。连翘和花椒净光合速率的日变化过程都呈单峰曲线,并且峰值都出现在中午 12 时。栓皮栎、黑樱桃、黄连木的日变化过程都呈双峰曲线,第一个峰值都出现在中午 12 时,第二个峰值都出现在下午 16 时。荆条、臭椿、金银花的日变化过程都呈三峰曲线,第一个峰值都出现在上午 8 时,第二个峰值都出现在中午 12 时,第三个峰值都出现在下午 16 时。

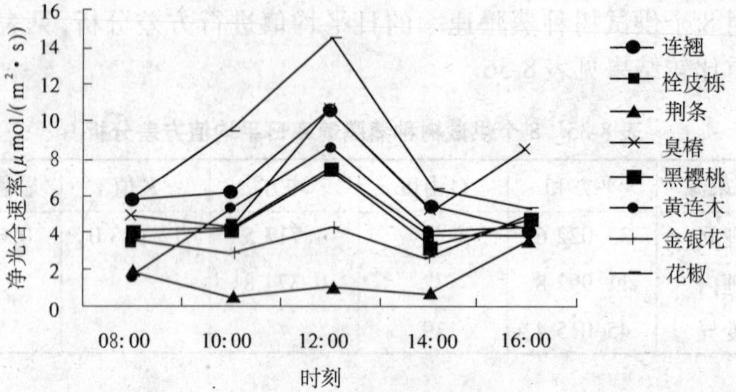

图 8-41 潮土上不同树种净光合速率日变化

从图 8-42 可以看出,不同树种气孔导度的日变化过程也是不同的。连翘、花椒、黄连木和黑樱桃气孔导度的日变化过程都呈单峰曲线,峰值都出现在上午 10 时。荆条、金银花、栓皮栎气孔导度的日变化过程都呈双峰曲线,但是,峰值出现的时间都不同,荆条的的第一个峰值出现在上午 8 时,第二个峰值出现在下午 16 时;金银花的第一个峰值出现在上午 8 时,第二个峰值出现在下午 14 时;栓皮栎的第一个峰值出现在上午 10 时,第二个峰值出现在下午 14 时。

从图 8-43 可以看出,不同树种蒸腾速率的日变化过程是不同的。连翘、黑樱桃、黄连木的日变化过程都呈单峰曲线,峰值都出现在上午

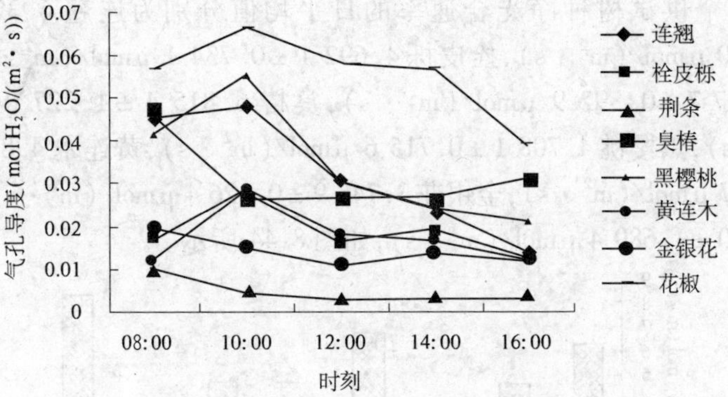

图 8-42　潮土上不同树种气孔导度日变化

10 时。花椒的日变化过程也呈单峰曲线，但是峰值出现在中午 12 时。荆条、臭椿、栓皮栎、金银花的日变化过程虽然都呈双峰曲线，但是峰值出现的时间不完全一致，荆条、臭椿的第一个峰值都出现在上午 8 时，第二个峰值都出现在下午 14 时，而栓皮栎、金银花的第一个峰值都出现在上午 10 时，第二个峰值都出现在下午 14 时。

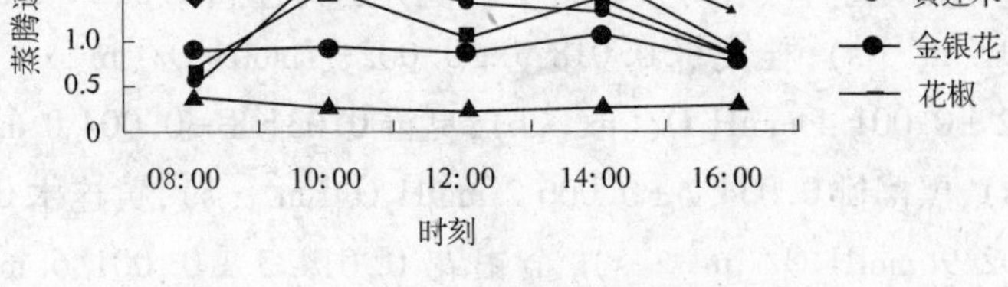

图 8-43　潮土上不同树种蒸腾速率日变化

对比图 8-41～图 8-43 可以看出，同一树种的净光合速率、气孔导度和蒸腾速率等 3 种指标的日变化过程也不是完全相同的。连翘和花椒 3 种指标的日变化过程虽然都呈单峰曲线，但是峰值出现的时间不完全一致，另外 6 个树种各自 3 种指标的日变化过程都不同。

各个供试树种净光合速率的日平均值分别为连翘 6.327 5 ± 1.091 0 μmol/(m^2·s)，栓皮栎 4.692 1 ± 0.734 1 μmol/(m^2·s)，荆条1.617 7 ± 0.592 9 μmol/(m^2·s)，臭椿 6.815 4 ± 1.227 0 μmol/(m^2·s)，黑樱桃 4.708 1 ± 0.715 6 μmol/(m^2·s)，黄连木 4.846 7 ± 1.201 7 μmol/(m^2·s)，金银花 3.748 9 ± 0.426 4 μmol/(m^2·s)，花椒 8.434 0 ± 1.689 4 μmol/(m^2·s)，如图 8-44 所示。

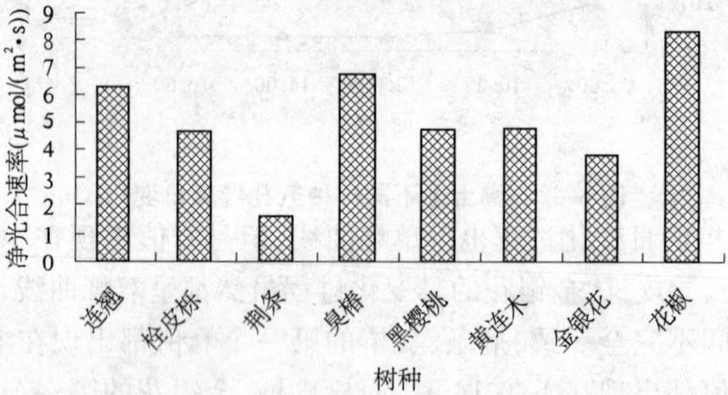

图 8-44　潮土上不同树种净光合速率日平均水平

对 8 个供试树种净光合速率的日平均值进行方差分析，见表 8-37。其多重比较结果见表 8-38。

从表 8-38 可以看出，8 个供试树种净光合速率日平均值之间存在显著差异和极显著差异。

各个供试树种气孔导度的日平均值分别为连翘 0.032 3 ± 0.006 7 molH_2O/(m^2·s)，栓皮栎 0.018 5 ± 0.002 7 molH_2O/(m^2·s)，荆条 0.005 2 ± 0.001 4 molH_2O/(m^2·s)，臭椿 0.031 8 ± 0.004 0 molH_2O/(m^2·s)，黑樱桃 0.034 7 ± 0.006 2 molH_2O/(m^2·s)，黄连木 0.017 8 ± 0.002 9 molH_2O/(m^2·s)，金银花 0.014 3 ± 0.001 6 molH_2O/(m^2·s)，花椒 0.054 3 ± 0.004 5 molH_2O/(m^2·s)，如图 8-45 所示。

对 8 个供试树种气孔导度的日平均值进行方差分析，见表 8-39。其多重比较结果见表 8-40。

从表 8-40 可以看出，8 个供试树种气孔导度日平均值之间存在显著差异和极显著差异。

表 8-37　8 个供试树种净光合速率日平均值方差分析

变异来源	平方和	自由度	均方	*F* 值	显著水平
处理间	149.392 6	7	21.341 8	3.981 0	0.003 1
处理内	171.569 7	32	5.361 6		
总变异	320.962 3	39			

表 8-38　8 个树种净光合速率日平均值多重比较

树种名称	平均值	5% 显著水平	1% 极显著水平
花椒	8.434 0	a	A
臭椿	6.815 4	ab	AB
连翘	6.327 5	ab	AB
黄连木	4.846 7	bc	ABC
黑樱桃	4.708 1	bc	ABC
栓皮栎	4.692 1	bc	ABC
金银花	3.749 8	bc	BC
荆条	1.617 7	c	C

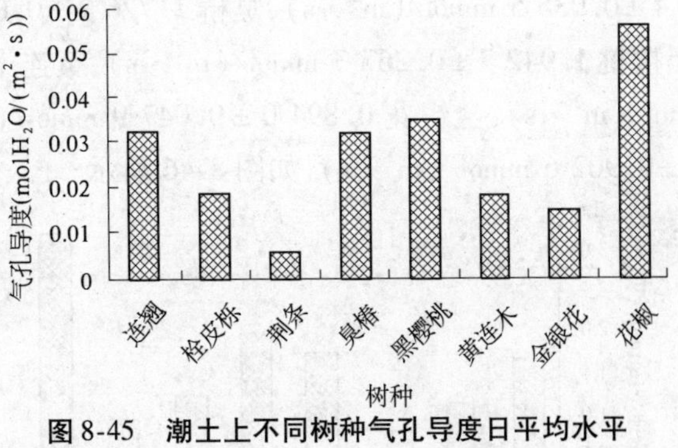

图 8-45　潮土上不同树种气孔导度日平均水平

表 8-39　8 个供试树种气孔导度日平均值方差分析

变异来源	平方和	自由度	均方	*F* 值	显著水平
处理间	0.008 2	7	0.001 2	13.405 0	0.000 1
处理内	0.002 8	32	0.000 1		
总变异	0.011 0	39			

表 8-40 8 个树种气孔导度日平均值多重比较

树种名称	平均值	5% 显著水平	1% 极显著水平
花椒	0.054 3	a	A
黑樱桃	0.034 7	b	B
连翘	0.032 3	b	B
臭椿	0.031 8	b	B
栓皮栎	0.018 5	c	BC
黄连木	0.017 8	c	BC
金银花	0.014 3	cd	C
荆条	0.005 2	d	C

各个供试树种蒸腾速率的日平均值由大到小分别为连翘 1.609 3 ±0.218 2 mmol/(m^2·s)，栓皮栎 1.107 6 ±0.184 4 mmol/(m^2·s)，荆条 0.299 4 ±0.035 5 mmol/(m^2·s)，臭椿 1.726 2 ±0.077 4 mmol/(m^2·s)，黑樱桃 1.942 7 ±0.267 3 mmol/(m^2·s)，黄连木 1.202 7 ±0.225 1 mmol/(m^2·s)，金银花 0.894 0 ±0.047 9 mmol/(m^2·s)，花椒 3.164 1 ±0.902 6 mmol/(m^2·s)，如图 8-46 所示。

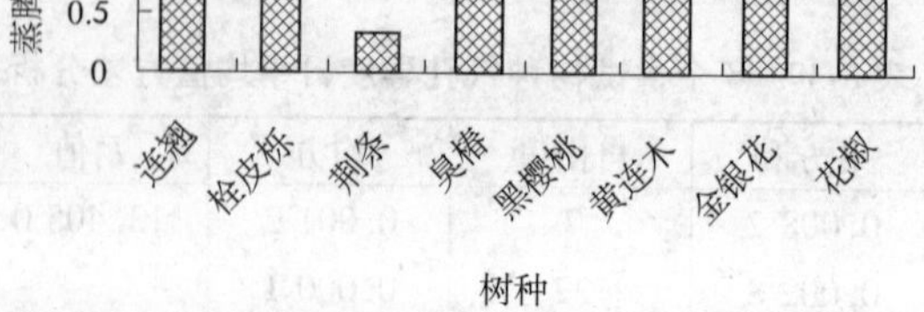

图 8-46 潮土上不同树种蒸腾速率日平均水平

对8个供试树种蒸腾速率的日平均值进行方差分析，见表8-41。其多重比较结果见表8-42。

从表8-42可以看出，8个供试树种蒸腾速率日平均值之间存在显著差异和极显著差异。

表8-41　8个供试树种蒸腾速率日平均值方差分析

变异来源	平方和	自由度	均方	*F*值	显著水平
处理间	25.394 6	7	3.627 8	15.428 0	0.000 1
处理内	7.524 6	32	0.235 1		
总变异	32.919 2	39			

表8-42　8个树种蒸腾速率日平均值多重比较

树种名称	平均值	5%显著水平	1%极显著水平
花椒	3.164 1	a	A
黑樱桃	1.942 7	b	B
臭椿	1.726 2	bc	BC
连翘	1.609 3	bc	BC
黄连木	1.202 7	cd	BC
栓皮栎	1.107 6	cd	BCD
金银花	0.894 0	de	CD
荆条	0.299 4	e	D

(3)贫瘠土壤上不同树种的光合和蒸腾：沙土盆栽培养的各种供试树种在中度水分胁迫时的光合和蒸腾日变化见图8-47～图8-49，日平均水平见图8-50～图8-52。

从图8-47可以看出，不同树种净光合速率的日变化过程是不同的。栓皮栎、金银花、花椒光合速率的日变化过程都呈单峰曲线，并且峰值都出现在中午12时。连翘、黑樱桃、黄连木的日变化过程都呈双

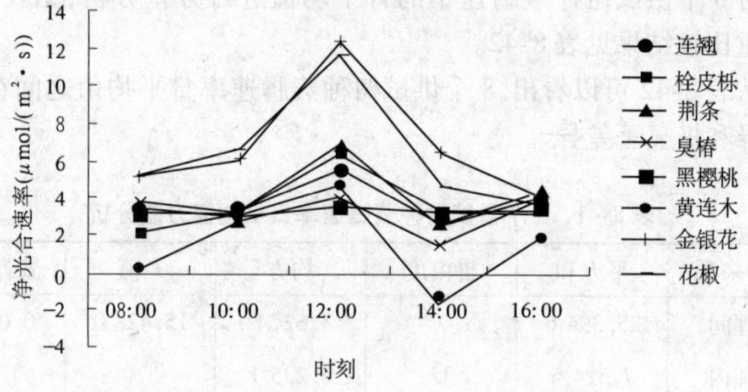

图 8-47　沙土上不同树种净光合速率日变化

峰曲线，第一个峰值都出现在中午 12 时，第二个峰值都出现在下午 16 时。荆条、臭椿净光合速率在一天中有三个峰值，第一个峰值都出现在上午 8 时，第二个峰值都出现在中午 12 时，第三个峰值都出现在下午 16 时。

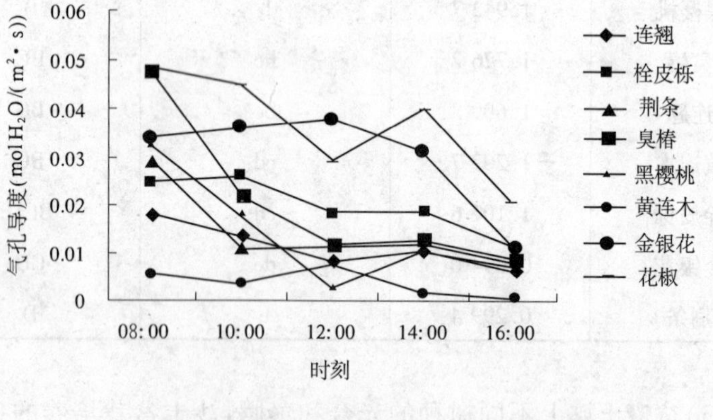

图 8-48　沙土上不同树种气孔导度日变化

从图 8-48 可以看出，不同树种气孔导度的日变化过程也不完全相同。金银花的日变化过程呈单峰曲线。其他 7 个树种的日变化过程虽然都呈双峰曲线，但是，峰值出现的时间不完全相同。荆条、连翘、臭椿、黑樱桃、花椒的第一个峰值都出现在上午 8 时，第二个峰值都出现在下午 14 时。而栓皮栎的第一个峰值出现在上午 10 时,第二个峰值出现在下午 14 时。黄连木的第一个峰值出现在上午 8 时,第二个峰值都出现在中午 12 时。

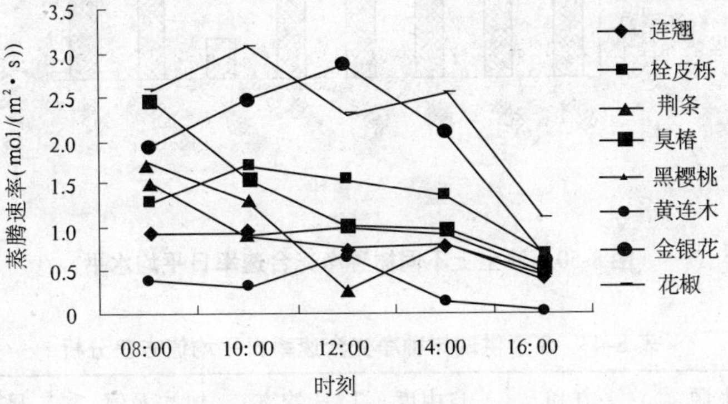

图 8-49　沙土上不同树种蒸腾速率日变化

从图 8-49 可以看出,不同树种蒸腾速率的日变化过程也不完全相同。栓皮栎和连翘的日变化过程都呈单峰曲线,峰值出现的时间都在上午 10 时。金银花、臭椿的日变化过程也呈单峰曲线,但是前者峰值出现的时间在中午 12 时,后者则在上午 8 时。其他 4 个树种的日变化过程都呈双峰曲线,但是,峰值出现的时间不同,荆条、黄连木的第一个峰值都出现在上午 8 时,第二个峰值都出现在中午 12 时。黑樱桃的第一个峰值出现在上午 8 时,第二个峰值出现在下午 14 时。花椒两个峰值出现的时间分别在上午 10 时和下午 14 时。

各个供试树种净光合速率的日平均值分别为连翘 3.662 8 ± 0.507 3 μmol/(m^2 · s),栓皮栎 3.707 1 ± 0.735 5 μmol/(m^2 · s),荆条4.049 3 ± 0.787 5 μmol/(m^2 · s),臭椿 3.283 7 ± 0.473 1 μmol/(m^2 · s),黑樱桃 3.325 0 ± 0.071 4 μmol/(m^2 · s),黄连木 1.578 2 ± 1.064 9 μmol/(m^2 · s),金银花 6.850 8 ± 1.485 0 μmol/(m^2 · s),花椒 6.367 8 ± 1.330 8 μmol/(m^2 · s),如图 8-50 所示。

对 8 个供试树种净光合速率的日平均值进行方差分析,见表8-43。其多重比较结果见表 8-44。

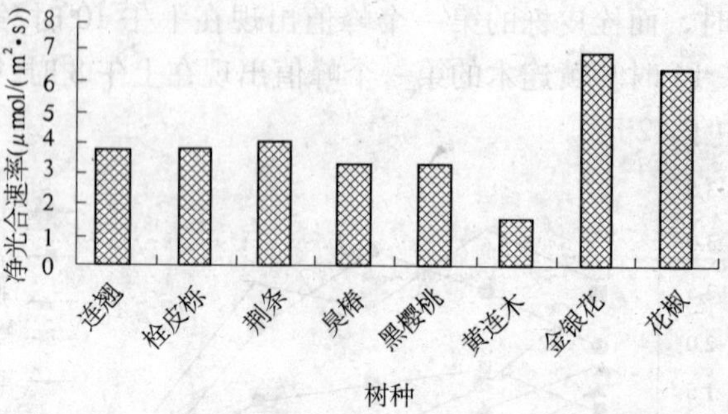

图 8-50 沙土上不同树种净光合速率日平均水平

表 8-43 8 个供试树种净光合速率日平均值方差分析

变异来源	平方和	自由度	均方	*F* 值	显著水平
处理间	103.421 9	7	14.774 6	3.498 0	0.006 7
处理内	135.155 9	32	4.223 6		
总变异	238.577 8	39			

表 8-44 8 个树种净光合速率日平均值多重比较

树种名称	平均值	5% 显著水平	1% 极显著水平
金银花	6.850 8	a	A
花椒	6.367 8	ab	A
荆条	4.049 3	bc	AB
栓皮栎	3.707 1	bc	AB
连翘	3.662 8	bc	AB
黑樱桃	3.325 0	c	AB
臭椿	3.283 7	c	AB
黄连木	1.578 2	c	B

从表 8-44 可以看出，8 个供试树种净光合速率日平均值之间存在显著差异和极显著差异。

各个供试树种气孔导度的日平均值分别为连翘 0.011 6 ±0.004 5

$molH_2O/(m^2 \cdot s)$，栓皮栎 0.019 9 ±0.005 9 $molH_2O/(m^2 \cdot s)$，荆条 0.014 4 ±0.008 4 $molH_2O/(m^2 \cdot s)$，臭椿 0.020 6 ±0.015 9 $molH_2O/(m^2 \cdot s)$，黑樱桃 0.014 0 ±0.011 7 $molH_2O/(m^2 \cdot s)$，黄连木 0.004 2 ±0.003 0 $molH_2O/(m^2 \cdot s)$，金银花 0.030 0 ± 0.010 8 $molH_2O/(m^2 \cdot s)$，花椒 0.036 5 ±0.011 6 $molH_2O/(m^2 \cdot s)$，如图 8-51 所示。

对 8 个供试树种气孔导度的日平均值进行方差分析，见表 8-45。其多重比较结果见表 8-46。

从表 8-46 可以看出，8 个供试树种气孔导度日平均值之间存在显著差异和极显著差异。

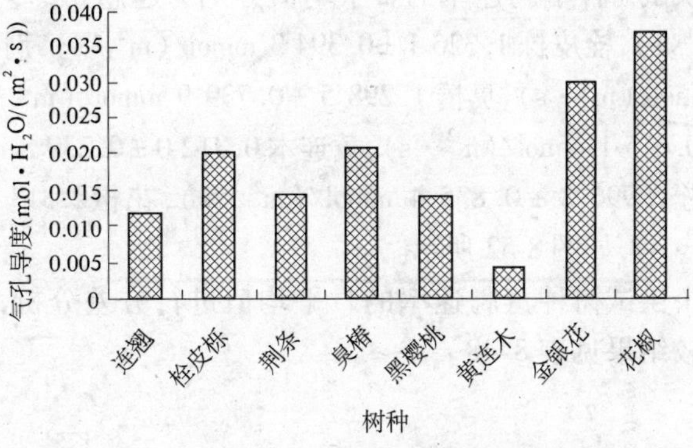

图 8-51　沙土上不同树种气孔导度日平均水平

表 8-45　8 个供试树种气孔导度日平均值方差分析

变异来源	平方和	自由度	均方	F 值	显著水平
处理间	0.003 7	7	0.000 5	5.536	0.000 3
处理内	0.003 1	32	0.000 1		
总变异	0.006 8	39			

表 8-46 8 个树种气孔导度日平均值多重比较

树种名称	平均值	5%显著水平	1%极显著水平
花椒	0.036 48	a	A
金银花	0.029 96	ab	AB
臭椿	0.020 56	bc	ABC
栓皮栎	0.019 88	bc	ABC
荆条	0.014 38	cd	BC
黑樱桃	0.014 00	cd	BC
连翘	0.011 56	cd	BC
黄连木	0.004 20	d	C

各个供试树种蒸腾速率的日平均值分别为连翘 0.779 2 ±0.213 2 mmol/(m^2·s),栓皮栎 1.326 1 ±0.394 3 mmol/(m^2·s),荆条0.953 9 ±0.377 2 mmol/(m^2·s),臭椿 1.298 5 ±0.739 9 mmol/(m^2·s),黑樱桃 0.895 6 ±0.615 1 mmol/(m^2·s),黄连木 0.312 0 ±0.239 8 mmol/(m^2·s),金银花 1.996 8 ±0.835 4 mmol/(m^2·s),花椒2.313 7 ±0.739 6 mmol/(m^2·s),如图 8-52 所示。

对 8 个供试树种蒸腾速率的日平均值进行方差分析,见表 8-47。其多重比较结果见表 8-48。

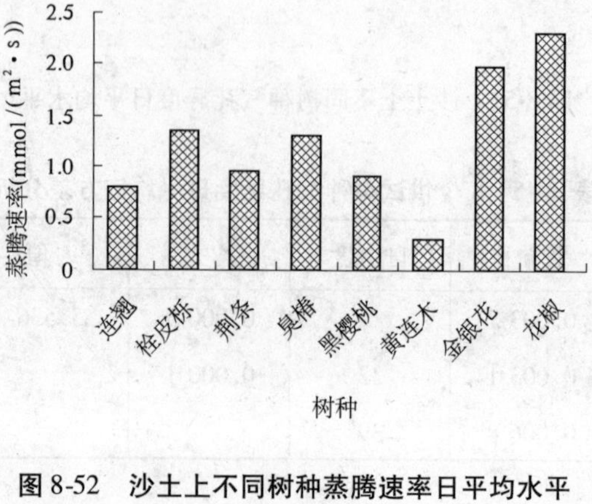

图 8-52 沙土上不同树种蒸腾速率日平均水平

表 8-47　8 个供试树种蒸腾速率日平均值方差分析

变异来源	平方和	自由度	均方	*F* 值	显著水平
处理间	15.050 1	7	2.150 0	6.689	0.000 1
处理内	10.285 7	32	0.321 4		
总变异	25.335 7	39			

表 8-48　8 个树种蒸腾速率日平均值多重比较

树种名称	平均值	5% 显著水平	1% 极显著水平
花椒	2.313 74	a	A
金银花	1.996 78	ab	AB
栓皮栎	1.326 06	bc	ABC
臭椿	1.298 52	bc	ABC
荆条	0.953 86	cd	BC
黑樱桃	0.895 84	cd	C
连翘	0.779 22	cd	C
黄连木	0.312 02	d	C

从表 8-48 可以看出,8 个供试树种蒸腾速率日平均值存在显著差异和极显著差异。

8.2.3.4　土壤水分重度胁迫条件下树种净光合速率和蒸腾速率的比较

测定时的土壤水分状况列于表 8-49。

表 8-49　盆栽土壤重度水分胁迫时的土壤含水率

土壤类型	草炭土	潮土	沙土
土壤含水率(%)	3.8	5.0	1.1

(1) 中等肥力土壤上不同树种的光合和蒸腾:草炭土盆栽培养的

各种供试树种在重度水分胁迫时的光合和蒸腾日变化见图 8-53 ~ 图 8-55，日平均水平见图 8-56 ~ 图 8-58。

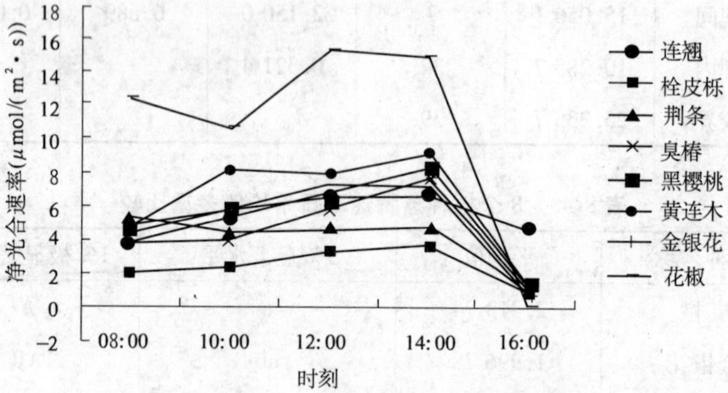

图 8-53　草炭土上不同树种净光合速率日变化

从图 8-53 可以看出，不同树种净光合速率的日变化过程是不同的。连翘、栓皮栎、黑樱桃和金银花净光合速率的日变化过程都呈单峰曲线，但是峰值出现的时间不完全一致，连翘的峰值出现在中午 12 时，而栓皮栎、黑樱桃和金银花的峰值都出现在下午 14 时。荆条、臭椿、黄连木和花椒净光合速率的日变化过程都呈双峰曲线，但是其峰值出现的时间也不完全一致，荆条、臭椿第一个峰值都出现在上午 8 时，第二个峰值都出现在下午 14 时，而黄连木第一个峰值都出现在上午 10 时，第二个峰值都出现在下午 14 时；花椒第一个峰值都出现在上午 8 时，第二个峰值都出现在中午 12 时。

从图 8-54 可以看出，不同树种气孔导度的日变化过程也是不同的。臭椿气孔导度在一天中出现 3 个峰值，分别是上午 8 时、中午 12 时和下午 16 时。其他 7 个树种气孔导度的日变化过程都呈双峰曲线，但是，峰值出现的时间不完全相同，连翘、栓皮栎第一个峰值都出现在上午 8 时，第二个峰值都出现在下午 16 时。荆条、黑樱桃两个峰值都出现在上午 8 时和下午 14 时。而金银花和花椒的两个峰值都出现在上午 8 时和中午 12 时。黄连木的两个峰值分别出现在上午 10 时和下午 14 时。

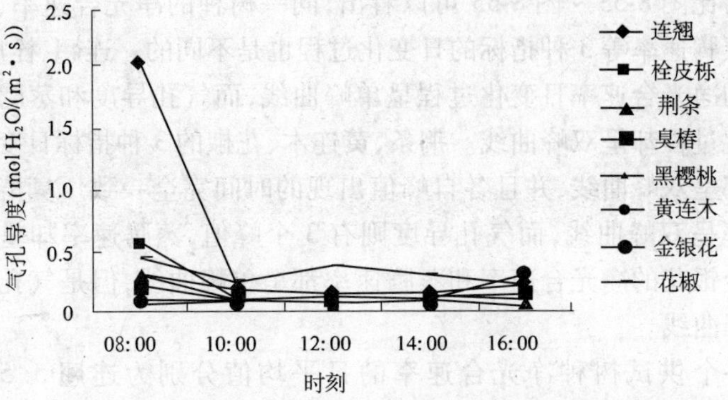

图 8-54　草炭土上不同树种气孔导度日变化

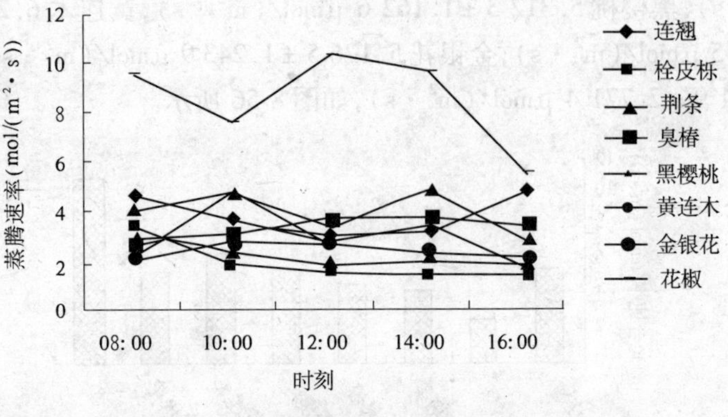

图 8-55　草炭土上不同树种蒸腾速率日变化

从图 8-55 可以看出,不同树种蒸腾速率的日变化过程也是不完全相同的。臭椿和金银花都呈单峰曲线,但是,峰值出现的时间不一致,臭椿出现在下午 14 时,而金银花出现在上午 10 时。其他 6 个树种的日变化过程都呈双峰曲线,但是,峰值出现的时间不完全相同,连翘和栓皮栎的两个峰值都出现在上午 8 时和下午 16 时,黑樱桃和黄连木的两个峰值都出现在上午 10 时和下午 14 时,而荆条的两个峰值分别出现在上午 8 时和下午 14 时,花椒的两个峰值分别出现在上午 8 时和中午 12 时。

对比图 8-53 ~ 图 8-55 可以看出,同一树种的净光合速率、气孔导度和蒸腾速率等 3 种指标的日变化过程也是不同的。连翘、栓皮栎、黑樱桃的净光合速率日变化过程呈单峰曲线,而气孔导度和蒸腾速率的日变化过程却呈双峰曲线。荆条、黄连木、花椒的 3 种指标日变化过程虽然都呈双峰曲线,并且各自峰值出现的时间完全一致。臭椿的净光合速率呈双峰曲线,而气孔导度则有 3 个峰值,蒸腾速率却呈单峰曲线。金银花的净光合速率和蒸腾速率都呈单峰曲线,但是气孔导度却呈双峰曲线。

各个供试树种净光合速率的日平均值分别为连翘 5.504 3 ± 0.592 5 μmol/(m^2 · s),栓皮栎 2.440 0 ± 0.470 0 μmol/(m^2 · s),荆条4.115 5 ± 0.744 0 μmol/(m^2 · s),臭椿 4.472 0 ± 1.140 2 μmol/(m^2 · s),黑樱桃 5.312 3 ± 1.162 6 μmol/(m^2 · s),黄连木 6.285 0 ± 1.524 5 μmol/(m^2 · s),金银花 5.126 5 ± 1.243 9 μmol/(m^2 · s),花椒 10.451 9 ± 2.771 4 μmol/(m^2 · s),如图 8-56 所示。

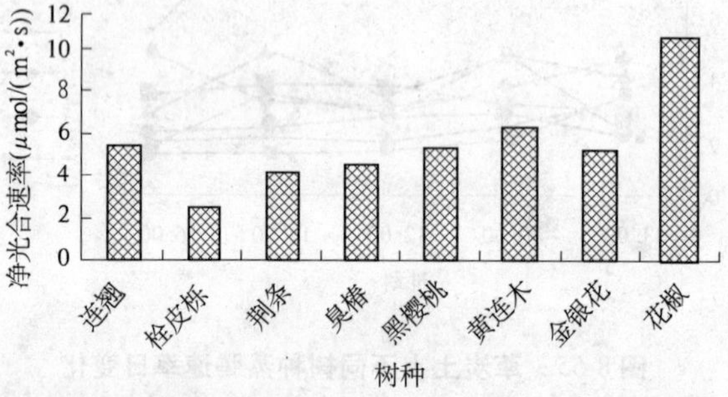

图 8-56　草炭土上不同树种净光合速率日平均水平

对 8 个供试树种净光合速率的日平均值进行方差分析,见表8-50。其多重比较结果见表 8-51。

从表 8-51 可以看出,光合速率日平均值花椒与其他 7 个树种之间都有显著差异,而这 7 个树种之间无显著差异,并且花椒与臭椿、荆条、栓皮栎之间还有极显著差异。

表8-50　8个供试树种光合速率日平均值方差分析

变异来源	平方和	自由度	均方	F值	显著水平
处理间	188.191 6	7	26.884 5	2.806 0	0.021 4
处理内	306.585 1	32	9.580 8		
总变异	494.776 7	39			

表8-51　8个树种光合速率日平均值多重比较

树种名称	平均值	5%显著水平	1%极显著水平
花椒	10.451 9	a	A
黄连木	6.285 0	b	AB
连翘	5.504 3	b	AB
黑樱桃	5.312 3	b	AB
金银花	5.126 5	b	AB
臭椿	4.472 0	b	B
荆条	4.115 5	b	B
栓皮栎	2.440 0	b	B

各个供试树种气孔导度的日平均值分别为连翘0.579 9±0.398 0 $molH_2O/(m^2\cdot s)$，栓皮栎0.163 3±0.101 3 $molH_2O/(m^2\cdot s)$，荆条0.125 5±0.053 7 $molH_2O/(m^2\cdot s)$，臭椿0.153 2±0.021 6 $molH_2O/(m^2\cdot s)$，黑樱桃0.181 4±0.035 4 $molH_2O/(m^2\cdot s)$，黄连木0.104 5±0.016 5 $molH_2O/(m^2\cdot s)$，金银花0.130 2±0.051 0 $molH_2O/(m^2\cdot s)$，花椒0.327 7±0.042 8 $molH_2O/(m^2\cdot s)$，如图8-57所示。

对8个供试树种气孔导度的日平均值进行方差分析，见表8-52。其多重比较结果见表8-53。

从表8-53可以看出，8个供试树种气孔导度日平均值之间都没有显著差异。

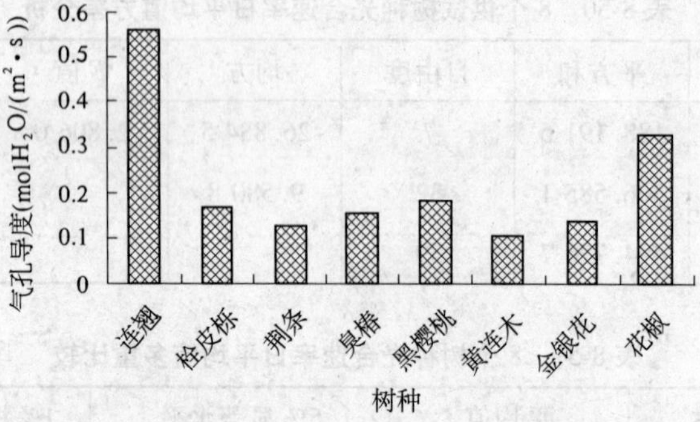

图 8-57 草炭土上不同树种气孔导度日平均水平

表 8-52 8 个供试树种气孔导度日平均值方差分析

变异来源	平方和	自由度	均方	*F* 值	显著水平
处理间	0.903 0	7	0.129 0	1.159 0	0.352 8
处理内	3.560 0	32	0.111 3		
总变异	4.463 0	39			

表 8-53 8 个树种气孔导度日平均值多重比较

树种名称	平均值	5% 显著水平	1% 极显著水平
连翘	0.579 9	a	A
花椒	0.327 7	a	A
黑樱桃	0.181 4	a	A
栓皮栎	0.163 3	a	A
臭椿	0.153 2	a	A
金银花	0.130 2	a	A
荆条	0.125 5	a	A
黄连木	0.104 5	a	A

对 8 个供试树种蒸腾速率的日平均值进行方差分析,见表 8-54。其多重比较结果见表 8-55。

表 8-54　8 个供试树种蒸腾速率日平均值方差分析

变异来源	平方和	自由度	均方	*F* 值	显著水平
处理间	151.104 8	7	21.586 4	21.775 0	0.000 1
处理内	31.722 9	32	0.991 3		
总变异	182.827 6	39			

表 8-55　8 个树种蒸腾速率日平均值多重比较

树种名称	平均值	5% 显著水平	1% 极显著水平
花椒	8.526 7	a	A
黑樱桃	3.921 6	b	B
连翘	3.844 8	bc	B
臭椿	3.415 1	bcd	B
黄连木	3.081 9	bcd	B
金银花	2.483 7	cd	B
荆条	2.276 5	d	B
栓皮栎	2.001 4	d	B

各个供试树种蒸腾速率的日平均值由大到小分别为连翘3.844 8 ± 0.324 3 mmol/(m^2 · s),栓皮栎 2.001 4 ±0.368 3 mmol/(m^2 · s),荆条 2.276 5 ±0.222 2 mmol/(m^2 · s),臭椿 3.415 1 ±0.227 2 mmol/(m^2 · s),黑樱桃 3.921 6 ±0.366 3 mmol/(m^2 · s),黄连木 3.081 9 ±0.550 1 mmol/(m^2 · s),金银花 2.483 7 ±0.134 7 mmol/(m^2 · s),花椒8.526 7 ±0.888 5 mmol/(m^2 · s),如图 8-58 所示。

从表 8-55 可以看出,8 个供试树种蒸腾速率日平均值之间存在显著差异和极显著差异。

(2)较低肥力土壤上不同树种的光合和蒸腾:潮土盆栽培养的各种供试树种在重度水分胁迫时的光合和蒸腾日变化见图 8-59 ~ 图 8-61,日平均水平见图 8-62 ~ 图 8-64。

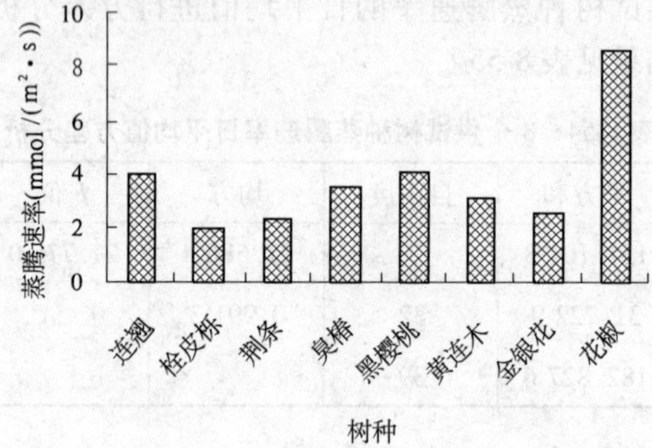

图 8-58　草炭土上不同树种蒸腾速率日平均水平

从图 8-59 可以看出，不同树种净光合速率的日变化过程是不同的。荆条和金银花的日变化过程都呈单峰曲线，但是荆条的峰值出现在上午 10 时，而金银花的峰值则出现在中午 12 时。其他 6 个树种都呈双峰曲线，并且第一个峰值都出现在上午 10 时，第二个峰值都出现在下午 14 时。

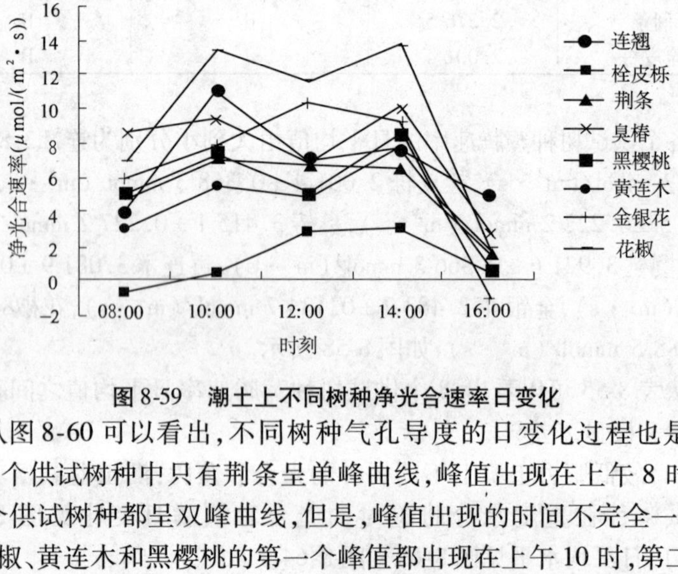

图 8-59　潮土上不同树种净光合速率日变化

从图 8-60 可以看出，不同树种气孔导度的日变化过程也是不同的。8 个供试树种中只有荆条呈单峰曲线，峰值出现在上午 8 时。其他 7 个供试树种都呈双峰曲线，但是，峰值出现的时间不完全一致，连翘、花椒、黄连木和黑樱桃的第一个峰值都出现在上午 10 时，第二个峰值都出现在下午 14 时，金银花、栓皮栎的第一个峰值都出现在上午 8 时，第二个峰值都出现在中午 12 时，而臭椿的两个峰值分别出现在上午 8 时和下午 14 时。

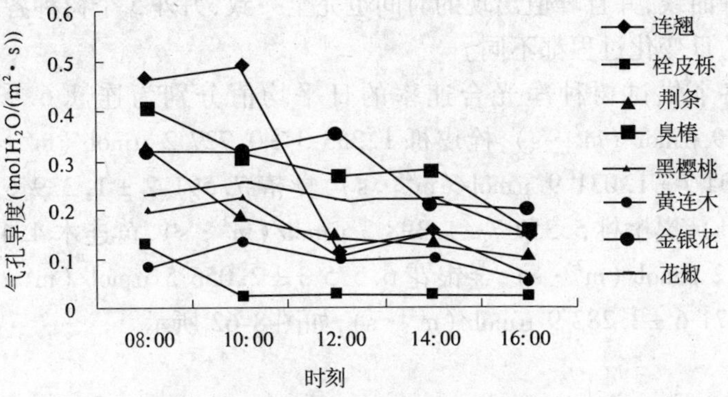

图 8-60　潮土上不同树种气孔导度日变化

从图 8-61 可以看出，不同树种蒸腾速率的日变化过程是不同的。8 个供试树种中只有金银花呈单峰曲线，栓皮栎出现 3 个峰值，其他 6 个树种都呈双峰曲线，但是，峰值出现的时间不完全一致，荆条、臭椿、黑樱桃、黄连木和花椒的第一个峰值都出现在上午 10 时，第二个峰值都出现在下午 14 时，而连翘的两个峰值分别出现在上午 10 时和下午 16 时。

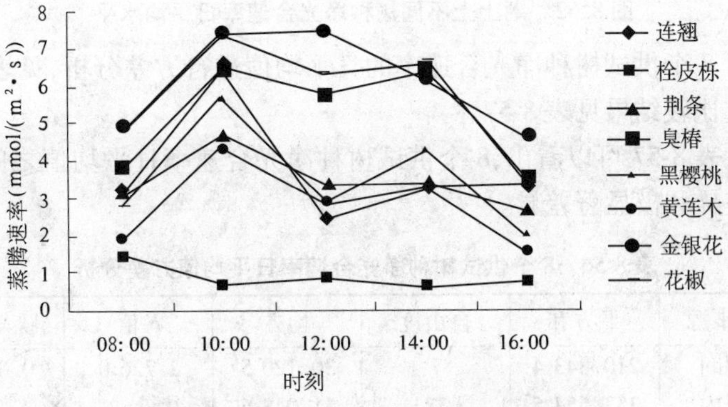

图 8-61　潮土上不同树种蒸腾速率日变化

对比图8-59～图8-61可以看出，同一树种的净光合速率、气孔导度和蒸腾速率等3种指标的日变化过程也不是完全相同的。8个供试树种中只有黑樱桃、黄连木和花椒3种指标的日变化过程完全相同，都呈双峰曲线，并且峰值出现的时间也完全一致，另外5个树种各自3种指标的日变化过程都不同。

各个供试树种净光合速率的日平均值分别为连翘6.926 4±1.217 9 μmol/(m^2·s)，栓皮栎1.253 3±0.727 2 μmol/(m^2·s)，荆条5.404 7±1.031 9 μmol/(m^2·s)，臭椿7.591 2±1.339 6 μmol/(m^2·s)，黑樱桃5.359 7±1.398 3 μmol/(m^2·s)，黄连木4.420 2±1.189 2 μmol/(m^2·s)，金银花6.575 3±2.055 5 μmol/(m^2·s)，花椒9.571 6±2.282 9 μmol/(m^2·s)，如图8-62所示。

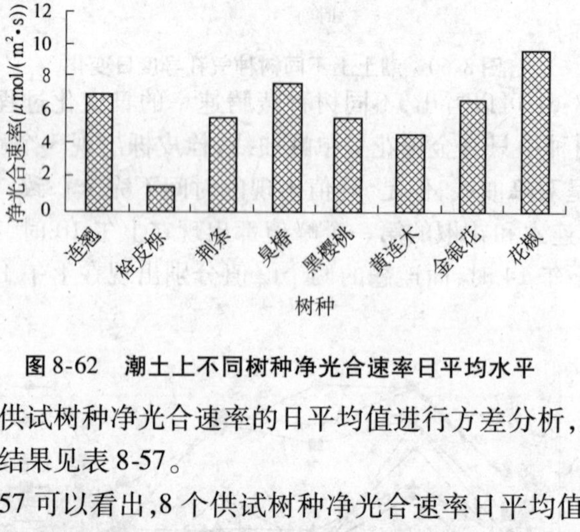

图8-62 潮土上不同树种净光合速率日平均水平

对8个供试树种净光合速率的日平均值进行方差分析，见表8-56。其多重比较结果见表8-57。

从表8-57可以看出，8个供试树种净光合速率日平均值之间存在显著差异和极显著差异。

表8-56 8个供试树种净光合速率日平均值方差分析

变异来源	平方和	自由度	均方	F值	显著水平
处理间	210.843 4	7	30.120 5	2.726 0	0.024 5
处理内	353.554 5	32	11.048 6		
总变异	564.397 9	39			

表 8-57　8 个树种净光合速率日平均值多重比较

树种名称	平均值	5%显著水平	1%极显著水平
花椒	9.571 6	a	A
臭椿	7.591 2	ab	AB
连翘	6.926 4	ab	AB
金银花	6.575 3	ab	AB
荆条	5.404 7	abc	AB
黑樱桃	5.359 7	abc	AB
黄连木	4.420 2	bc	AB
栓皮栎	1.253 3	c	B

各个供试树种气孔导度的日平均值分别为连翘 0.271 8 ±0.080 7 $molH_2O/(m^2 \cdot s)$，栓皮栎 0.048 1 ±0.020 4 $molH_2O/(m^2 \cdot s)$，荆条 0.179 0 ± 0.039 6 $molH_2O/(m^2 \cdot s)$，臭椿 0.279 3 ± 0.038 2 $molH_2O/(m^2 \cdot s)$，黑樱桃 0.147 6 ±0.027 2 $molH_2O/(m^2 \cdot s)$，黄连木 0.091 5 ±0.012 3 $molH_2O/(m^2 \cdot s)$，金银花 0.281 5 ±0.033 6 $molH_2O/(m^2 \cdot s)$，花椒 0.213 4 ±0.018 5 $molH_2O/(m^2 \cdot s)$，如图 8-63 所示。

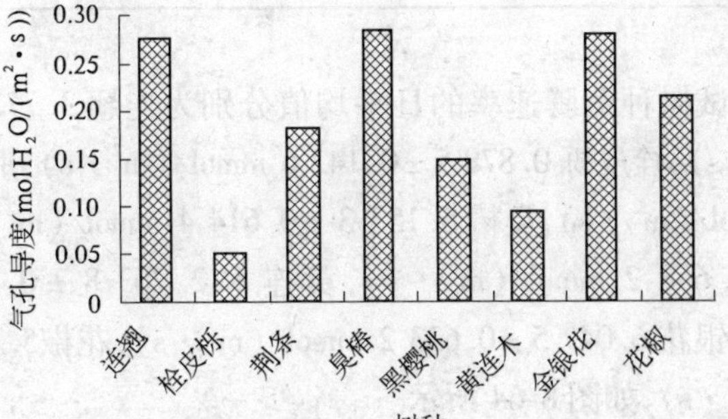

图 8-63　潮土上不同树种气孔导度日平均水平

对8个供试树种气孔导度的日平均值进行方差分析，见表8-58。其多重比较结果见表8-59。

从表8-59可以看出，8个供试树种气孔导度日平均值之间都存在显著差异和极显著差异。

表8-58 8个供试树种气孔导度日平均值方差分析

变异来源	平方和	自由度	均方	*F*值	显著水平
处理间	0.276 7	7	0.039 5	5.134 0	0.000 5
处理内	0.246 4	32	0.007 7		
总变异	0.523 0	39			

表8-59 8个树种气孔导度日平均值多重比较

树种名称	平均值	5%显著水平	1%极显著水平
金银花	0.281 5	a	A
臭椿	0.279 3	a	A
连翘	0.271 8	a	A
花椒	0.213 4	ab	AB
荆条	0.179 0	ab	AB
黑樱桃	0.147 6	bc	AB
黄连木	0.091 5	bc	B
栓皮栎	0.048 1	c	B

各个供试树种蒸腾速率的日平均值分别为连翘3.772 7±0.716 1 mmol/(m^2·s)，栓皮栎0.878 5±0.142 6 mmol/(m^2·s)，荆条3.362 8±0.376 6 mmol/(m^2·s)，臭椿5.153 3±0.614 4 mmol/(m^2·s)，黑樱桃3.505 3±0.658 2 mmol/(m^2·s)，黄连木2.763 8±0.514 7 mmol/(m^2·s)，金银花6.047 5±0.633 2 mmol/(m^2·s)，花椒5.745 0±0.693 4 mmol/(m^2·s)，如图8-64所示。

对8个供试树种蒸腾速率的日平均值进行方差分析，见表8-60。其多重比较结果见表8-61。

从表 8-61 可以看出,8 个供试树种蒸腾速率日平均值之间存在显著差异和极显著差异。

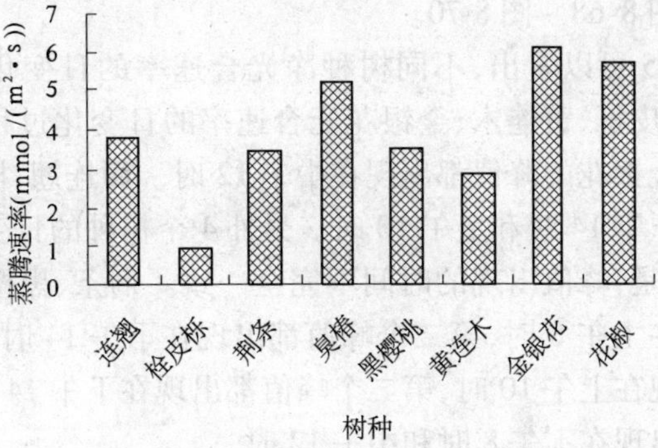

图 8-64　潮土上不同树种蒸腾速率日平均水平

表 8-60　8 个供试树种蒸腾速率日平均值方差分析

变异来源	平方和	自由度	均方	*F* 值	显著水平
处理间	102.336 8	7	14.619 5	8.887 0	0.000 1
处理内	52.641 0	32	1.645 0		
总变异	154.977 7	39			

表 8-61　8 个树种蒸腾速率日平均值多重比较

树种名称	平均值	5% 显著水平	1% 极显著水平
金银花	6.047 5	a	A
花椒	5.745 0	a	AB
臭椿	5.153 3	ab	ABC
连翘	3.772 7	bc	ABC
黑樱桃	3.505 3	bc	BC
荆条	3.362 8	bc	BC
黄连木	2.763 8	c	CD
栓皮栎	0.878 5	d	D

(3)贫瘠土壤上不同树种的光合和蒸腾:沙土盆栽培养的各种供试树种在重度水分胁迫时的光合和蒸腾日变化见图8-65~图8-67,日平均水平见图8-68~图8-70。

从图8-65可以看出,不同树种净光合速率的日变化过程是不同的。连翘、栓皮栎、黄连木、金银花光合速率的日变化过程都呈单峰曲线,黄连木、金银花的峰值都出现在中午12时。而连翘、栓皮栎的峰值分别出现在下午14时和上午10时。另外4个树种的日变化过程都呈双峰曲线,但是,峰值出现的时间不完全一致。荆条、黑樱桃的第一个峰值都出现在上午8时,第二个峰值都出现在下午14时,而臭椿的第一个峰值出现在上午10时,第二个峰值都出现在下午14时,花椒的两个峰值分别出现在上午8时和中午12时。

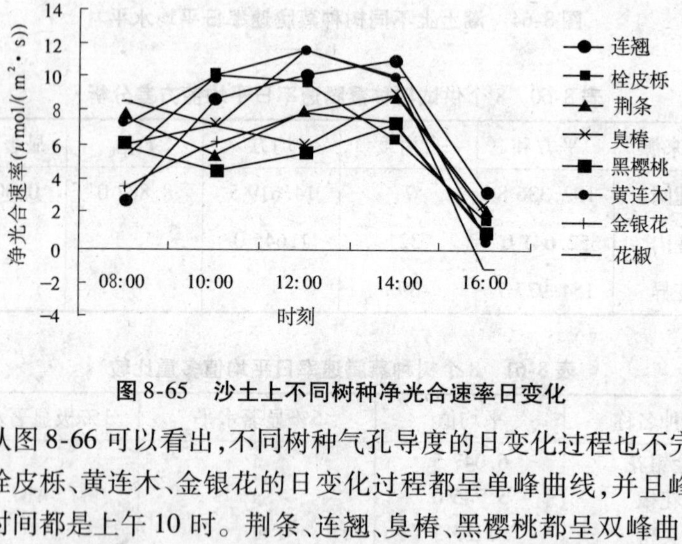

图8-65 沙土上不同树种净光合速率日变化

从图8-66可以看出,不同树种气孔导度的日变化过程也不完全相同。栓皮栎、黄连木、金银花的日变化过程都呈单峰曲线,并且峰值出现的时间都是上午10时。荆条、连翘、臭椿、黑樱桃都呈双峰曲线,但是,峰值出现的时间不完全相同,连翘、臭椿的第一个峰值都出现在上午8时,第二个峰值都出现在下午14时,而荆条、黑樱桃的第一个峰值都出现在上午8时,第二个峰值都出现在中午12时。花椒在一天中出现3个峰值,分别是上午8时、中午12时和下午16时。

从图8-67可以看出,不同树种蒸腾速率的日变化过程也不完全相

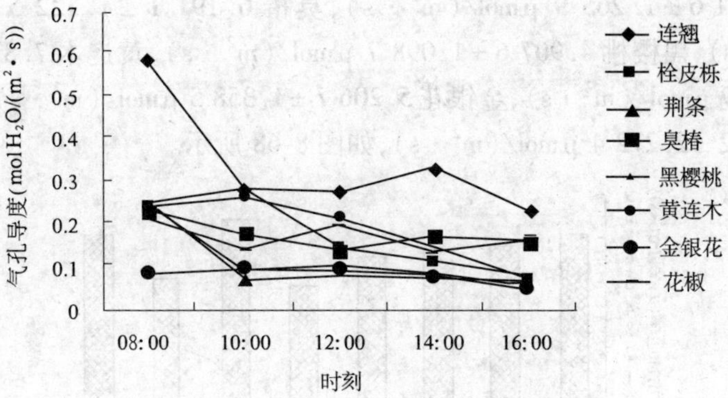

图 8-66　沙土上不同树种气孔导度日变化

同。栓皮栎、黄连木、金银花的日变化过程都呈单峰曲线，峰值出现的时间都在上午 10 时。另外 5 个树种的日变化过程都呈双峰曲线，但是，峰值出现的时间不同，连翘、臭椿的第一个峰值都出现在上午 10 时，第二个峰值都出现在下午 14 时。荆条、花椒的第一个峰值都出现在上午 8 时，第二个峰值都出现在中午 12 时。黑樱桃两个峰值出现的时间分别在上午 8 时和下午 14 时。

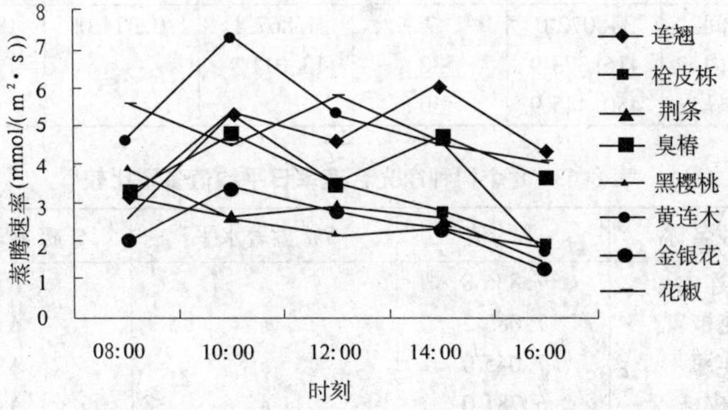

图 8-67　沙土上不同树种蒸腾速率日变化

各个供试树种净光合速率的日平均值分别为连翘 7.045 0 ± 1.722 7 μmol/(m^2·s)，栓皮栎 6.781 0 ± 1.644 3 μmol/(m^2·s)，荆

条6.631 6±1.265 9 μmol/(m² · s),臭椿 6.191 1±1.122 5 μmol/(m² · s),黑樱桃4.907 6±1.098 7 μmol/(m² · s),黄连木7.836 8±2.016 9 μmol/(m² · s),金银花5.206 7±1.358 5 μmol/(m² · s),花椒7.085 2±2.272 4 μmol/(m² · s),如图 8-68 所示。

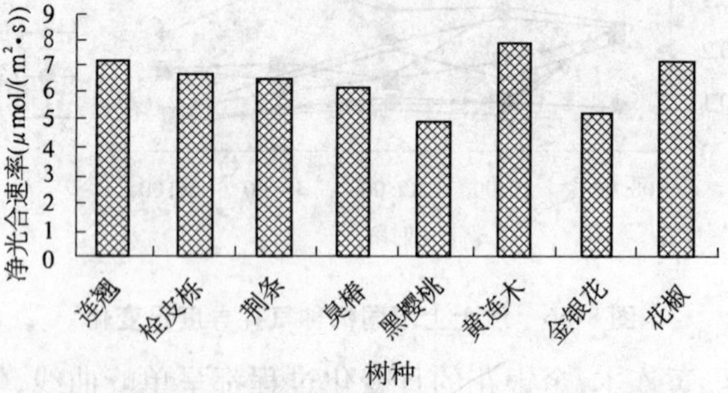

图 8-68　沙土上不同树种净光合速率日平均水平

对 8 个供试树种净光合速率的日平均值进行方差分析,见表8-62。其多重比较结果见表 8-63。

表 8-62　8 个供试树种净光合速率日平均值方差分析

变异来源	平方和	自由度	均方	*F* 值	显著水平
处理间	34.072 0	7	4.867 4	0.374 0	0.910 6
处理内	416.373 9	32	13.011 7		
总变异	450.445 9	39			

表 8-63　8 个树种净光合速率日平均值多重比较

树种名称	平均值	5% 显著水平	1% 极显著水平
黄连木	7.836 8	a	A
花椒	7.085 2	a	A
连翘	7.045 0	a	A
栓皮栎	6.781 0	a	A
荆条	6.631 6	a	A
臭椿	6.191 1	a	A
金银花	5.206 7	a	A
黑樱桃	4.907 6	a	A

从表 8-63 可以看出,8 个供试树种净光合速率的日平均值没有显著差异。

各个供试树种气孔导度的日平均值分别为连翘 0.333 7 ±0.061 6 $molH_2O/(m^2 \cdot s)$,栓皮栎 0.171 0 ±0.040 0 $molH_2O/(m^2 \cdot s)$,荆条 0.113 7 ±0.035 2 $molH_2O/(m^2 \cdot s)$,臭椿 0.170 3 ±0.016 6 $molH_2O/(m^2 \cdot s)$,黑樱桃 0.105 2 ±0.036 2 $molH_2O/(m^2 \cdot s)$,黄连木 0.187 6 ±0.035 3 $molH_2O/(m^2 \cdot s)$,金银花 0.077 4 ±0.009 0 $molH_2O/(m^2 \cdot s)$,花椒 0.172 7 ±0.014 0 $molH_2O/(m^2 \cdot s)$,如图 8-69 所示。

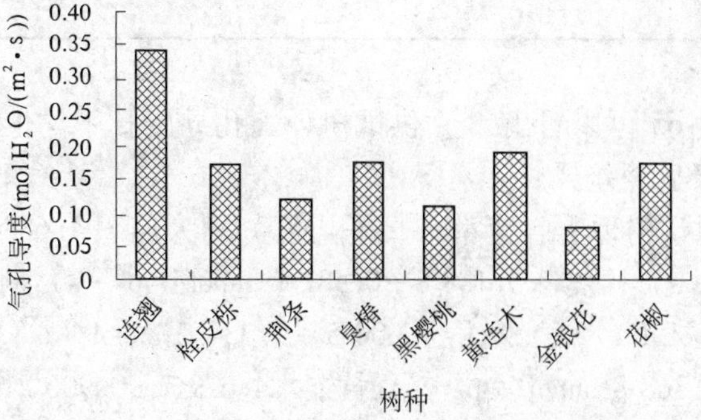

图 8-69　沙土上不同树种气孔导度日平均水平

对 8 个供试树种气孔导度的日平均值进行方差分析,见表 8-64。其多重比较结果见表 8-65。

表 8-64　8 个供试树种气孔导度日平均值方差分析

变异来源	平方和	自由度	均方	*F* 值	显著水平
处理间	0.214 8	7	0.030 7	5.035 0	0.000 6
处理内	0.195 0	32	0.006 1		
总变异	0.409 8	39			

表 8-65 8 个树种气孔导度日平均值多重比较

树种名称	平均值	5% 显著水平	1% 极显著水平
连翘	0.333 7	a	A
黄连木	0.187 6	b	B
花椒	0.172 7	b	B
栓皮栎	0.171 0	b	B
臭椿	0.170 3	b	B
荆条	0.113 7	b	B
黑樱桃	0.105 2	b	B
金银花	0.077 4	b	B

从表 8-65 可以看出,8 个供试树种气孔导度日平均值之间存在显著差异和极显著差异。

各个供试树种蒸腾速率的日平均值分别为连翘 4.688 5 ±0.516 4 mmol/(m^2 · s),栓皮栎 3.188 8 ±0.582 1 mmol/(m^2 · s),荆条2.602 0 ±0.306 9 mmol/(m^2 · s),臭椿 4.000 5 ±0.334 7 mmol/(m^2 · s),黑樱桃 2.584 2 ±0.368 8 mmol/(m^2 · s),黄连木4.629 7 ±0.906 2 mmol/(m^2 · s),金银花 2.340 0 ±0.359 9 mmol/(m^2 · s),花椒4.854 0 ±0.346 5 mmol/(m^2 · s),如图 8-70 所示。

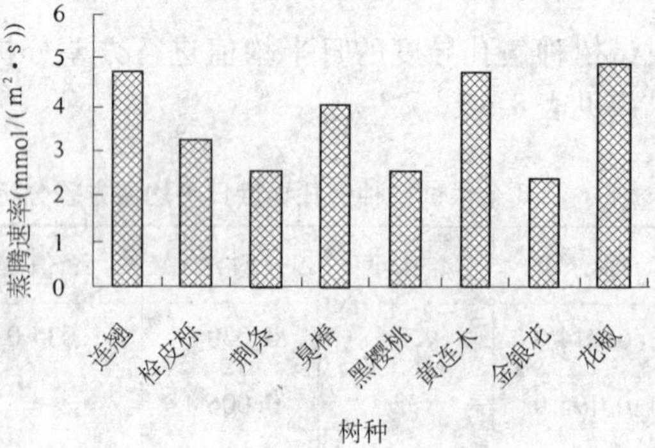

图 8-70 沙土上不同树种蒸腾速率日平均水平

对8个供试树种蒸腾速率的日平均值进行方差分析,见表8-66。其多重比较结果见表8-67。

从表8-67可以看出,8个供试树种蒸腾速率日平均值之间存在显著差异和极显著差异。

表8-66 8个供试树种蒸腾速率日平均值方差分析

变异来源	平方和	自由度	均方	*F*值	显著水平
处理间	38.809 1	7	5.544 2	4.395 0	0.001 6
处理内	40.368 4	32	1.261 5		
总变异	79.177 4	39			

表8-67 8个树种蒸腾速率日平均值多重比较

树种名称	平均值	5%显著水平	1%极显著水平
花椒	4.854 0	a	A
连翘	4.688 5	ab	AB
黄连木	4.629 7	ab	AB
臭椿	4.000 5	abc	ABC
栓皮栎	3.188 8	bcd	ABC
荆条	2.602 0	cd	BC
黑樱桃	2.584 2	cd	BC
金银花	2.340 0	d	C

8.2.3.5 不同树种抗旱耐贫瘠综合能力评价

以上的分析结果表明,在相同水肥耦合条件下,不同供试树种的净光合速率、气孔导度和蒸腾速率等存在显著差异。在不同水肥耦合条件下,同一供试树种的净光合速率、气孔导度和蒸腾速率等也存在显著差异。所以,用其中任何单一的指标都不能对供试树种的抗旱耐贫瘠综合能力做出正确的评价,这里采用不同水肥耦合条件下供试树种苗木的净光合速率、气孔导度和蒸腾速率等3项指标进行评价,他们的值列于表 8-68 ~ 表 8-70。

表 8-68 供试树种充分供水时的指标测定值

树种	草炭土			潮土			沙土		
	净光合速率(μmol/((m^2·s))	气孔导度(molH_2O/(m^2·s))	蒸腾速率(mmol/(m^2·s))	净光合速率(μmol/(m^2·s))	气孔导度(molH_2O/(m^2·s))	蒸腾速率(mmol/(m^2·s))	净光合速率(μmol/(m^2·s))	气孔导度(molH_2O/(m^2·s))	蒸腾速率(mmol/(m^2·s))
连翘	10.680 7	0.076 1	3.367 3	9.726 0	0.046 0	2.258 0	9.448 0	0.045 0	2.174 7
栓皮栎	5.130 0	0.016 8	0.948 3	8.956 7	0.030 9	1.642 1	5.870 7	0.021 9	1.184 3
荆条	6.991 3	0.022 6	1.179 7	8.402 0	0.034 2	1.675 1	10.806 0	0.043 2	2.172 2
臭椿	12.403 3	0.056 8	2.766 7	11.987 3	0.058 5	2.845 3	7.858 7	0.041 9	2.188 7
黑樱桃	5.808 7	0.027 9	1.522 9	7.704 0	0.046 2	2.390 0	7.988 0	0.038 3	2.050 3
黄连木	5.750 7	0.026 7	1.492 4	9.389 6	0.036 5	1.908 2	9.059 3	0.042 6	2.325 3
金银花	7.743 3	0.029 7	1.675 1	6.231 3	0.021 7	1.233 0	9.552 7	0.030 4	1.719 8
花椒	12.249 3	0.061 4	3.134 7	11.446 7	0.053 8	2.815 6	7.850 1	0.034 9	2.028 3

表 8-69 供试树种水分中度胁迫时的指标测定值

树种	草炭土			潮土			沙土		
	净光合速率(μmol/(m^2·s))	气孔导度(molH_2O/(m^2·s))	蒸腾速率(mmol/(m^2·s))	净光合速率(μmol/(m^2·s))	气孔导度(molH_2O/(m^2·s))	蒸腾速率(mmol/(m^2·s))	净光合速率(μmol/(m^2·s))	气孔导度(molH_2O/(m^2·s))	蒸腾速率(mmol/(m^2·s))
连翘	6.576 0	0.057 3	2.982 0	6.329 7	0.032 2	1.647 0	3.763 3	0.011 6	0.779 2
栓皮栎	4.116 0	0.019 4	1.238 8	4.636 1	0.018 5	1.098 8	3.667 3	0.019 9	1.326 1
荆条	3.747 3	0.015 7	1.021 9	1.587 7	0.005 2	0.303 3	4.033 3	0.014 4	0.953 9
臭椿	8.194 7	0.040 7	2.396 7	6.777 3	0.031 5	1.751 1	3.269 3	0.020 5	1.298 5
黑樱桃	3.590 7	0.018 6	1.147 4	4.716 0	0.034 5	1.950 7	3.293 0	0.014 0	0.895 8
黄连木	2.320 2	0.012 6	0.812 4	4.786 7	0.017 8	1.174 1	1.573 7	0.004 2	0.312 0
金银花	5.320 7	0.023 9	1.538 6	3.751 3	0.014 4	0.900 3	6.851 3	0.030 0	1.996 8
花椒	8.575 3	0.056 8	3.374 0	8.299 3	0.055 3	3.177 3	6.408 7	0.036 5	2.313 7

表 8-70　供试树种水分重度胁迫时的指标测定值

树种	草炭土			潮土			沙土		
	净光合速率 (μmol/(m^2·s))	气孔导度 (molH_2O/(m^2·s))	蒸腾速率 (mmol/(m^2·s))	净光合速率 (μmol/(m^2·s))	气孔导度 (molH_2O/(m^2·s))	蒸腾速率 (mmol/(m^2·s))	净光合速率 (μmol/(m^2·s))	气孔导度 (molH_2O/(m^2·s))	蒸腾速率 (mmol/(m^2·s))
连翘	5.424 0	0.552 3	3.908 0	6.892 0	0.273 8	3.768 7	7.133 3	0.335 5	4.706 0
栓皮栎	2.469 5	0.160 3	1.984 0	1.256 9	0.048 2	0.873 0	6.652 0	0.171 0	3.198 7
荆条	4.115 5	0.121 6	2.251 3	5.410 7	0.179 4	3.435 3	6.507 3	0.114 0	2.562 0
臭椿	4.523 1	0.151 5	3.434 7	7.536 0	0.282 1	5.195 3	6.151 3	0.170 3	3.998 7
黑樱桃	5.326 3	0.182 0	3.988 7	5.361 5	0.147 2	3.505 3	4.899 8	0.105 6	2.552 7
黄连木	6.208 2	0.103 5	3.011 3	4.420 2	0.092 9	2.785 3	7.820 6	0.185 5	4.697 3
金银花	5.119 2	0.131 3	2.464 7	6.575 3	0.277 4	6.105 3	5.174 7	0.075 7	2.356 0
花椒	10.619 3	0.325 2	8.562 7	9.561 3	0.213 3	5.718 7	7.142 0	0.171 0	4.860 0

由于这 3 项指标的量纲不同,需要先用隶属函数数值化的方法将数据标准化,然后进行综合评判。净光合速率和气孔导度与苗木抗旱耐贫瘠综合能力大小呈正相关关系,用隶属函数计算。蒸腾速率与苗木抗旱耐贫瘠综合能力大小呈负相关关系,用反隶属函数计算。具体计算方法见本书 8.1.3.3 节,各指标的隶属度和综合评判结果如表 8-71 ~ 表 8-73 所示。

表 8-71　供试树种充分供水时的指标隶属度

树种	草炭土			潮土			沙土		
	净光合速率	气孔导度	蒸腾速率	净光合速率	气孔导度	蒸腾速率	净光合速率	气孔导度	蒸腾速率
连翘	0.763 2	1.000 0	0.000 0	0.607 1	0.661 8	0.364 3	0.724 8	1.000 0	0.132 0
栓皮栎	0.000 0	0.000 0	1.000 0	0.473 5	0.250 0	0.746 2	0.000 0	0.000 0	1.000 0
荆条	0.255 9	0.097 4	0.904 3	0.377 1	0.339 8	0.725 8	1.000 0	0.923 0	0.134 2
臭椿	1.000 0	0.673 8	0.248 3	1.000 0	1.000 0	0.000 0	0.402 8	0.865 1	0.119 8
黑樱桃	0.093 3	0.186 8	0.762 5	0.255 8	0.666 0	0.282 4	0.429 0	0.711 2	0.241 0
黄连木	0.085 3	0.165 9	0.775 1	0.548 7	0.402 8	0.581 3	0.646 1	0.898 0	0.000 0
金银花	0.359 3	0.216 8	0.699 6	0.000 0	0.000 0	1.000 0	0.746 0	0.369 2	0.530 7
花椒	0.978 8	0.752 3	0.096 2	0.906 1	0.872 4	0.018 4	0.401 1	0.565 0	0.260 3

表 8-72 供试树种水分中度胁迫时的指标隶属度

树种	草炭土			潮土			沙土		
	净光合速率	气孔导度	蒸腾速率	净光合速率	气孔导度	蒸腾速率	净光合速率	气孔导度	蒸腾速率
连翘	0.680 4	1.000 0	0.153 0	0.706 5	0.539 5	0.532 5	0.414 9	0.228 6	0.766 6
栓皮栎	0.287 1	0.150 9	0.833 5	0.454 2	0.265 3	0.723 2	0.396 7	0.485 5	0.493 4
荆条	0.228 2	0.068 9	0.918 2	0.000 0	0.000 0	1.000 0	0.466 0	0.315 7	0.679 3
臭椿	0.939 1	0.629 4	0.381 5	0.773 2	0.525 8	0.496 3	0.321 3	0.506 2	0.507 2
黑樱桃	0.203 1	0.133 1	0.869 2	0.466 1	0.584 0	0.426 8	0.325 8	0.304 0	0.708 3
黄连木	0.000 0	0.000 0	1.000 0	0.476 6	0.252 0	0.697 0	0.000 0	0.000 0	1.000 0
金银花	0.479 7	0.253 0	0.716 5	0.322 4	0.182 8	0.792 3	1.000 0	0.798 5	0.158 3
花椒	1.000 0	0.989 3	0.000 0	1.000 0	1.000 0	0.000 0	0.916 1	1.000 0	0.000 0

表 8-73 供试树种水分重度胁迫时的指标隶属度

树种	草炭土			潮土			沙土		
	净光合速率	气孔导度	蒸腾速率	净光合速率	气孔导度	蒸腾速率	净光合速率	气孔导度	蒸腾速率
连翘	0.362 5	1.000 0	0.707 5	0.678 6	0.964 4	0.446 6	0.764 7	1.000 0	0.061 5
栓皮栎	0.000 0	0.126 6	1.000 0	0.000 0	0.000 0	1.000 0	0.599 9	0.366 8	0.663 5
荆条	0.202 0	0.040 3	0.959 4	0.500 2	0.560 8	0.510 3	0.550 4	0.147 5	0.917 7
臭椿	0.252 0	0.106 9	0.779 5	0.756 1	1.000 0	0.173 9	0.428 5	0.364 1	0.344 0
黑樱桃	0.350 5	0.175 0	0.695 3	0.494 3	0.423 2	0.496 9	0.000 0	0.115 2	0.921 5
黄连木	0.458 7	0.000 0	0.843 8	0.380 9	0.191 3	0.634 5	1.000 0	0.422 8	0.065 0
金银花	0.325 1	0.062 0	0.926 9	0.640 4	0.979 8	0.000 0	0.094 1	0.000 0	1.000 0
花椒	1.000 0	0.494 0	0.000 0	1.000 0	0.705 9	0.073 9	0.767 7	0.366 9	0.000 0

表 8-74 的综合评判结果表明,8 个供试树种抗旱耐贫瘠综合能力由强到弱的顺序为:连翘 > 花椒 > 臭椿 > 荆条 > 金银花 > 黄连木 > 黑

樱桃 > 栓皮栎,即连翘的抗旱耐贫瘠综合能力最强,其次为花椒,抗旱耐贫瘠综合能力最弱的是栓皮栎。供试树种中包含了多个乔木、灌木树种,树种类型全面。分别不同树种类型计算 Δ 的平均值,灌木为 0.526 9 ±0.065 8,乔木为 0.451 5 ±0.059 5。由此可以看出,在同一立地类型小区内,总体上灌木树种综合的抗旱耐贫瘠综合评价值较大,乔木较小。并且 Δ 的最大值出现在灌木类型上,最小值出现在乔木类型上,特别是最小的 3 个值均出现在乔木上。这就为生产实践中存在的在干旱贫瘠地区乔木常常生长不良,而灌木则生长较好的现象找到了生理生态方面的依据。由于 8 个供试树种中除黑樱桃是近几年从国外引进的树种外,其余 7 种都是研究区域所属的同一立地类型小区的乡土树种,由此可以认为,在同一立地小区内分布的树种,总体上灌木树种的抗旱耐贫瘠综合能力较强,乔木较差。尽管 8 个供试树种值有差异,但差距不是很大,并且值都比较高,即它们都具有一定程度的抗旱耐贫瘠综合能力,这与研究地区气候比较干旱,土壤比较瘠薄的环境条件相一致。对乔木、灌木树种 Δ 的平均值进行方差分析,见表8-75。

表 8-74　供试树种抗旱耐贫瘠综合能力评判结果

树种	充分供水	水分中度胁迫	水分重度胁迫	Δ	抗旱耐贫瘠综合能力
连翘	0.583 7	0.558 0	0.665 1	0.602 3	①
栓皮栎	0.385 5	0.454 4	0.417 4	0.419 1	⑧
荆条	0.528 6	0.408 5	0.487 6	0.474 9	④
臭椿	0.590 0	0.564 4	0.467 2	0.540 5	③
黑樱桃	0.403 1	0.446 7	0.408 0	0.419 3	⑦
黄连木	0.455 9	0.380 6	0.444 1	0.426 9	⑥
金银花	0.435 7	0.522 6	0.447 6	0.468 6	⑤
花椒	0.539 0	0.656 2	0.489 8	0.561 7	②

表 8-75　乔木和灌木 Δ 平均值方差分析

变异来源	平方和	自由度	均方	*F* 值	显著水平
处理间	0.011 4	1	0.011 4	2.891	0.14
处理内	0.023 6	6	0.003 9		
总变异	0.035	7			

从多重比较结果(表 8-76)可以看出,乔木与灌木树种 Δ 的平均值没有显著差异。根据 8 个供试树种抗旱耐贫瘠综合能力强弱,采用聚类分析方法将其划分成若干类群。

表 8-76　乔木和灌木 Δ 平均值多重比较

树种名称	平均值	5% 显著水平	1% 极显著水平
灌木	0.526 9	a	A
乔木	0.451 5	a	A

根据图 8-71 的聚类分析结果,可以将供试树种分成 4 类,第 1 类是连翘,在所有供试树种中抗旱耐贫瘠综合能力最强;第 2 类包括花椒和臭椿,是抗旱耐贫瘠综合能力较强的类群;第 3 类包括荆条和金银花,是抗旱耐贫瘠综合能力较弱的类群;第 4 类包括栓皮栎、黑樱桃、黄

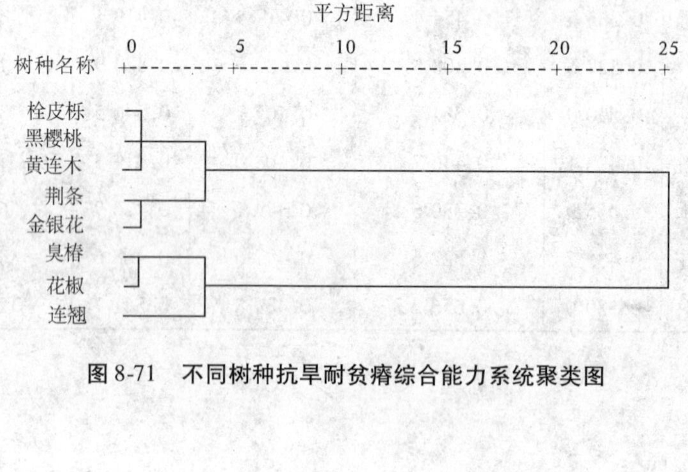

图 8-71　不同树种抗旱耐贫瘠综合能力系统聚类图

连木,是抗旱耐贫瘠综合能力最弱的类群。

对各个类群树种 Δ 的平均值进行方差分析,见表8-77,其多重比较结果见表8-78。

表8-77　抗旱耐贫瘠综合能力不同类别树种 Δ 平均值方差分析

变异来源	平方和	自由度	均方	*F* 值	显著水平
处理间	0.034 7	3	0.011 6	162.873	0.000 1
处理内	0.000 3	4	0.000 1		
总变异	0.035	7			

表8-78　抗旱耐贫瘠综合能力不同类别树种 Δ 平均值多重比较

树种名称	平均值	5%显著水平	1%极显著水平
第1类	0.602 3	a	A
第2类	0.551 1	b	B
第3类	0.471 8	c	C
第4类	0.421 8	d	D

从表8-78可以看出,抗旱耐贫瘠综合能力4个类别树种 Δ 平均值相互之间都存在显著差异和极显著差异,说明这4个类别树种之间抗旱耐贫瘠综合能力的差异是显著的。

8.3　主要树种叶片 $\delta^{13}C$ 值

8.3.1　试验材料

选用鹤壁郊区7个主要乡土阔叶乔灌木树种和1个新引进的树种,它们是臭椿、栓皮栎、黄连木、花椒、金银花、连翘、荆条和黑樱桃,共8个树种,将生长良好的苗木用草炭土盆栽培育。其中金银花是3年生扦插苗,其他7个树种是3年生实生苗。

8.3.2　试验方法

供试材料于2006年5月取自水分供应充足的3年生草炭土盆栽

苗木上,以避免水分胁迫或养分缺乏对苗木叶片稳定性碳同位素造成影响。每一树种选择 3 株于树冠中上层采集叶片,每一植株的叶片作为一份样品,每一树种采集 3 份样品,供试的 8 个树种共采集 24 份样品。将采集的叶片样品清洗后用 70℃ 恒温烘 48 h,然后用研钵磨碎,过 80 目的筛后制成供试样品。在中国科学院树种研究所对样品进行稳定碳同位素分析,得出分析结果。

8.3.3 结果与分析

测定得到的各供试树种叶片中的稳定性碳同位素比率(δ^{13}C 值)分别为黑樱桃 -26.023 7 ±0.213 9,黄连木 -24.871 0 ±0.864 1,连翘 -28.502 0 ±0.357 4,花椒 -26.798 0 ±0.626 4,荆条 -27.890 7 ±0.319 6,栓皮栎 -26.092 0 ±1.047 8,臭椿 -27.661 0 ±1.106 2,金银花 -29.139 0 ±0.112 3。对其进行方差分析,见表 8-79。其多重比较结果见表 8-80。

表 8-79 供试树种叶片的 δ^{13}C 平均值方差分析

变异来源	平方和	自由度	均方	F 值	显著水平
处理间	42.879 8	7	6.125 7	4.357 0	0.007 0
处理内	22.494 7	16	1.405 9		
总变异	65.374 6	23			

表 8-80 供试树种叶片的 δ^{13}C 平均值多重比较

树种名称	平均值	5% 显著水平	1% 极显著水平
黄连木	-24.871 0	a	A
黑樱桃	-26.023 7	ab	AB
栓皮栎	-26.092 0	ab	AB
花椒	-26.798 0	ab	AB
臭椿	-27.661 0	ab	AB
荆条	-27.890 7	ab	AB
连翘	-28.502 0	b	AB
金银花	-29.139 0	b	B

从表 8-80 可以看出,8 个供试树种叶片 δ^{13}C 值之间存在显著差异

和极显著差异。具体是黄连木与连翘、黄连木与金银花的叶片 $\delta^{13}C$ 值之间均存在显著差异，并且黄连木与金银花的叶片 $\delta^{13}C$ 值之间还存在显著差异。

按照严昌荣等(2002)对暖温带地区落叶阔叶林优势种不同树种叶片的稳定碳同位素比率等级划分，所研究的 8 个乔灌木树种中 3 个等级的种类都存在，其中黄连木属于Ⅰ级，叶片 $\delta^{13}C \geqslant -25.5‰$；黑樱桃、栓皮栎、花椒属于Ⅱ级，叶片 $\delta^{13}C$ 值在 $-25.5‰ \sim -27.5‰$之间；臭椿、荆条、金银花、连翘属于Ⅲ级，叶片 $\delta^{13}C$ 值 $\leqslant -27.5‰$。$\delta^{13}C$ 值在一定程度上能够反映树种的生态生理特性，这表明 8 个供试树种在生态生理特性方面也可以分为 3 个类型。由于植物叶片稳定碳同位素比率能够很好地反映植物的长期水分利用效率（孙谷畴 等，1993；Beerling D J et al，1995；William S F et al，1992），许多研究（Farquhar G D et al，1982；Marshall J D et al，1994；Schuster W S F et al，1992）表明，树种叶片的 $\delta^{13}C$ 值与其水分利用效率呈一定程度的正相关。由于供试树种叶片 $\delta^{13}C$ 值之间存在极显著差异，它们的长期水分利用效率也存在极显著差异。在供试树种中，黄连木的水分利用效率最高，其次是黑樱桃，金银花的长期水分利用效率最低。

根据 8 个供试树种叶片 $\delta^{13}C$ 值，采用聚类分析方法将其划分成若干类群。

图 8-72 的聚类分析结果表明，供试树种可以分成 4 类，第 1 类包括黄连木、黑樱桃和栓皮栎，是叶片稳定碳同位素比率最高的一类；第 2 类是花椒，属于叶片稳定碳同位素比率较高的一类；第 3 类包括臭椿和荆条，是叶片稳定碳同位素比率较低的一类；第 4 类包括金银花和连翘，是叶片稳定碳同位素比率最低的类群。将分类结果与等级划分结果进行比较，可以看出，二者虽然具有较高的正相关性，但并不完全一致。

8.4　基于树种生理生态特性的适地适树方案

具体立地类型上植被构建的树种选择虽然要考虑培育目标、经济可行性、经营水平、综合效益等多方面的因素，但是，首先要考虑的是立

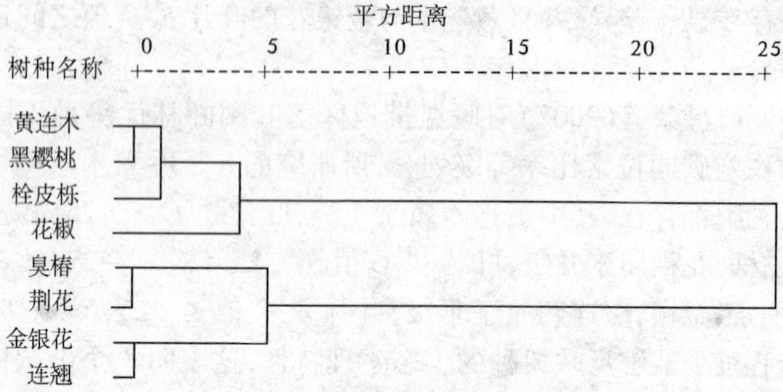

图 8-72　不同树种 $\delta^{13}C$ 值系统聚类图

地条件和植被构建具体区域主要乡土树种的生态适应性，只有在满足立地条件和树种的生态适应性相一致的要求的基础上，才能考虑树种选择的其他因素。而且，如果考虑的因素过多，一方面难以全面把握，另一方面，也不便采取定量化的方法做出准确的选择。本研究区域植被构建的树种选择将从立地条件和树种的生态适应性方面，采取定量化的方法研究确定。

对研究区域主要乡土乔灌木树种保持膨压能力、抗旱耐贫瘠综合能力、水分利用效率等生理生态特性的研究结果表明，同一树种的不同生理生态指标的水平是不同的。因此，以生理生态特性为依据进行树种选择不能只采用某一个方面的指标，这里同时采用代表树种生理生态特性 3 个不同方面的指标为依据，用多目标局势决策的量化分析方法，确定适地适树方案。

8.4.1　数学方法

8 种供试树种在每一种立地类型上的适宜程度问题可转化为一个多目标局势决策的数学问题。

8.4.2　适地适树优化决策

8.4.2.1　决策目标的选择

立地类型种类数是决策的事件个数，共 8 个；供试树种个数是决策的对策个数，共 8 个；供试树种的生理生态指标是决策的目标个数，包括保持膨压能力、抗旱耐贫瘠综合能力、$\delta^{13}C$ 值等 3 个方面,共 3 个。根据 8.1、8.2、8.3 等三个部分的研究,它们的综合评价值如表 8-81 所示。

表 8-81　供试树种生理生态指标的综合评价值

树种	保持膨压能力综合评价值	抗旱耐贫瘠综合能力综合评价值	$\delta^{13}C$ 值综合评价值
连翘	0.416 6	0.512 3	1.000 0
栓皮栎	0.673 3	0.407 6	4.000 0
荆条	0.655 1	0.423 0	2.000 0
臭椿	0.434 3	0.470 3	2.000 0
黑樱桃	0.729 5	0.393 6	4.000 0
黄连木	0.709 4	0.391 4	4.000 0
金银花	0.658 1	0.448 0	1.000 0
花椒	0.577 3	0.495 3	3.000 0

8.4.2.2　各种立地类型上每一种供试树种效果值

每一种立地类型上各种供试树种的效果值是各供试树种生理生态指标的综合评价值与土壤肥力综合评价值的乘积,各项效果值如表 8-82 ~ 表 8-84 所示。

表 8-82　每一种立地类型上各个供试树种的保持膨压能力效果值

立地类型	连翘	栓皮栎	荆条	臭椿	黑樱桃	黄连木	金银花	花椒
Ⅰ	0.172 2	0.278 0	0.264 8	0.183 8	0.301 5	0.287 5	0.271 5	0.229 2
Ⅱ	0.238 5	0.385 1	0.366 9	0.254 6	0.417 7	0.398 4	0.376 1	0.317 6
Ⅲ	0.047 5	0.076 7	0.073 1	0.050 7	0.083 2	0.079 4	0.075 0	0.063 3
Ⅳ	0.204 6	0.330 2	0.314 6	0.218 3	0.358 2	0.341 6	0.322 5	0.272 3
Ⅴ	0.228 4	0.368 7	0.351 2	0.243 8	0.399 9	0.381 4	0.360 1	0.304 0
Ⅵ	0.316 9	0.511 6	0.487 3	0.338 2	0.554 9	0.529 1	0.499 6	0.421 8
Ⅶ	0.111 1	0.179 4	0.170 9	0.118 6	0.194 6	0.185 5	0.175 2	0.147 9
Ⅷ	0.234 2	0.378 1	0.360 1	0.250 0	0.410 1	0.391 1	0.369 2	0.311 7

表 8-83 每一种立地类型上各个供试树种的抗旱耐贫瘠综合能力效果值

立地类型	连翘	栓皮栎	荆条	臭椿	黑樱桃	黄连木	金银花	花椒
Ⅰ	0.248 9	0.173 2	0.196 3	0.223 4	0.173 3	0.176 4	0.193 7	0.232 2
Ⅱ	0.344 9	0.240 0	0.271 9	0.309 5	0.240 1	0.244 4	0.268 3	0.321 6
Ⅲ	0.068 7	0.047 8	0.054 2	0.061 7	0.047 8	0.048 7	0.053 5	0.064 1
Ⅳ	0.295 7	0.205 8	0.233 2	0.265 4	0.205 9	0.209 6	0.230 1	0.275 8
Ⅴ	0.330 2	0.229 8	0.260 3	0.296 3	0.229 9	0.234 0	0.256 9	0.307 9
Ⅵ	0.458 1	0.318 8	0.361 2	0.411 1	0.318 9	0.324 7	0.356 4	0.427 2
Ⅶ	0.160 6	0.111 8	0.126 7	0.144 2	0.111 8	0.113 9	0.125 0	0.149 8
Ⅷ	0.338 6	0.235 6	0.266 9	0.303 8	0.235 7	0.240 0	0.263 4	0.315 7

表 8-84 每一种立地类型上各个供试树种叶片的 $\delta^{13}C$ 值效果值

立地类型	连翘	栓皮栎	荆条	臭椿	黑樱桃	黄连木	金银花	花椒
Ⅰ	0.413 3	1.653 2	0.826 6	0.826 6	1.653 2	1.653 2	0.413 3	1.239 9
Ⅱ	0.572 6	2.290 4	1.145 2	1.145 2	2.290 4	2.290 4	0.572 6	1.717 8
Ⅲ	0.114 1	0.456 4	0.228 2	0.228 2	0.456 4	0.456 4	0.114 1	0.342 3
Ⅳ	0.491 0	1.964 0	0.982 0	0.982 0	1.964 0	1.964 0	0.491 0	1.473 0
Ⅴ	0.548 2	2.192 8	1.096 4	1.096 4	2.192 8	2.192 8	0.548 2	1.644 6
Ⅵ	0.760 6	3.042 4	1.521 2	1.521 2	3.042 4	3.042 4	0.760 6	2.281 8
Ⅶ	0.266 7	1.066 8	0.533 4	0.533 4	1.066 8	1.066 8	0.266 7	0.800 1
Ⅷ	0.562 1	2.248 4	1.124 2	1.124 2	2.248 4	2.248 4	0.562 1	1.686 3

8.4.2.3　多目标综合效果测度

$$M^{(\Sigma)}=\begin{bmatrix} 0.0180 & 0.0152 & 0.0149 & 0.0159 & 0.0143 & 0.0150 & 0.0177 & 0.0140\\ 0.0177 & 0.0150 & 0.0150 & 0.0170 & 0.0145 & 0.0145 & 0.0170 & 0.0144\\ 0.0182 & 0.0151 & 0.0150 & 0.0167 & 0.0145 & 0.0147 & 0.0168 & 0.0140\\ 0.0189 & 0.0143 & 0.0155 & 0.0177 & 0.0141 & 0.0150 & 0.0161 & 0.0134\\ 0.0189 & 0.0150 & 0.0152 & 0.0156 & 0.0151 & 0.0144 & 0.0171 & 0.0138\\ 0.0178 & 0.0147 & 0.0157 & 0.0164 & 0.0153 & 0.0146 & 0.0170 & 0.0135\\ 0.0183 & 0.0154 & 0.0153 & 0.0150 & 0.0149 & 0.0149 & 0.0168 & 0.0143\\ 0.0179 & 0.0147 & 0.0152 & 0.0149 & 0.0155 & 0.0144 & 0.0185 & 0.0141 \end{bmatrix}$$

选取保持膨压能力、$\delta^{13}C$ 值的权重都是 0.25，抗旱耐贫瘠综合能力的权重是 0.5，根据以上效果值，利用 DPS 数据处理系统（唐启义等，2007）进行多目标局势决策分析计算，得到综合效果测度矩阵 $M^{(\Sigma)}$。

8.4.2.4　最优局势的选择

根据综合效果测度矩阵按行决策

最大值 = 0.018 0(1, 1)
最大值 = 0.017 7(2, 1)
最大值 = 0.018 2(3, 1)
最大值 = 0.018 9(4, 1)
最大值 = 0.018 9(5, 1)
最大值 = 0.017 8(6, 1)
最大值 = 0.018 3(7, 1)
最大值 = 0.018 4(8, 7)

根据综合效果测度矩阵按列决策

最大值 = 0.018 9(4, 1)
最大值 = 0.015 4(7, 2)
最大值 = 0.015 7(6, 3)
最大值 = 0.017 7(4, 4)
最大值 = 0.015 5(8, 5)
最大值 = 0.015 0(1, 6)

最大值 =0.018 4(8, 7)

最大值 =0.014 4(2, 8)

综合按行和按列的决策结果,研究区域适地适树的决策方案是:在阳坡平缓坡薄土发展连翘或黄连木,阳坡平缓坡中厚土发展连翘或花椒,阳坡斜陡坡薄土发展连翘,阳坡斜陡坡中厚土发展连翘或臭椿,阴坡平缓坡薄土发展连翘,阴坡平缓坡中厚土发展连翘或荆条,阴坡斜陡坡薄土发展连翘或栓皮栎,阴坡斜陡坡中厚土发展黑樱桃或金银花。根据这一决策结果,研究区域选用的造林树种连翘所占比重过大,会导致造林树种的结构不合理,出现大面积的连翘纯林,因此需要对综合矩阵做归一化处理后,再进行灰靶决策。

8.4.2.5 归一化决策

对综合效果测度矩阵进行行归一化,得到行归一化矩阵 $M_1^{(\Sigma)}$。

按列决策

最大值 =0.156 5(7, 1)

最大值 =0.123 3(7, 2)

最大值 =0.125 6(6, 3)

最大值 =0.141 8(4, 4)

最大值 =0.123 7(8, 5)

最大值 =0.120 3(1, 6)

最大值 =0.147 3(8, 7)

最大值 =0.115 4(2, 8)

$$M_1^{(\Sigma)}=\begin{bmatrix} 0.143\,8 & 0.121\,7 & 0.119\,0 & 0.127\,1 & 0.114\,6 & 0.120\,3 & 0.141\,8 & 0.111\,8 \\ 0.141\,2 & 0.119\,6 & 0.120\,1 & 0.135\,8 & 0.115\,9 & 0.116\,0 & 0.135\,9 & 0.115\,4 \\ 0.145\,3 & 0.121\,0 & 0.120\,0 & 0.133\,9 & 0.115\,7 & 0.117\,3 & 0.134\,7 & 0.112\,0 \\ 0.150\,8 & 0.114\,5 & 0.124\,3 & 0.141\,8 & 0.112\,5 & 0.119\,8 & 0.128\,9 & 0.107\,3 \\ 0.150\,8 & 0.120\,0 & 0.121\,2 & 0.124\,9 & 0.120\,9 & 0.115\,6 & 0.136\,5 & 0.110\,2 \\ 0.142\,4 & 0.117\,2 & 0.125\,6 & 0.131\,4 & 0.122\,3 & 0.117\,1 & 0.136\,3 & 0.107\,6 \\ 0.156\,5 & 0.123\,3 & 0.122\,7 & 0.119\,8 & 0.119\,5 & 0.119\,0 & 0.134\,6 & 0.114\,6 \\ 0.142\,9 & 0.117\,6 & 0.121\,3 & 0.119\,1 & 0.123\,7 & 0.115\,2 & 0.147\,3 & 0.112\,9 \end{bmatrix}$$

对综合效果测度矩阵进行列归一化,得到列归一化矩阵 $M_2^{(\Sigma)}$。

$$M_2^{(\Sigma)}=\begin{bmatrix}0.1236 & 0.1272 & 0.1221 & 0.1229 & 0.1212 & 0.1279 & 0.1294 & 0.1253\\0.1213 & 0.1252 & 0.1233 & 0.1313 & 0.1227 & 0.1234 & 0.1240 & 0.1294\\0.1248 & 0.1267 & 0.1232 & 0.1295 & 0.1224 & 0.1248 & 0.1229 & 0.1256\\0.1297 & 0.1200 & 0.1276 & 0.1372 & 0.1191 & 0.1274 & 0.1177 & 0.1204\\0.1296 & 0.1256 & 0.1244 & 0.1208 & 0.1279 & 0.1229 & 0.1245 & 0.1235\\0.1223 & 0.1227 & 0.1289 & 0.1271 & 0.1294 & 0.1245 & 0.1244 & 0.1207\\0.1259 & 0.1291 & 0.1260 & 0.1159 & 0.1264 & 0.1265 & 0.1228 & 0.1285\\0.1228 & 0.1231 & 0.1245 & 0.1153 & 0.1309 & 0.1225 & 0.1344 & 0.1266\end{bmatrix}$$

按行决策

最大值 =0.129 4(1, 7)

最大值 =0.131 3(2, 4)

最大值 =0.129 5(3, 4)

最大值 =0.137 2(4, 4)

最大值 =0.129 6(5, 1)

最大值 =0.129 4(6, 5)

最大值 =0.129 1(7, 2)

最大值 =0.134 4(8, 7)

综合行归一化矩阵和列归一化矩阵的决策结果,研究区域适地适树的决策方案是:阳坡平缓坡薄土发展黄连木或金银花,阳坡平缓坡中厚土发展臭椿或花椒,阳坡斜陡坡薄土发展臭椿,阳坡斜陡坡中厚土发展臭椿,阴坡平缓坡薄土发展连翘,阴坡平缓坡中厚土发展黑樱桃或荆条,阴坡斜陡坡薄土发展连翘或栓皮栎,阴坡斜陡坡中厚土发展黑樱桃或金银花。

利用行归一化矩阵和列归一化矩阵选择次优局势。

对行归一化矩阵按列决策

次大值 =0.150 8(4, 1), 0.150 8(5, 1)

次大值 =0.121 7(1, 2)

次大值 =0.124 3(4, 3)

次大值 =0.135 8(2, 4)

次大值 =0.122 3(6, 5)

次大值 =0.119 8(4, 6)

次大值 =0.141 8(1, 7)

次大值 =0.114 6(7, 8)

按行决策

次大值 =0.127 9(1, 6)

次大值 =0.129 4(2, 8)

次大值 =0.126 7(3, 2)

次大值 =0.129 7(4, 1)

次大值 =0.127 9(5, 5)

次大值 =0.128 9(6, 3)

次大值 =0.128 5(7, 8)

次大值 =0.130 9(8, 5)

综合行归一化矩阵和列归一化矩阵的次优局势决策,研究区域适地适树的次优方案是:阳坡平缓坡薄土发展栓皮栎、黄连木或金银花,阳坡平缓坡中厚土发展臭椿或花椒,阳坡斜陡坡薄土发展臭椿,阳坡斜陡坡中厚土发展连翘、荆条或黄连木,阴坡平缓坡薄土发展连翘或黑樱桃,阴坡平缓坡中厚土发展黑樱桃或荆条,阴坡斜陡坡薄土发展花椒,阴坡斜陡坡中厚土发展黑樱桃。

8.4.3　适地适树方案

在上述决策基础上,按照全面协调的原则进行灰靶决策,其结果是阳坡平缓坡薄土适宜发展栓皮栎、黄连木或金银花,阳坡平缓坡中厚土适宜发展臭椿或花椒,阳坡斜陡坡薄土适宜发展臭椿或连翘,阳坡斜陡坡中厚土适宜发展荆条或黄连木,阴坡平缓坡薄土适宜发展连翘或黑樱桃,阴坡平缓坡中厚土适宜发展黑樱桃或荆条,阴坡斜陡坡薄土适宜发展花椒、连翘或栓皮栎,阴坡斜陡坡中厚土适宜发展黑樱桃或金银花。

灰靶决策结果中各个树种在各立地类型上的分配比例差别不大,同一树种适宜的立地类型最多的是 3 种,最少的是两种,体现了区域树种结构的多样性和均衡性;并且每一种立地类型上可选用的树种都不是唯一的,这为生产实际提供了适度的选择空间。

这一决策结果从其自身看是科学合理的,但是还要服从于宏观层次上的植被类型优化布局的要求。将这一决策结果与植被类型优化布局结合起来得到的鹤壁郊区不同立地类型上的植被类型布局方案是：阳坡平缓坡薄土适宜发展金银花，阳坡平缓坡中厚土适宜发展花椒，阳坡斜陡坡薄土适宜发展连翘，阳坡斜陡坡中厚土适宜发展黄连木，阴坡平缓坡薄土适宜发展黑樱桃，阴坡平缓坡中厚土适宜发展连翘，阴坡斜陡坡薄土适宜发展连翘或栓皮栎，阴坡斜陡坡中厚土适宜发展黑樱桃。

参考文献

[1] 安锋,蔡靖,姜在民,等.八种木本树种木质部栓塞恢复特性及其与PV曲线水分参数的关系[J].西北农林科技大学学报(自然科学版),2006,34(1):38-44.

[2] 安萍莉,张凤荣.土地利用总体规划的理论体系研究[J].资源科学,2000,22(3):29-33.

[3] 包维楷,陈庆恒.退化山地植被恢复和重建的基本理论和方法[J].长江流域资源与环境,1998,7(4):370-376.

[4] 包维楷,刘照光,刘庆.生态恢复重建研究与发展现状及存在的主要问题[J].世界科技研究与发展,2001,23(1):44-48.

[5] 陈光清,亢新刚.五道河林场森林生态效益价值评估及调整[J].北京林业大学学报,2001,23(3):56-59.

[6] 陈尚.生态交错带理论及其在海洋生态学中的应用[J].地球科学进展,1998,13(5):431-437.

[7] 陈辉,唐明.杨树菌根研究进展[J].林业科学,1997,33(2):183-187.

[8] 陈云明,梁一民,程积民.黄土高原林草植被建设的地带性特征[J].树种生态学报,2002,26(3):339-345.

[9] 但承龙.可持续土地利用规划理论与方法研究[D].南京:南京农业大学博士论文,2002-12-05.

[10] 丁洪美.人工林扰动是非之争[N].中国绿色时报,2006-12-13.

[11] 丁洪美.阻止全球范围的木材非法采伐[N].中国绿色时报,2001-06-08.

[12] 杜天真,郭圣茂.林业建设的战略性转变与森林培育理论和技术的变革[J].江西林业科技,2005(6):1-4.

[13] 董哲仁.河流治理生态工程学的发展沿革与趋势[J].水利水电技术,2004,35(1):39-41.

[14] 冯玉龙,巨关升,朱春全.杨树无性系幼苗光合作用和PV水分参数对水分胁迫的响应[J].林业科学,2003,39(3):29-36.

[15] 傅伯杰,刘国华,陈利顶,等.中国生态区划方案[J].生态学报,2001,21

(1):1-6.

[16] 傅伯杰,陈利顶,刘国华.中国生态区划的目的、任务及特点[J].生态学报,1999,19(5):591-595.

[17] 傅大立,李芳东,赵天榜.玉兰属5树种生理指标的对比研究[J].林业科学,2003,39(1):44-49.

[18] 付巧玲,吴克宁,吕巧灵,等.郑州市郊区土壤肥力状况及动态研究[J].河北农业科学,2004,8(3):53-56.

[19] Frey T E A.芬兰学派和森林立地型[M]//R H Whittaker.树种群落分类(中译本),北京:科学出版社,1985:60-80.

[20] 高群.生态—经济系统恢复与重建的基础理论研究[J].地理与地理信息科学,2004,20(5):72-76.

[21] 高福元,卫艳红,张春林.运城旱塬主栽杏品种耐旱性研究[J].山西林业科技,2002(1):24-28.

[22] 国家林业局科学技术司.国家林业科学技术研究五十年(1949~1999)[M].北京:中国林业出版社,1999.

[23] 郭晋平.森林景观生态研究[M].北京:北京大学出版社,2001.

[24] 郭晋平,肖扬,张剑英,等.聚类分析法在森林立地分类中的应用[J].林业科学,1994,30(6):513-518.

[25] 郭连生.对几种阔叶树种耐旱性生理指标的研究[J].林业科学,1989,25(5):389-392.

[26] 郭增江.山西省太行山林业生态工程混交林建设探讨[J].山西林业科技,2003(增刊):18-20.

[27] 黄松龄.红树林:并不仅仅拥有美丽[N].中国环境报,1997-06-26.

[28] 黄培佑.从树种群落的演替规律剖析生态环境复原与建设途径[J].新疆环境保护,1992,14(2):12-15.

[29] 黄选瑞,张玉珍,周怀钧.对中国林业可持续发展问题的基本认识[J].林业科学,2000,36(4):85-91.

[30] 贺庆棠.森林环境学[M].北京:高等教育出版社,1999.

[31] 何正盛.退化森林生态系统恢复与重建的基本理论及其应用[J].重庆教育学院学报,2003,16(3):59-62.

[32] 胡聃,奚增均.生态恢复工程系统集成原理的一些理论分析[J].生态学报,2002,22(6):866-877.

[33] 计合宪,李细牛.数量化立地分类的初步探讨[J].湖北林业科技,1995(4):

6-9.
[34] 姜学民,等.生态经济学概论[M].武汉:湖北人民出版社,1985.
[35] 贾治邦.坚持以科学发展观统领工作全局 推动我国林业又快又好向前发展[N].中国绿色时报,2006-02-22.
[36] 贾忠奎,徐程扬,马履一.干旱半干旱石质山地困难立地植被恢复技术[J].江西农业大学学报,2004,26(4):559-565.
[37] 纪万斌.塌陷与生态[M].北京:地震出版社,1996.
[38] 蒋玉超.论农林复合经营[J].内蒙古林业调查设计,2004,27(3):24-29.
[39] 李博.生态学[M].北京:高等教育出版社,2000.
[40] 李燕,薛立,吴敏.树木抗旱生理及造林技术研究进展[J].山西林业科技,2005(2):19-23.
[41] 李福双,邵秀杰,王玉华,等.适地适树模糊决策的探讨[J].林业科技,1997,22(1):13-15,8.
[42] 李怀甫.小流域治理理论与方法[M].北京:水利电力出版社,1989.
[43] 李俊清,崔国发.西北地区天然林保护与退化生态系统恢复理论思考[J].北京林业大学学报,2000,22(4):1-7.
[44] 李吉跃.P~V技术在油松、侧柏苗木抗旱性研究中的应用[J].北京林业大学学报,1989,11(1):3-11.
[45] 李吉跃.太行山主要造林树种耐旱特性的研究(Ⅰ)[J].北京林业大学学报,1991,13(增刊):1-9.
[46] 李吉跃.太行山主要造林树种耐旱特性的研究(Ⅱ)[J].北京林业大学学报,1991,13(增刊):10-24.
[47] 李吉跃.太行山区主要造林树种耐旱特性的研究(Ⅲ)[J].北京林业大学学报,1991,13(2):230-239.
[48] 李俊清,李景文,崔国发.保护生物学[M].北京:中国林业出版社,2002.
[49] 李景文.森林生态学[M].2版.北京:中国林业出版社,1994.
[50] 李思谦,肖俊龙.提高飞播造林成效组装配套技术[J].河北林业科技,2006(4):59.
[51] 李先琨,何成新,蒋忠诚.岩溶脆弱生态区生态恢复、重建的原理与方法[J].中国岩溶,2003,22(1):12-17.
[52] 李汶璟.扫描全球保护森林景观新举措[N].中国绿色时报,2005-07-20.
[53] 黎祜深.湖南省飞播造林关键技术[J].林业科技通讯,1994(1):33.
[54] 黎祜琛,邱治军.树木抗旱性及抗旱造林技术研究综述[J].世界林业研究,

2003,16(4):17-22.
[55] 梁一民,侯喜录,李代琼.黄土丘陵区植被建设的原则和技术研究[J].土壤侵蚀与水土保持学报,1999,5(3):1-5.
[56] 林可文.我国"九五"林业科技十大进展[N].人民日报,2001-06-12.
[57] 刘彬,常庆端.灰色局势决策方法在农业生产多目标决策中的应用[J].塔里木农垦大学学报,2003,15(4):71-75.
[58] 刘良梧,龚子同.全球土壤退化评价[J].自然资源,1994(1):10-14.
[59] 联合国粮农组织.2005年全球森林资源评估[N].中国绿色时报,2005-11-14.
[60] 刘国华,傅伯杰.生态区划的原则及其特征.环境科学进展[J].1998,6(6):67-72.
[61] 刘宏明,胡华英.我国飞播造林成林九百七十七万公顷[N].科技日报,2000-05-02.
[62] 刘维新,等.中国小城镇发展与用地管理[M].北京:中国大地出版社,1998.
[63] 刘苑秋,等.南方山丘区困难立地植被恢复与重建研究[J].江西林业科技,2005(6):43-45.
[64] 鲁绍伟,等.中国森林生态系统水源涵养功能[J].水土保持研究,2005,12(4):223-226.
[65] 鲁如坤.土壤农业化学分析方法[M].北京:中国农业科技出版社,2000.
[66] 李新平,李林英,张金香,等.太行山生态林业工程实用技术[M].北京:中国林业出版社,2000.
[67] 刘宪明,王志君.森林对大气污染的净化功能介绍[J].林业勘查设计,2003(2):32.
[68] 李运学,邓吉华,黄建胜.水土流失是我国的头号环境问题[J].水土保持学报,2002,16(5):258-260.
[69] 陆钊华,徐建民,陈儒香,等.桉树无性系苗期光合作用特性研究[J].林业科学研究,2003,16(5):575-580.
[70] 吕树英.关于营造混交林的几个基本观点[J].云南林业科技,2001,94(1):26-28.
[71] 马世骏.现代生态学透视[M].北京:科学出版社,1990.
[72] 毛文永,文剑平.全球环境问题与对策[M].北京:中国科学技术出版社,1993.

[73] 瓯海若,等.土地利用规划模式选择与模型应用研究[M].1版.北京:中国大地出版社,2000.
[74] 欧阳志云,王如松.生态系统服务功能、生态价值与可持续发展[J].世界科技研究与发展,2000(5):45-49.
[75] 欧阳志云,王效科,苗鸿.中国陆地生态系统服务功能及其生态经济价值的初步研究[J].生态学报,1999,19(5):607-613.
[76] 彭少麟.恢复生态学、生态学的回顾与展望[M].北京:气象出版社,2004:497-511.
[77] 彭少麟.恢复生态学与植被重建[J].生态科学,1996,15(2):26-31.
[78] 彭少麟.南亚热带退化生态系统恢复和重建的生态学理论和应用[J].热带亚热带树种学报,1996,4(3):36-44.
[79] 彭少麟,陆宏芳.恢复生态学焦点问题[J].生态学报,2003,23(7):1249-1257.
[80] 彭少麟,赵平,申卫军.了解和恢复生态系统[J].热带亚热带树种学报,2002,10(3):293-294.
[81] 任海,彭少麟.恢复生态学导论[M].北京:科学出版社,2001.
[82] 任海,彭少麟,陆宏芳.退化生态系统恢复与恢复生态学[J].生态学报,2004,24(8):1760-1768.
[83] 史念海,曹尔琴,朱士光,等.黄土高原森林与草原的变迁[M].西安:陕西人民出版社,1985.
[84] 隋春花,张耀辉,蓝盛芳.环境—经济系统能值(精力)评价[J].重庆环境科学,1999,21(1):18-20.
[85] 沈国舫.从"造林学"到"森林培育学"[J].科技术语研究,2001,3(2):33-34.
[86] 沈国舫.西部大开发中的生态环境建设问题[J].林业科学,2001,37(1):1-6.
[87] 沈国舫.森林培育学[M].北京:中国林业出版社,2001.
[88] 宋西德,刘粉莲,罗伟祥,等.西北黄土丘陵沟壑区防护林网络体系概念及其配置模式[J].西北林学院学报,2003,18(1):71-73.
[89] 苏印泉,李瀚,李际红.林木体内水分状况测定——$P \sim V$曲线的制作及应用[J].西北林学院学报,1989,11(2):33-38.
[90] 孙飞,李青华.耗散结构理论及其科学思想[J].黑龙江大学自然科学学报,2004,21(3):76-80.

[91] 孙凡,冯沈萍.论恢复生态学原理及其在三峡库区退耕还林(草)中的指导作用[J].中国农业科技导报,2001,3(1):17-20.

[92] 孙凡.论退耕还林(草)的治理模式和措施[J].科技导报,2000(8):44-46.

[93] 孙谷畴,赵平,曾小平.两种木兰科树种叶片光合作用的光驯化[J].生态学报,2004,24(6):1111-1117.

[94] 孙谷畴,林植芳,林桂珠.亚热带人工林松林 $^{13}C/^{12}C$ 比率和水分利用效率[J].应用生态学报,1993,4(3):325-327.

[95] 石弘之.地球环境报告[M].北京:中国环境科学出版社,1992.

[96] 师江澜,杨正礼.黄土高原植被恢复中的主要问题与对策探讨[J].西北林学院学报,2000,17(3):16-18.

[97] 孙楠,李卫忠,吉文丽,等.退化生态系统恢复与重建的探讨[J].西北农林科技大学学报(自然科学版),2002,30(5):136-139.

[98] 孙时轩.造林学[M].北京:中国林业出版社,1990.

[99] 申维.自组织理论和耗散结构理论及其地学应用[J].地质地球化学,2001(3).

[100] 唐明,薛萐,任嘉红,等.AMF 提高沙棘抗旱性的研究[J].西北林学院学报,2003(4):29-31.

[101] 唐启义,冯明光.DPS 数据处理系统[M].北京:科学出版社,2007.

[102] 唐守正.多元统计分析方法[M].北京:中国林业出版社,1986.

[103] 铁铮.水源涵养型林草植被构建技术四大突破[N].中国绿色时报,2004-05-20.

[104] 铁铮.我国林业贡献比人们想像的大得多[N].中国绿色时报,2006-10-27.

[105] 汪松,谢彼德,解焱.保护中国的生物多样性(二)[M].北京:中国环境科学出版社,2001.

[106] 吴钢,肖寒,赵景柱,等.长白山森林生态系统服务功能[J].中国科学(C辑),2001,31(5):471-480.

[107] 邬建国.景观生态学概念与理论[J].生态学杂志,2000,19(1):42-52.

[108] 王健锋,雷瑞德.生态交错带研究进展[J].西北林学院学报,2002,17(4):24-28.

[109] M. B. PYBЦOB. 森林的功能与作用分类[J].王礼先译.水土保持科技情报,1986(2):30-34,45.

[110] 魏宏森,曾国屏.试论系统的整体性原理[J].清华大学学报(哲学社会科

学版)，1994,9(3):57-62.
[111] 王万里.压力室(PRESSURE CHAMBER)在树种水分状况研究中的应用[J].植物生理学通讯,1984,20(3):52-57.
[112] 王学萌,罗建军.灰色系统预测决策建模程序集[M].北京:科学普及出版社,1986.
[113] 王震洪,朱晓柯.国内外生态修复研究综述[M]//发展水土保持科技、实现人与自然和谐——中国水土保持学会第三次全国会员代表大会学术论文集.2006:25-31.
[114] 王如松,欧阳志云.生态整合:人类可持续发展的科学方法[J].科学通报,1996 ,41(增):47-67.
[115] 王继军,谢永生,彭珂珊.生态经济学理论在环境恢复与重建中的应用[J].贵州林业科技,2004,32(2):1-8.
[116] 王正敏.陕西飞播造林技术综述[J].西北林学院学报,1991,6(2):78-84.
[117] 韦新良.林种结构规划的层次分析方法[J].浙江林学院学报,1992,9(3):333-338.
[118] 吴绍洪,郑度,杨勤业.我国西部地区生态地理区域系统与生态建设战略初步研究[J].地理科学进展,2001,20(1):10-20.
[119] 伍光和,田连恕,胡双熙,等.自然地理学[M].3 版.北京:高等教育出版社,2000.
[120] 武国堂.工程造林要追求综合效益最大化[N].中国绿色时报,2005-12-16.
[121] 薛建辉.森林的功能及其综合效益[J].世界林业研究,1992(2):1-6.
[122] 薛建辉,李苏萍.城市森林效益与可持续性研究展望[J].南京林业大学学报(人文社会科学版),2002,2(1):31-35.
[123] 肖笃宁.景观生态学理论方法及应用[M].北京:中国林业出版社,1991:35-43.
[124] 肖笃宁,布仁仓,李秀珍.生态空间理论与景观异质性[J].生态学报,1997,17(5):453-461.
[125] 徐化成.国外森林立地分类系统的发展综述[J].世界林业研究,1988(2):33-41.
[126] 徐维坤,陈建军,徐友祥.线性目标规划及其辅助模型在县级区域性林种结构调整中的应用[J].浙江林业科技,1994,14(6):49-53.
[127] 许木启,黄玉瑶.受损水域生态系统恢复与重建研究[J].生态学报,1998,

18(5).
[128] 徐孝庆.森林综合效益计量评价[M].北京:中国林业出版社,1986.
[129] 谢运球.恢复生态学[J].中国岩溶,2003,22(1):28-34.
[130] 谢京湘,于汝元,胡涌.农林复合生态系统研究概述[J].北京林业大学学报,1988,10(1):104-108.
[131] 杨广,吴晓平,程华斌.基于模糊隶属函数的一类灰色关联度问题研究[J].海军工程大学学报,2004,16(2):95-98.
[132] 杨朝飞.中国生态危机的挑战与思考[J].中国环境管理,1998(1):7-10.
[133] 阳含熙,李鼎甲,王本楠,等.长白山北坡阔叶红松林主要树种的分布格局[M]//森林生态系统研究(第5卷).北京:中国林业出版社,1985.
[134] 杨勤业.中国的生态地理区域与黄土高原的植被恢复[M]//中国地理学会自然地理专业委员会.土地覆被变化及其环境效应.北京:星球地图出版社,2000:293-299.
[135] 杨敏生,裴保华,于冬梅.水分胁迫对毛白杨杂种无性系苗木维持膨压和渗透调节能力的影响[J].生态学报,1997(4):364-370.
[136] 杨鹏,陈红跃,薛立.适地适树研究进展[J].山西林业科技,2003(增刊):1-5.
[137] 严立冬.生态经济系统的概念及特征[J].生态农业研究,1996,4(2):27.
[138] 严昌荣,韩兴国,陈灵芝,等.中国暖温带落叶阔叶林中某些树种的^{13}C自然丰度:^{13}C值及其生态学意义[J].生态学报,2002,22(12):2163-2166.
[139] 仪重祥.非线性科学及其在地学中的应用[M].北京:气象出版社,1995.
[140] 尹发权.环境与木头谁重要[N].中国环境报,1998-06-20.
[141] 颜京松,王如松.近十年生态工程在中国的进展[J].农村生态环境,2001,17(1):1-8,20.
[142] 约翰 MacKinnon,解焱.利用天然植被改善中国退化环境[M].北京:中国林业出版社,2001.
[143] 苑铁军,张辉.生态状况处于“相持阶段”[N].中国绿色时报,2001-10-28.
[144] 余新晓,牛健植,徐军亮.山区小流域生态修复研究[J].中国水土保持科学,2004,2 (1):4-10.
[145] 余作岳.广东热带沿海侵蚀地的植被恢复生态学研究[M]//植被生态学研究编辑委员会.植被生态学研究.北京:科学出版社,1994.
[146] 余作岳,彭少麟.热带亚热带退化生态系统植被恢复生态学研究[M].广州:广东科学技术出版社,1996.

[147] 云正明,刘金铜.生态工程[M].北京:气象出版社,1998.
[148] 翟明普.混交林和树种间关系的研究现状[J].世界林业研究,1993(1):39-45.
[149] 詹昭宁,邱尧荣.中国森林立地“分类”和“类型”[J].林业资源管理,1996(1):28-30.
[150] 张道民.论整体性原理[J].科学技术与辩证法,1994,11(1):35-39.
[151] 赵桂久,刘燕华,赵名茶,等.生态环境综合整治和恢复技术研究(第一集)[M].北京:北京科学技术出版社,1993.
[152] 赵桂久,刘燕华,赵名茶,等.生态环境综合整治和恢复技术研究(第二集)[M].北京:北京科学技术出版社,1995.
[153] 周国逸.生态系统水热原理及其应用[M].北京:气象出版社,1997.
[154] 中华人民共和国国务院.全国生态环境建设规划[J].中国林业,1999(2).
[155] 张豪,张立亭,宋绍杭,等.土地利用规划中综合协调各业用地数学模型的建立[J].浙江工业大学学报,2000,28(3):267-271.
[156] 张光富,郭传友.恢复生态学研究历史[J].安徽师范大学学报(自然科学版),2000,23(4):395-398.
[157] 张经炜,姚清尹,李焕珊,等.华南坡地研究[M].北京:科学出版社,1994.
[158] 张建国,李吉跃,姜金璞.京西山区人工林水分参数的研究(Ⅲ)[J].北京林业大学学报,1994,16(4):46-54.
[159] 张万儒,盛炜彤,蒋有绪.中国森林立地分类系统[J].林业科学研究,1992,5(3):251-262.
[160] 中国科协学会部.中国土地退化防止研究[M].北京:中国科学技术出版社,1990.
[161] 中国林业科学研究院林业研究所.太行山适地适树与评价[M].北京:中国林业出版社,1993.
[162] 张经炜,姚清尹,李焕珊,等.华南坡地研究[M].北京:科学出版社,1994.
[163] 章家恩,徐琪.恢复生态学研究的一些基本问题探讨[J].应用生态学报,1999,10(1):109-113.
[164] 张明如,翟明普,王学勇.太行山低山丘陵区植被恢复构建的生态对策和途径[J].中国水土保持科学,2006,4(2):75-81.
[165] 仲敏.森林的水土涵养功能[J].中国林业,2005(10):37.
[166] 张海波,孙毅.试论森林抚育间伐技术[J].林业勘查设计,2001(4):38-41.

INTECOL's International wetlands conference, 1999, Perth, Australia, 162.
[198] Wang R, Yan J. Integrating hardware/software and mindware for sustainable ecosystem development: Principles and methods of ecological engineering in China[J]. Ecol Eng, 1998, 11(1-4): 277-290.
[199] William S F, Sandquist D R, Phillips S L, et al. Compositions of carbon isotope discrimination in populations of aridland tree species differing in lifespan. Oceologia, 1992, 91: 332-337.

[167] 张培栋. 森林调节气候的功能[J]. 中国林业,2005(10):35.

[168] 张义生,李天威,董德明,等. 协调发展原理探讨[J]. 中国人口·资源与环境,1994,4(增):11-16.

[169] 赵忠,李鹏. 渭北黄土高原主要造林树种根系分布特征及抗旱性研究[J]. 水土保持学报,2002,1(1):96-99,107.

[170] 赵兴华. 森林被毁酿成环境之灾[N]. 中国绿色时报,2001-01-17.

[171] 赵晓英,孙成权. 恢复生态学及其发展[J]. 地球科学进展,1998,13(5):474-480.

[172] 周长瑞. 国内外混交林研究概况(上、中、下)[J]. 山东林业科技,1985(2):48-53;(3):22-27;(4):16-20.

[173] Beerling D J, Woodward F I. Leaf stable carbon isotope composition records increased water-use efficiency of C_3 trees in response to atmospheric CO_2 enrichment[J]. Functional Ecology, 1995(9):394-401.

[174] Bowman W D, Roberts S W. Seasonal changes in tissue elasticity in chaparral shrubs[J]. Physiol Tree, 1985(65):233-236.

[175] Costanza R. What is ecological economics[J]. Ecological Economics, 1989, 1(1):1-7.

[176] De Walle D R. Wind damage around clear-cuts in the ridge and valley province of Pennsylvania [J]. J. Forestry, 1983(81):158-159.

[177] Di Castri F, Hansen A J. The environment and development crises as determinants of landscape dynamics [A]. In: Hansen A J, Castris F D(eds.). Landscape Boundaries[C]. New York: Springer-Verlag, 1992:3-18.

[178] Farquhar G D, O'Leary M H, Berry J A. On the relationship between carbon isotope discrimination and the intercellular carbon dioxide concentration in leaves[J]. Aust J Tree Physiol, 1982(9):121-137.

[179] Forman R T T, M Godron. Landscape Ecology[M]. John Wiley&Sons. New York. 1986.

[180] Dramstad W E et al. Landsape Ecology Princples in landscape Architecture and Land-Use Planing[M]. Island Press, Washington, D C. 1996.

[181] Gates J E, Gysel L W. Avian nest dispersion and fledging succession field-forest ecotones[J]. Ecology, 1978(5):871-887.

[182] H N Vanlier et al. Sustainable Land Use Planning[M]. Elsevier Science B. V, 1994.

[183] H T Odum. Self-organization, Transformity, and Information[J]. Science, 1988 (242): 1132-1139.

[184] J Aronson, C Floret, E LeFloc'h, etc. Pontanier. Restoration and Rehabilit-ation of Degraded Ecosystems in Arid and Semi-Arid Lands. I. A View from the South[J]. Restoration Ecology, 1993(1): 8-17.

[185] John Cairns Jr, James R Pratt. Ecological Restoration through Behavioral Change. Restoration Ecology, 1995, 3(1): 51-53.

[186] Killian W. Sitc classification system used in forestry[M]. Proceeding of the workshop on Land Evaluation for Forestry, 1981.

[187] Laura L. Jackson, Nikita Lopoukhine, Deborah Hillyard. Ecological Restoration: A Definition and Comments[J]. Restoration Ecology, 1995, 3(2): 71-75.

[188] Levins R. Extinction. In: M. Gerstenhab (ed), Some Mathematical Problems in Biology American Mathematical Society, 1970: 77-107.

[189] Marshall J D, Zhang P. Carbon isotope discrimination and water use efficiency in native trees of the North central Rockies. Ecology, 1994(75): 1887-1895.

[190] Middleton B. Wetland restoration: Flood pulsing and disturbance dynamics [M]. New York, John Wiley & Sons, Inc, 1999: 1-311.

[191] Mitsch W J and Jorgensen S E. Ecological engineering[M]. Wiley Interscience, New York, USA, 1989.

[192] Naveh Z, Liebeiman A S. Landscape Ecolony: Theory and Application[M]. New York: Springer-Verlag, 1984.

[193] Morgan K A, Gates J E. Bird population patterns in forest edge and strip vegetation at Reminglon Farms, Maryland [J]. J. Wildl. Manage, 1982 (46): 933-944.

[194] Schuster W S F, Sandquist D R. Comparisons of carbon isotope discrimination in populations of aridland tree species differing in leafspan. Oecologia, 1992 (91): 332-337.

[195] Turner M G, R H Gardnereds. Quantitative Methods in Landscape Ecology. Springer-Verlag, New York. 1991.

[196] Tyree M T, H T Hammel. The measurement of the measurement of the turgor pressure and the water relation of trees by the pressure-bomb technique[J]. J. Exp. Bot, 1972(23): 267-282.

[197] Van der Valk. Succession theory and wetland restoration[M]. Proceedings of